골프와 호흡

골프와 호흡

초판 1쇄 인쇄 2024년 05월 01일   **초판 1쇄 발행** 2024년 05월 09일

글 안태환

펴낸이 이상순   **주간** 서인찬   **영업지원** 권은희   **제작이사** 이상광

펴낸곳 (주)도서출판 아름다운사람들   **주소** (10881) 경기도 파주시 회동길 103
대표전화 031-8074-0082   **팩스** 031-955-1083

이메일 books777@naver.com   **홈페이지** www.book114.kr

ISBN 978-89-6513-804-4 13690

북커뮤니티는 (주)도서출판 아름다운사람들의 교양 브랜드입니다.

이 도서의 국립중앙도서관 출판예정도서목록(CIP)은
서지정보유통지원시스템 홈페이지(http://seoji.nl.go.kr)와
국가자료종합목록시스템(http://www.nl.go.kr/kolisnet)에서
이용하실 수 있습니다.
(CIP제어번호 : CIP2019023407)

파본은 구입하신 서점에서 교환해 드립니다.
이 책은 신 저작권법에 의하여 보호를 받는 저작물이므로
무단 전재와 복제를 금합니다.

GOLF
RESPIRATION
골프와 호흡
나 혼자만 알고 싶은 골프 호흡법

안태환 지음

북커뮤니티

차례

들어가며 ······ 009

1장 ·········· 015　**골프의 대중화**

　　　　　021　MZ세대의 유입과 '코로나 호황'
　　　　　026　새로운 골프 문화의 등장과 발전
　　　　　033　위드코로나 이후, 골프시장의 변화
　　　　　038　또 다른 이야기

2장 ·········· 041　**골프의 유래와 역사**

　　　　　045　골프의 정의
　　　　　049　골프의 기원에 대한 학설들
　　　　　060　골프의 역사와 발전 과정
　　　　　070　우리나라 골프의 시작과 발전

3장 ·········· 083　**골프의 이해**

　　　　　086　골프장비
　　　　　088　골프 코스의 구조와 각각의 명칭
　　　　　092　골프 경기 방법과 규칙
　　　　　093　골프 스코어 용어와 유래
　　　　　101　골프 경기 매너와 에티켓

4장 ········ 111 골프의 기초

118 골프의 기본 기술 '그립'
123 골프 기초는 '자세'와 '스윙'
142 골퍼들의 고민과 슬럼프
155 스코어를 줄이는 골프 노하우

5장 ········ 165 호흡과 골프

169 호흡이란
172 호흡을 할 때 우리 몸의 변화
178 마음의 평정을 찾아주는 호흡

6장 ········ 185 프로와 아마추어는 호흡이 다르다

187 호흡은 곧 멘탈이다
189 프로는 호흡을 인지한다
192 호흡과 부상의 연관성
197 프리샷 루틴과 호흡

7장 .... **203** # 골프 실력을 높여주는 실전 호흡법

- 205 좋은 자세를 위한 호흡법
- 209 골프 타수를 줄이는 호흡법
- 214 스윙에 힘을 실어 주는 호흡법
- 217 몸의 긴장을 풀어주는 호흡법
- 221 골프에 도움이 되는 일상 호흡법

8장 .... **227** # 골퍼들을 위한 올바른 호흡 훈련

- 229 상급자를 위한 호흡 훈련법
- 232 나만의 호흡 루틴 만들기

9장 .... **239** # 건강한 호흡을 위한 코 관리

- 241 좋은 호흡은 '코'에서 시작된다
- 243 코의 역할과 기능
- 254 코로 하는 호흡, 입으로 하는 호흡
- 258 동양인 코의 구조와 특징
- 260 원활한 호흡을 위한 코 건강관리

10장 ……… **265** 원활한 호흡을 방해하는 요소

267 비염
279 비중격만곡증
285 부비동염
290 비밸브 협착증
294 코뼈 골절
297 코골이, 수면 무호흡증

부록 ●……… **301** **코 기능 개선과 성형**

· 휜코 · 매부리코 · 목코 · 틀창코 · 구축코
· 코 재수술 · 줄기세포 코 수술 · 구순구개열 · 양악코
· 매직 비중격 코성형 · 귀연골-비중격복합체 수술

나가며 ……… **345**

들어가며

　의사가 왠 골프 관련 이야기를 하나 싶겠다. 골프에 대한 대중의 부정적 이미지는 덤이겠다. 그래도 골프로 국위를 선양하는 우리 선수들과 시나브로 대중화는 스포츠로서의 골프 미학을 확장시키고 있음을 확신한다.

　사실 의사로서의 일상은 정해진 루틴이 있다. 바빠도 많이 바쁘다. 병원과 집을 오가는 기계화된 생활은 삶의 여유마저 사치인 경우가 다반사이다. 간혹 지인들과 아름다운 코스와 눈부신 자연의 풍경 속에 골프를 즐기는 날이면 의사로서의 사명감도 재충전된다. 특정 스포츠가 직업의 고단함 속에 여백을 줄 수 있다면 이보다 더 좋을 순 없지 않은가. 골프를 사랑하는 이유이다.

코스마다 하늘과 가까운 곳에서 그린을 향해 공을 친 순간의 희열은 골프가 주는 독특한 매력이다. 탁구공 크기의 공을 정교하게 퍼터로 치는 것으로 시작하여 드라이버로 멀리 쳐서 그린에 공을 올려 놓는 것을 목표로 하는 골프는 운동적인 면과 전략적인 요소를 결합하여 딱히 운동신경이 없는 몸치들도 노력하며 즐기는 스포츠이다. 사실 이런 운동은 흔치는 않다. 나이가 찰수록 더더욱 그러하다.

어디 이뿐이랴. 천혜의 자연환경과 고즈녁한 경기장의 분위기는 척박한 일상에 포획당한 골퍼들에게 평온을 안겨준다. 푸릇푸릇한 잔디 위를 걸으며 맑은 공기를 호흡하면 이보다 나은 힐링이 있을까 싶다.

의사로서 수술의 집중도와 숙련도는 환자의 생명과 직결된다. 골프도 매우 유사하다. 숙련된 기술과 정확한 판단을 요구하기에 직업적 특성과도 연동된다. 골프 예찬론이라도 해도 도리 없다. 내 몸에 적합한 클럽 선택부터 인체에 무리가 가지 않는 유연한 스윙 동작, 잔디의 높낮이까지 고려한 세밀한 퍼팅까지, 시행착오와 경험을 축적해간다.

노자는 도덕경에서 '부드러움이 강한 것을 이기고 약한 것이 강한 것을 이김'을 설파했다. 자타공인 극강의 골퍼로서 타이거 우즈, 브라이슨 디섐보, 브룩스 켑카, 양용은까지 PGA를 호령했던 선수들도 유연함의 가치를 익히 알고 있지만 부상의 우환에서 피해갈 수 없었던 것은 가늠하기 힘든 인체의 상태였을 것이다. 나는 그 해답을 불규칙한 호흡에서 찾고자 했다.

이비인후과 의사로서 호흡은 신체의 발란스와 근육 이완의 정점이다. 상대적으로 부드러운 스윙을 가진 로리 매킬로이, 저스틴 로즈, 저스틴 토마스, 존 람, 패트릭 캔틀레이, 잰더 쇼플리 등 큰 부상 없이 꾸준한 기량을 발휘하는 선수들의 중계화면을 지켜보면 누구도 예외 없이 안정된 호흡을 유지한다. 안정된 호흡을 통한 '부드러움의 위력'을 이 책에 담았다.

지난 2023년, 국내 유일의 골프 특성화 대학인 한국골프대학교 골프재활학과의 석좌교수를 맡았다. 프로 입문의 꿈을 안고 골퍼로서의 인생을 채비하는 학생들에게 골프 호흡에 대해 강의했던 교육적 내용들도 이참에 정리해보았다.

이 책의 독자가 될 일반인 즉 주말골퍼들은 강한 스윙을 하려고 할 때 클럽을 잡은 손에 힘이 저절로 들어간다. 주먹에 힘이 들어간다는 것은 몸이 경직된다는 의미이다. 그립을 잡는 손에 힘이 들어가는 행동은 신체적으로 정신적으로 긴장과 경직을 당연히 유발한다. 어드레스 자세를 취한 뒤 골프채의 그립을 잡고 힘을 줘보면 내 몸이 어떻게 경직되는지 알 수 있다. 손가락, 손목, 팔뚝, 어깨의 근육이 말랑말랑하지 않고 딱딱하게 변한다. 허리와 다리의 근육도 그 영향을 받는다. 그러다 보면 부드럽고 경쾌한 신체의 회전이 이뤄질 리 만무하다. 그도 그럴 것이 손에 힘을 주면 줄수록 헤드 스피드는 떨어지고 자연스러운 인체의 힘이 클럽헤드에 전달되지도 않는다.

이런 근육의 경직 현상은 평정심이나 자제력 대신 욕심과 무모함을 수반한다. 부드러운 스윙을 누구나가 소망하지만 결국 힘을 빼지 못해 늘 제자리 실력과 부상에 고생하는 주말골퍼들에게 '부드러운 것이 강하다'는 것은 이론적으로 맞지만 쉽지 않은 일임을 알 수 있다. 호흡의 안정으로 답을 찾을 수밖에 없다.

독자의 입장에서 되도록 쉽게 쓰는 게 미덕이라 늘 생각해 왔다. 독자의 시선에서 구어체로 쉽게 쓸 수 있는 단어들을 근엄이라는 허례로 굳이 어려운 문장과 불필요한 의학용어로 포징하고 싶지 않다. 그럼에도 질환의 설명에 있어서 어쩔 도리 없는 난해함은 의학 분야에 늘 존재한다. 책 속에 일부 용어들이 그래도 어렵다면 독자적 사고 틀로 변환되는 과정의 선택적 언어라고 널리 헤아려 주시길 소망한다.

짧지 않았던 긴 시간을 의사로서의 사명감과 열정으로 지탱하게 해 준 많은 이들에게 과분한 사랑을 받았다. 여전히 의사로서 환자에게 해야 할 말보다 들어야 할 말들이 많다. 그 유효한 소통의 수단이 글쓰기라는 믿음은 여전하다. 골프가 스포츠로서 사람과 사람을 더더욱 끈끈하게 이어주는 운동으로서 우리 사회 확산에 이 책이 마중물이 되길 기대해 본다.

매번 책이 나오기까지 공감 어린 마음으로 고된 수고를 아끼지 않은 출판사 '북커뮤니티' 이상순 대표에게 다시금 미더운 감사의 인사를 전한다. 부족한 강의를 수강해주는 한국골프대학교 학생들에게도 청년 열정에 대한 지지와 응원을 표하며 깊은 고마움을 전한다. 모질고 수고스러운 세상살이에서 늘 미덥게 손잡아주는 어머니와 더없이 소중한 가족에게도 더 애정 어린 태도로 응시하겠다는 살가운 마음을 전한다. 더 깊고 낮은 자세로 환자를 바라보고 정진하겠다.

2024년 봄날
안태환

01
골프의 대중화

코로나19 팬데믹 이후 불어 닥친 골프 열풍이 수년째 이어지고 있다. 2020년 말 코로나19 사태는 전 세계에 수많은 인명 피해와 경제적 손실을 낳았다. 이런 가운데 한국 골프는 때 아닌 호황을 맞이하며 '코로나 특수'를 누렸다.

한국레저산업연구소가 2023년 5월 발간한 '레저백서 2022'에 따르면, 우리나라 골프 인구는 564만 명으로 집계됐다. 이는 2019년 470만 명에 비해 20%(약 94만 명)가 늘어난 수치로, 우리나라 국민 10명 중 1명은 골프를 즐긴다고 봐야 할 것이다.

세계가 주목하는 한국 골프 시장의 급격한 성장은 골프 인구의 증가뿐만 아니라, 골프 시설 이용객의 수치를 봐도 알 수 있다. 한국골프장경영협회는 2022년 골프장을 찾은 사람이 5,057만 명이었다며, 1홀 당 이용객 숫자를 통해 골프장의 수익성을 추측해 본 결과, 1홀 당 이용객은 5,092명 정도로 1홀 당 이용객이 평균 2,000명 정도인 미국과 일본에 비해 2배 이상 높다고 밝혔다.

실제로 한국은 미국, 일본, 영국, 캐나다 등의 국가와 어깨를 견주는 골프 강국의 반열에 오른 상태다. 세계 골프 산업 리포트에 따르면 한국의 골프장 숫자는 총 810곳(9홀 포함)으로 세계 8위를 기록하고 있다고 한다. 국내 골프의 이러한 폭발적인 성장세는 골프장 매출과 영업이익의 증가 추이를 통해서도 확인할 수 있다. 한국레저산업연구소에 의하면, 2010년 전체 골프장 매출액은 3조2,000억 원 수준이었으나 2020년 골프 인구가 대거 유입되면서 5조7,000억 원으로 비약적으로 증가했다고 한다.

코로나19 팬데믹 이후 불과 3~4년 사이 골프 인구가 대거 늘어나면서 시작된 국내 골프의 대중화 조짐은 관련 산업에도 영향을 미쳤다. 패션, 뷰티, 문화, 스포츠 등 다방면에 걸쳐 골프 관련 제품이 쏟아지며, 관련 산업의 매출까지 끌어 올리는 낙수효과는 물론 국내 스포츠산업의 성장에도 견인차 역할을 하게 된 것이다.

2023년 유원골프재단이 발간한 '한국골프산업백서 2022'에 따르면 2022년 국내 골프시장 규모는 2020년 시장 규모 대비 5조8,540억 원 가량 성장한 20조6,690억 원 정도라고 한다. 즉 코로나 19가 본격적으로 창궐했던 2020~2022년은 전년 대비 16.2% 성장률을 보이며, 팬데믹 이전 5년 연평균 성장률인 4.9%에 비해 매우 가파른 성장률을 기록한 것으로 나타났다. 이는 코로나19 당시 사회적 거리두기가 도입되면서 소수 인원이 야외 활동을 하며 즐기는 운동이라는 골프의 특성이 골프 인구 폭증의 주요한 원인이라고 분석했다. 또한 골프의 시장 가치망 분석을 살펴 보면, 골프 소비의 형태를 골프에 의한 시장을 크게 본원시장(관람 및 참여)과 파생시장(관련 용품, 중계권, 스폰서 등)으로 나누어 설명한다.

 해당 데이터에 따르면 2022년 본원시장의 규모는 8조3,556억 원(40.4%), 파생시장 규모는 12조3,134억원(59.6%)인 것으로 나타났다. 세부항목을 보면 참여 본원시장 규모에서는 필드 골프가 5조1,200억 원, 스크린 골프가 2조1,865억 원으로 두 부분이 골프 소비의 대표적인 형태라고 분석했다.

 또한 파생시장에서는 골프용품이 9조9,364억 원, 골프관광이 8,587억 원, 시설운영이 7,990억 원, 시설개발이 2,850억 원, 스폰서십이 2,181억 원, 중계권을 포함한 기타 시장이 2,159억 원 규모인 것으로 파악했다.

 골프 인구의 증가가 미친 부가적인 경제 효과는 여기서 끝이 아니다. 골프가 대중적인 인기를 얻으며 골프웨어나 골프용품 등 부가 산업의 규모도 함께 커졌다. 롯데백화점 본점의 골프관은 2021년 7월부터 2022년 6월까지 1년 동안 매출이 전년 동기 대비 50% 올랐다고 밝힌 바 있다. 또한 2022년 골프웨어 시장규모는 6억3,000억 원 정도로 2020년 5조1,000억 원 대비 10% 정도 성장한 수치라고 밝히기도 했다.

이마트는 2022년 1월부터 6월까지 상반기 골프 용품 매출이 2021년 대비 21.9% 올랐다고 전했다. 아울러 본격적인 더위가 시작돼 '골프 비수기'로 여겨지는 6월에도 골프용품 매출은 전년 대비 20.9% 정도 증가했으며, 2021년 여름 시즌 골프용품 매출 역시 전년도인 2020년에 비해 59.6% 늘어났다고 했다. 이렇게 골프 관련한 대중들의 소비패턴은 카드 사용 내역을 통해서도 확인할 수 있다. KB국민카드가 2022년 발표한 골프 관련 제품 구매품목 및 실내·외 골프 연습장, 스크린 골프 업종 매출에 대한 개인 및 체크카드 매출 데이터를 분석한 결과에 따르면, 2022년 3분기 골프 업종 매출액은 2019년 동일 분기보다 68% 증가한 것으로 나타났다. 세부 업종별로 2022년 1~9월 매출을 3년 전과 비교했을 때, 실내 연습장 395%, 스크린 골프 102%, 골프장 62%, 실외 연습장 61% 순으로 증가했다.

실내 연습장은 코로나19 팬데믹 기간에 매출 상승효과를 제대로 누린 업종 중 하나다. 2021년 매출액 증가세가 1분기 144%, 2분기 222%, 3분기 272%를 달성한데 이어, 2022년 3분기 기준 407%라는 높은 증가세를 기록했기 때문이다.

연령대별로 살펴보면, 20~30대들의 골프 관련 지출 증가세가 두드러진다. 이들의 2022년 1~3분기 지출액을 코로나19 이전인 2019년과 비교해 보면, 20대는 실내 연습장 1101%, 스크린 골프 862%, 실외 연습장 533%, 골프장 251% 순으로 증가했으며, 30대는 실내 연습장 811%, 스크린 골프 232%, 골프장 214%, 실외 연습장 186% 순으로 증가한 것을 확인할 수 있다. 다소 놀라운 결과가 아닐 수 없다. 가파른 성장세만큼 의아한 부분은 바로 실내 연습장이 압도적으로 높은 순위를 차지하고 있다는 점이다.

최근 부쩍 늘어난 스크린 골프장에 비해 다소 중후한 느낌을 주는 실내 연습장이 왜 20~30대들의 마음을 잡을 수 있었을까? 이는 실내 연습장이 코로나19 이후 급증한 MZ세대 골퍼들의 입맛에 맞게 체질개선을 하는데 성공했다고 분석할 수 있다.

MZ세대의 유입과 '코로나 호황'

국내 골프의 대중적인 인기 추이를 살펴보면, 가장 눈에 띄는 변화는 젊은 세대의 유입이다. 국·내외 여행을 즐거움으로 삼았던 MZ세대가 코로나19 팬데믹의 여파로 활동에 제약이 생기자, 취미로 골프를 즐기기 시작한 것이다.

MZ세대란 밀레니얼(Millennials)세대와 Z세대를 합쳐서 부르는 말로, 1980년대부터 2000년대 초반 사이에 출생한 세대를 총칭한다. 이들은 기성세대와 다른 가치관과 소비성향을 보이며, 골프 업계에 새롭게 등장한 '큰손'으로 주목받고 있다.

젊은 연령층의 골프 관련 소비액은 대부분 MZ세대에서 발생하고 있다고 해도 과언이 아니다. 2019년 4월 대비 2020년 골프 소비액의 연령대별 증가율을 살펴보면, 10대에서 308%, 20대에서 124%, 30대에서 102%로, 40대는 55.9%, 50대는 23.5% 등으로 나타났다. 10대를 비롯한 20~30대에 소비액이 집중된 모습이다.

또한 신세계백화점에 따르면 2022년 상반기 골프용품의 매출은 23.6% 정도 증가했다고 한다. 연령대별로는 20대 고객의 매출 신장률이 가장 높았다고 한다. 20대 소비자가 구매한 골프용품의 매출은 전년 동기 대비 42.2%로 수준인 것으로 나타났다.

코로나19 시기에 한국 골프가 호황을 누리게 된 배경에 MZ세대의 공이 크다는 사실은 통계를 통해 더 확실히 드러난다. 한국레저산업연구소의 발표에 따르면, 국내 골프인구는 2019년 470만 명에서 2021년 564만 명으로 급격히 증가했고, 이중 20~30대 인구가 약 22%에 달하는 것으로 집계됐다고 한다. 또한 젊은 여성골퍼도 많이 증가한 것으로 조사됐다.

이러한 조사 결과는 SNS에서 활발한 활동을 하며, 패션 스타일링을 비롯한 뷰티케어 등에 관심이 많은 여성과 MZ세대의 취향이 골프에 반영되며, 골프 및 골프 관련 산업의 호황기를 이끌어 냈다는 의견이 다수다.

더불어 자신의 라이프스타일을 우선 시 하고, 자신의 만족을 위한 가치소비를 중시하는 MZ세대의 특성이 반영됐다는 의견도 있다. 일명 '자본주의 키즈'라 불리는 MZ세대는 돈을 버는 데 관심이 높은 만큼, 소비에도 아낌이 없는 것이 특징이다. 이때 골프는 젊은 세대의 플렉스 심리를 충족하는 수단으로 적절했다는 분석이다.

20~30대 젊은 골퍼들은 기성세대의 보수적인 분위기의 골프 문화 대신, 개인의 만족과 즐거움에 초점을 맞추는 경향이 짙다. 개인의 즐거움과 만족을 우선하는 MZ세대 특유의 정서는 골프를 자신들만의 놀이문화로 발전시키며 일명 '골린이 열풍'을 일으켰다.

'골린이'는 골프와 어린이를 합성해 만든 신조어로, 실력이 뛰어나지 않지만 재미를 위해 골프를 즐기는 초보 골퍼들을 지칭하는 말이다. 주로 코로나19 기간에 골프에 입문한 MZ세대와 이제 막 골프를 시작한 남성 또는 여성들이 여기 속한다.

이들은 골프 실력이나 점수에 연연하지 않는다. 오히려 골프 경기에서 파생된 여러 문화를 즐기고, 거기서 재미를 찾는

편이다. 골프장에 골프웨어를 여러 벌 가져와서 홀이 바뀔 때마다 옷을 갈아입고 사진을 찍다가, 경기가 지체되면 그 홀은 그냥 패스하는 경우도 적지 않다. 골프 경기를 통해 얻는 재미보다는 자신의 개성을 표출하는 '해방구'로서의 성격이 다분하다.

이렇게 골프장이 MZ세대의 개성을 표출하는 놀이공간이 되면서, 코로나 기간 동안 기하급수적으로 젊은 골프 인구가 늘어났다. 트렌드를 주도하는 젊은 연령대에서 골프가 유행하면서 골프 의류를 비롯한 관련 산업도 활기를 띠기 시작했다. 불과 몇 년 사이 골프 시장이 폭발적인 성장을 거듭하자 국내 골프의 대중화에 MZ세대가 크게 기여했다는 평가도 받았다.

새로운 골프 문화의 등장과 발전

젊음 층의 골프 참여가 대거 늘어나면서 골프에 대한 국내 인식도 눈에 띄게 달라졌다. 골프에 관심이 적었던 젊은 세대와 여성들이 대거 골프를 치기 시작하면서, 골프 인구의 평균 연령대가 낮아졌고 종목 자체에 대한 이미지도 크게 젊어진 것이다.

과거 골프는 중·장년이 향유하는 고급 스포츠라는 인식이 강했다. 운동 장비 가격이 비싼데다 필드에서 한 번 라운딩을 하는데 드는 시설 이용비 및 부대비용도 결코 만만치 않기 때문이다. 그렇다면 골프가 MZ세대의 마음을 사로잡을 수 있었던 이유는 무엇일까?

첫 번째는 시대적 상황에 의해 발생한 활동의 제약 때문이다. 앞서 언급한 것처럼 코로나19 사태로 인해 사회적 교류가 줄어들고 해외여행이 어려워지는 등 폐쇄적인 사회 분위기가 수년간 지속되면서, 야외에서 소수인원이 모여 즐기는 골프가 대안으로 떠올랐기 때문이다. 여기에 골프가 고급 스포츠라는 인식이 작용하며, 젊은 연령층의 유입을 부추겼을 것이다.

두 번째는 틀에 박힌 원칙과 절차보다는 개인의 만족을 중시하는 MZ세대 특유의 가치관이 작용했기 때문이다, 이는 골프가 누구나 어울리며 즐길 수 있는 놀이라는 인식을 심어 주면서, 이전에 비해 상대적으로 진입장벽을 낮춰주는 역할을 했다.

세 번째는 골프 시장의 변화에 맞춘 골프 업계의 발빠른 대응 때문이다. 골프 인구의 평균 연령이 낮아지자 골프 업계도 달라진 시장 분위기에 맞춘 상품과 마케팅을 시도한 것이다. 특히 MZ세대는 골프 업계에 새로운 소비층으로 떠오르며, 이들의 눈높이에 맞춘 상품과 서비스가 시장 트렌드를 주도하기도 했다.

전체 골프 인구 중 최근 급증하고 있는 젊은 골퍼들의 비중은 결코 작지 않다. 한국레저산업연구소의 발표에 따르면 2022년 기준 국내 골프인구는 515만 명으로 2017년 386만 명에 비해 약 33%가 증가했다. 이 중 20~30대 MZ세대의 비중은 35% 늘어난 115만 명으로 전체 골프 인구의 22%에 해당한다. 골프 인구 5명 중 1명이 MZ세대라는 뜻이다.

MZ세대를 중심으로 한 젊은 골퍼들의 유입은 이전에 없었던 새로운 골프 문화를 형성하며 다양한 형태의 '밈(Meme)'으로 발전하기 시작했다.

골프장에 젊은 피가 수혈되면서 가장 먼저 일어난 변화는 신조어의 탄생이다. '명랑골프(친목도모를 목적으로 순위에 얽매이지 않고 명랑하게 치는 골프)', '눈물골프(눈물이 나도록 혼신의 힘을 다해 치는 골프)', '오잘공(오늘 제일 잘 친 공)' 등의 유행어가 생겨났다.

골프웨어도 급변하기 시작했다. 고전적인 형태의 골프웨어 대신 여러 스타일로 활용이 가능한 실용적인 디자인의 골프웨어가 만들어졌다. 색상이나 소재도 다양해졌다. 자신만의 개성을 표현할 수 있는 독특한 캐릭터나 포인트 장식이 돋보이는 아이템도 인기를 끌었다. 스타일과 실용성을 중시하는 젊은 골퍼들의 성향을 적극 반영한 결과다.

이 밖에도 공유 공간 형태를 적용한 프라이빗한 골프 스튜디오, 최고급 시설을 갖춘 연습장 등 독특한 콘셉트의 골프 연습 시설이 등장했다. 또 파티룸이나 클럽처럼 조명과 음악이 나오는 엔터테인먼트적 요소가 가미된 골프 연습장도 생겼다. 말 그대로, MZ세대의 입맛을 겨냥한 이색 골프 연습장이 탄생하며 큰 성공을 거두기도 했다.

이처럼 젊은 층의 구미에 맞춘 시장의 변화는 실내 연습장의 성장에 결정적인 역할을 했다. 실제로 실내 연습장의 2021년 매출액 증가세를 살펴보면, 1분기 144%, 2분기 222%, 3분기 272%를 달성했다. 이러한 매출의 증가는 2022년까지 지속되며 3분기 기준 407%에 달하는 높은 증가율을 기록하며 놀라운 성장을 거듭했다.

눈에 띄는 것은 20~30대의 골프 관련 지출 증가세다. 2022년 1~3분기 연령대별 골프 관련 지출액을 2019년과 비교한 결과, 20대 매출액 증가가 높은 업종은 실내 연습장 1,101%, 스크린골프 862%, 실외 연습장 533%, 골프장 251% 순으로, 30대는 실내 연습장 811%, 스크린 골프 232%, 골프장 214%, 실외 연습장 186% 순으로 나타났다. 20대와 30대 모두 공통적으로 실내 골프 연습장에 지출한 비용이 늘었다는 것을 확인할 수 있다.

MZ세대가 실내 연습장을 선호하는 이유는 무엇일까? 골프 부킹 플랫폼 XGOLF가 회원을 대상으로 골프 연습장에 관한 자체 설문조사를 한 결과를 살펴보자.

XGOLF가 회원 583명을 대상으로 '연습장 선택 시, 고려하는 기준'을 묻는 설문조사를 진행한 결과, 시설(인테리어)이

44.2%를 차지하며 압도적인 1위를 차지했다. 그 다음으로 접근성, 그리고 가격이 순서대로 순위에 올랐다.

해당 설문조사 결과를 보면, 20~30대 젊은 층은 시설이 눈에 띄고 놀이나 모임 등 개인적인 니즈에 부합하는 서비스를 제공할 수 있으며, 접근성이 좋은 골프 시설을 선호하는 것으로 해석할 수 있다.

이런 맥락에서 여러 콘텐츠와 서비스를 결합하고 변형한 실내 골프장은 MZ세대의 다양한 니즈를 충족시킬 수 있는 장소임에 틀림이 없다. 실제로 최근 2~3년 사이 MZ세대를 겨냥한 실내 연습장의 숫자가 대폭 늘어났다. XGOLF가 운영하는 골프 브랜드인 쇼골프도 그 중 하나다.

쇼골프에 따르면 2022년 20~30대 내장객이 전년 대비 40.26% 이상 증가했다고 한다. 특히 20대 여성이 87.85%, 30대 남성이 130% 이상 대폭 상승했다. 또한 2022년 내장객 중 20~30대의 비중은 32.28%로, 이는 2021년(19.15%)과 비교해 13% 이상 늘어난 것으로 밝혀졌다.

20~30대 젊은 층을 겨냥한 실내 골프장의 서비스와 마케팅이 적중하며, 실내 연습장이 MZ세대의 새로운 골프 문화의 트렌드로 떠오른 것이다. 젊은 골프 인구의 유입이 실내 연습장을 비롯한 국내 골프의 놀라운 성장을 이끌어내는 마중물 역할

을 한 것에 대해 부정할 수 없다.

 기성세대와 달리 MZ세대는 자신들이 추구하는 가치에 부합하는 곳에 지갑을 여는 소비 성향을 보인다. 이들은 소비를 자신의 의사를 표현하는 수단으로 여기며 소비활동을 통해 자신들의 영향력을 행사하고, 더 나아가 사회와 문화를 이끄는 견인차 역할을 하고 있다.

 SNS나 1인 미디어 등 소셜 서비스를 활용하는데 익숙하고, 돈을 하나의 가치투표 수단으로 활용하며, 자신이 추구하는 가치관이나 관심사를 널리 알려 전파하는 밈문화를 즐기는 MZ세대의 강력한 영향력은 비단 골프에 한정된 현상이 아니다.

 MZ세대를 중심으로 생겨난 가치의 소비 행태는 수년간 사회 곳곳에서 신조어를 만들고, 새로운 유행을 탄생시켰다. 착한 기업의 제품을 구매하고, 양심적인 가게의 매출을 올려주는 일명 '돈쭐내기'도 20~30대를 주축으로 생겨난 것으로 젊은 세대들의 독특한 가치 소비 성향을 확인할 수 있는 부분이다.

 이렇게 MZ세대가 골프계에 대거 유입되면서, 국내 골프 문화도 빠르게 다양화, 세분화 되는 모양새다. 일부에서는 이런 변화가 위로는 30~40대, 아래로는 10대 청소년에게까지 영향을 미치며 '골프의 대중화'를 이끌어내는데 크게 기여했다는 평가를 받고 있다. 또한 이런 움직임이 정체된 골프 문화를 발전케 하고, 더 나아가서는 골프 업계 분위기를 젊고 활기차게 만들고 있다는 의견이 다수다.

하지만 급격히 변화하고 있는 골프계의 변화에 당혹스러움을 느끼는 기성세대도 적지 않을 것이다. 일부에서는 젊은 골프족들의 즐기기식 문화가 매너와 격식을 중시하는 골프 스포츠의 품격을 훼손하고, 단순히 오락적 성격을 지닌 엔터테인먼트 문화로 자리매김하는 것은 아니냐는 우려의 목소리도 적지 않다.

골프가 '코로나19 호황'을 누리며 골프 인구가 폭증한 현상이 꼭 긍정적인 사회적 효과만 안겨 준 것은 아니다. 젊은 골퍼들이 급증하면서, 기존 골프족들이 시설 이용에 불편이 생겨났다. 또한 골프에 입문한지 얼마 안된 초보들이 부문별하게 필드로 나오면서, 야외 골프장에서 지켜야 할 에티켓이 지켜지지 않아 불만을 토로하는 골퍼들도 있다.

골프가 대중적인 인기를 끌면서 '누구나 골프를 친다'는 분위기가 생겨난 것도 문제다. 골프 인구가 증가하고 다양한 형태의 골프 시설이 생겨난 것은 사실이지만, 골프를 배우고 치는데 드는 경비 및 관련 용품 구입비용이 저렴한 운동은 아니다. 이런 가운데 '나도 골프를 쳐야할 것 같아서' 무리해서 골프에 입문하는 사람들도 생겨나고 있다.

그렇다면, 코로나19 종식을 선언하고 1년이 지난 지금은 어떨까?

위드코로나 이후, 골프시장의 변화

2023년 코로나19 팬데믹 선언이 공식적으로 종료되고 '위드코로나'라는 새로운 일상이 찾아왔다. 마스크 없는 생활이 가능해졌고 모임이 자유로워졌으며, 해외여행도 자유로워졌다. 이전과 다른 의미의 일상이 다시 시작되면서, 국내 골프도 새로운 국면을 맞이하고 있다.

아이부터 어른까지 전 국민이 골프에 관심을 갖기 시작하면서 '대중화'가 논의되는 가운데, 골프 열풍이 꺾이고 있다는 목소리도 심심치 않게 나오고 있다. 골프 열풍의 주역이 된 MZ세대 골프 인구가 빠르게 감소하고 있다는 주장이 제기되고 있기 때문이다.

이에 수년째 식을 줄 몰랐던 골프 열기가 계속 상승세를 유지할 수는 없는 일이라며, 젊은 골프 인구가 줄어드는 것은 자연스러운 현상이라고 말하는 사람들도 있다. 이제 막 골프에 입문한 모든 '골린이'들이 단 한 명의 이탈도 없이 충성도 높은 골프족으로 성장하는 것이 오히려 비현실적이라는 것이다. 장기간 이어지고 있는 경기악화와 고물가 상황도 골프의 성장에 치명타로 작용했을 것이다.

어떤 이유에서든 골프의 '코로나19 호황'의 가파른 성장세가 하락세로 돌아선 것은 분명한 사실인 것 같다. (사)한국골프장경영협회가 2023년 상반기 전국 골프장 운영실적을 조사한 결과, 전국 골프장 내장객 수는 2022년 상반기 대비 6.7% 감소한 것으로 나타났다. 또한 매출액과 입장수입 역시 각각 5.2%, 5.8% 줄었으며, 영업이익과 순이익도 각각 24.5%, 23.9% 감소한 것으로 나타났다.

이러한 골프 업계의 변화는 골프웨어와 골프용품의 매출을 통해서도 확인할 수 있다. 롯데백화점에 따르면 2023년 골프용품 카테고리 실적은 2022년에 비해 거의 성장하지 못한 것으로 드러났다. 작년 롯데백화점 골프 매출의 전년 대비 실적은 0%에 그쳤다. 같은 기간 신세계백화점과 현대백화점의 매출 신장률도 각각 2.3%, 8.2%인 것으로 나타났다. 코로나 기간에 기록한 성장세를 감안하면 좋지 않은 징조임은 분명하다.

소비자들이 골프 관련 분야에 소비한 카드 지출액을 봐도 마찬가지다. 한국관광공사의 한국관광데이터랩에서 제공한 신용카드 데이터 산출 결과를 보면, 2023년 2분기 전국 골프 소비 지출액은 2022년도 같은 기간과 비교할 때 6.44% 감소했다.

이 밖에도 중고시장에 골프 용품이 쏟아지며 '손바뀜'현상이 활발하게 나타나고 있고, 골프장 회원권의 가격도 떨어지는 추세다.

엔데믹과 함께 국내 골프 업계에 위기가 찾아왔다는 목소리도 점점 거세지고 있다. 이처럼 골프 시장에 불어닥친 위기의 원인은 크게 3가지로 볼 수 있다.

첫 번째는 엔데믹으로 활동이 자유로워지면서 골프로 위안을 삼았던 MZ세대가 대거 이탈했기 때문이다. 또한 젊은 층이 등산이나 테니스, 볼링 등 다른 취미로 눈을 돌리면서 골프에 대한 관심이 줄어들었다는 의견도 있다.

두 번째는 경기침체로 인해 고물가·고금리 상황이 지속되면서 소비심리가 위축되고 있기 때문이다. 아무리 골프가 대중화되고 있다고 해도 골프는 여전이 고비용 스포츠다. 한번 라운딩에 나설 때마다 30~40만원의 비용이 든다. 여기에 캐디피, 카트비용 등의 추가 지출까지 생각해야 한다. 골린이들의 대부분이 직장인이라는 점을 감안하면, 골프가 부담으로 작용할 수 있다는 분석이다.

세 번째는 코로나19 기간 동안 지나치게 높아진 그린피 등 골프업체들의 '배짱장사'에 피로감을 느낀 사람들이, 기후환경이나 비용 면에서 훨씬 경쟁력이 있는 동남아 등의 해외로 발길을 돌리고 있기 때문이다.

실제로 코로나 종식 이후, 골프의 성장은 거의 멎은 상태다. 이에 일부에서는 골프가 하락세라고 말한다. 이들은 과거 캠핑 등 아웃도어 활동이 유행했던 당시처럼, 관련 업종이 한꺼번에 몰락하는 상황이 또 반복될 것이라고 우려 섞인 목소리를 내기도 한다.

지나치게 과열된 골프 열풍으로 생긴 거품이 빠지는 과정이라고 해석하는 사람들도 있다. 코로나19 호황을 등에 업고 우후죽순 생겨난 골프 관련 업종 중 브랜드 파워가 입증된 곳만 살아남을 것이라며, 현재를 '진정한 옥석을 가려내는 조정기'라고 설명하기도 한다.

이처럼 다양한 의견이 분분한 가운데, 골프의 성장 둔화가 다시 안정기로 향하는 과정인지, 하락세로 몰락하는 과정인지는 아직 정확히 이야기할 수는 없다.

실제로 국내 골프장 이용객은 줄었지만, 해외 골프 이용객은 늘어나는 추세다. 국내 골프 시설 이용률이 감소했을 뿐, 실질적인 골프 인구가 급감한 것은 아닐 수도 있다는 추론을 해볼 수 있는 부분이다.

교원투어는 2022년 3분기 해외 골프여행 상품 수요가 직전 분기와 비교할 때 271%나 증가했고, 인터파크트리플도 2023년 1~2월 해외 골프 패키지 상품 수요가 2019년 같은 기간 대비 무려 1,240%나 증가했다고 밝혔다.

이런 상황은 골프용품 및 골프웨어 업계도 마찬가지다. 다수 골프용품 및 골프웨어 브랜드가 급격한 매출 감소로 올해는 마이너스 성장을 전망하고 있지만, 반대로 꾸준한 매출증가를 기록하며 상승세를 지속하고 있는 브랜드도 있다.

포스티에 따르면 2023년 11월 기준 골프 카테고리 거래액은 2022년 동기 대비 398% 증가했다. 브랜드별로 살펴보면, 볼빅이 602%로 가장 높은 성장률을 보였으며, 레노마골프 433%, 헤지스골프 394% 등이 뒤를 이었다.

같은 기간 W컨셉의 골프 카테고리 역시 10% 정도 매출이 올랐다.

이 밖에도 프리미엄 골프웨어 핑(PING)은 2023년 10월 매출이 전년 대비 16.7%, 11월 매출이 25.2%를 기록하며 꾸준한 성장을 거듭 중이며, LF가 2020년 론칭한 더블플래그는 2023년 매출이 전년 대비 약 2.4배 상승하는 기염을 토하기도 했다.

이처럼 엔데믹 이후, 레드오션이 된 골프 시장은 다시 한번 커다란 변화의 시기를 맞이하고 있다. 여러가지 변수가 작용하며 당장 한 치 앞도 내다 볼 수 없는 가운데, 골프의 대중화에 대한 각종 논의와 인기가 식은 골프 업계의 살아남기 전략이 화두가 되고 있다.

엔데믹과 함께 MZ세대의 골프 유행이 끝났다고 볼 수는 없다. 골프용품이나 골프웨어 업계의 주요 고객층은 여전히

MZ세대다. 또한 MZ세대의 골프 유행으로 인해 10대~20대 젊은 골프 인구도 꾸준히 유입되는 추세다.

코로나19 팬데믹 당시 유입된 '골린이' 중 일부는 여전히 골프를 즐기고 있다는 점도 잊어서는 안 된다. 골프 인구의 이탈을 걱정할 일이 아니라, 남은 MZ세대의 마음을 사로잡을 수 있는 대안이 필요할 것이다. 이는 설령 MZ세대의 골프 사랑이 식고 있다고 해도 마찬가지다.

위기는 기회라고 하지 않았던가. 이번 위기를 새로운 도약의 발판으로 삼아 또 다른 성장의 기회로 만들 수도 있을 것이다.

또 다른 이야기

골프계에 크고 작은 지각변동이 일어났지만, 실제 골프를 즐기는 사람들의 고민은 따로 있다. 부상이나 심리적 압박감에 의한 실력 부진, 노력해도 점수가 줄지 않는 정체기, 쉽게 고쳐지지 않는 자세와 스윙 등이 여기 속한다.

이 중에는 코로나19 팬데믹 기간에 골프에 입문한 '골린이'를 비롯해 오랜 구력을 자랑하는 베테랑 골퍼도 포함되어 있다.

다른 운동과 달리 골프는 경력이 실력을 반증하지는 않는다. 또한 고도의 집중력을 요구하는 스포츠로 그날그날의 기분,

신체 컨디션 등에 크게 영향을 받는 까다로운 운동에 속한다. 또한 여러 사람과 경기를 하지만, 사실상 자신의 기록을 갱신하며 실력이 늘어나는 운동인 만큼 끊임없는 훈련과 학습을 요구하는 스포츠 종목이라 볼 수 있다.

지피지기면 백전백승이라고 했다. 만일 늘지 않는 골프 실력으로 고민하고 있다면, 처음부터 다시 시작하는 마음으로 골프에 대해 차분히 공부하는 시간을 가져 보는 것도 좋은 방법이다. 무릇 모든 운동이 그러하듯 인내심과 꺾이지 않는 기본기는 실력향상의 전제 조건이다.

02
골프의 유래와 역사

골프는 언제, 어디서, 어떻게 시작했을까?

골프가 대중적인 인기를 끌고 있지만 막상 골프의 유래나 역사에 대해 아는 사람은 많지 않다. 불과 10년 전까지만 해도 중·장년층이 주축이 되어 프라이빗하게 즐기는 귀족 스포츠의 이미지가 강했던 탓에 일반인들이 학문적 관점에서 골프에 관심을 갖기란 쉽지 않은 일이었을 것이다.

국내 골프가 중후한 귀족 스포츠의 이미지를 벗고 대중적인 사랑을 받게 된 것은 얼마 되지 않은 일이다. 90년대 후반, 전 세계를 달군 프로골퍼 박세리의 놀라운 활약을 시작으로 대중들에게 골프라는 스포츠가 알려지기 시작했고, 사람들의 소득 수준이 올라가면서 골프를 즐길 수 있는 인구가 늘어났다.

서서히 골프를 취미로 즐기는 인구가 늘어나면서 전국 곳곳에 골프장이 생기기 시작했고, 스크린 골프장이 증가하며 골프의 대중화에 불을 지폈다. 국내 골프의 인기가 최정점을 찍은 시기는 코로나19 팬데믹 기간이다. 골프 수요가 폭발적으로 늘면서 말 그대로 '골프열풍'을 일으킨 것이다.

코로나19가 불러온 골프열풍이 명실공히 MZ세대의 영향력이라는 점은 부정할 수 없는 사실이다. 이는 골프가 아저씨와 시모님들의 운동이라는 인식을 바꾸는데 큰 역할을 했다. 또한 젊은 세대의 놀이문화로 흡수되면서 일종의 문화 콘텐츠로 자리매김하게 됐다.

이렇게 골프는 우리 일상으로 들어왔다. 스크린 골프장을 비롯한 실내 연습장이 급증하면서 누구나 마음만 먹으면 언제, 어디서든 가볍게 골프를 즐길 수 있다. 골프 관련 온라인 콘텐츠나 TV 예능프로그램도 많아져, 골프를 치지 않는 사람들도 골프가 낯설지 않은 요즘이다.

이처럼 골프 이미지가 대중스포츠로 변모하면서 자연스럽

게 골프의 역사나 유래에 대해 관심을 갖는 사람들도 적지 않다.

골프도 다른 스포츠 종목들처럼 어떤 우연한 기회에 발생했고, 문명의 발달과 함께 필연적으로 발전하고 멀리 전파됐을 것이다. 만일 이제 막 골프를 시작해 한창 재미가 붙었다면, 역사에 숨겨진 골프의 유래와 역사도 한 번쯤 궁금했을 것이다.

노벨상을 수상한 소설가 펄 벅은 '만약 오늘을 이해하고 싶다면, 어제를 살펴봐라.'라고 했다. 오늘의 골프가 매력적으로 다가와 호기심을 자극하고 있다면, 기초 상식으로 골프의 유래와 역사를 알아 둬도 좋지 않을까 한다.

전 세계에서 행해지고 있는 '신사의 스포츠' 골프는 언제, 어디서, 어떻게 생겨났을까? 골프의 유래와 역사에 대해 알아보자.

골프의 정의

골프의 유래와 역사를 살펴 보기에 앞서, 골프의 개념을 한 번 정의해 보자. '골프'를 떠올리면 머릿속으로 연상되는 장면은 대부분 비슷할 것이다. 하지만 골프의 개념을 한 문장으로 정의하기는 생각보다 쉽지 않다.

그럼에도 불구하고 골프의 개념을 정의하자면, "끝부분이 굽은 모양의 특수하게 제작된 클럽으로 특정한 필드 즉, 목적에 의해 나무와 물웅덩이, 모래벙커 등 다양한 장애물들로 구성된 방해 요소들을 가진 들판(필드)에서 작은 공을 쳐서 최소의 타구 횟수로 승패를 결정하는 스포츠(Lipoński, 2003, Mason, 1989)"정도

로 이야기 할 수 있다.

　골프는 자연 지형을 이용해 만들어진 18홀로 구성된 코스에서 14개의 클럽을 이용해 볼을 쳐서 그린의 홀(직경 108mm)에 넣는 게임으로 볼을 친 횟수가 적은 사람이 승자가 되는 게임이다.

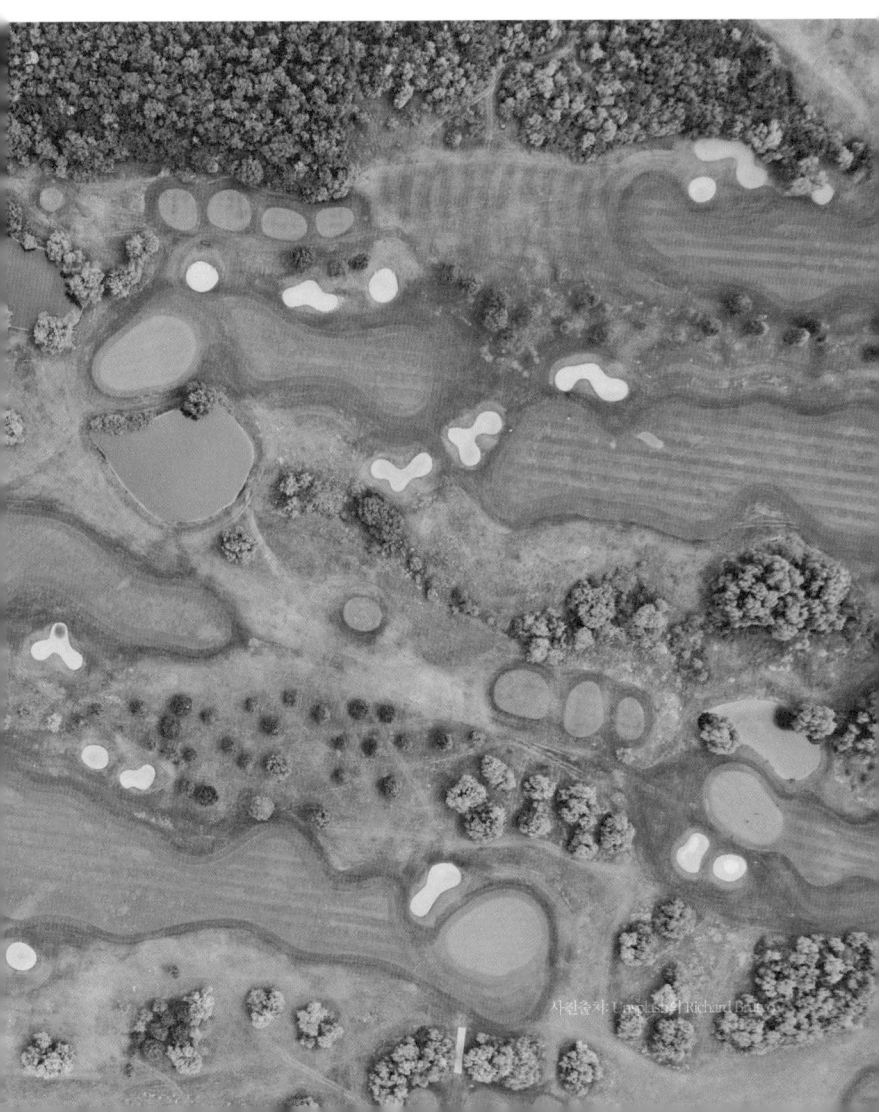

사진출처: Unsplash의 Richard Brutyo

이때 골프코스는 70~100만m^2의 부지에 1번에서 18번에 이르는 18개 홀을 배치하여 만들어지며, 홀의 거리는 100m부터 600m 이상까지 다양한 편이다.

골프의 경기는 규정된 규칙에 따라 1번부터 18번 홀을 차례대로 돌며 볼을 치는 방식으로 플레이된다. 이렇게 18홀을 완전히 끝마치면 이것을 '1라운드'라고 한다. 1라운드는 다시 각각 9개의 홀로 이루어진 아웃코스와 인코스로 나누며, 이를 하프(Half)라고 일컫는다. 이때 하프는 롱홀 2개, 미들 홀 5개, 숏홀 2개로 구성되어 있다.

이는 경기 방식에 따라 '스트로크 플레이'와 '매치 플레이' 2가지 방식으로 나눌 수 있다. 스트로크 플레이는 약속된 홀을 다 돈 후에 총 타수의 합계가 적은 골퍼가 우승하는 방식이다. 반면 매치 플레이는 팀을 나눠서 각각의 홀마다 승리하는 팀을 정하는 경기가 진행되며, 이긴 홀의 개수가 많은 팀이 최종 승자가 되는 경기 방식을 말한다.

골프는 장시간에 걸쳐 필드를 누비며 경기를 진행하는 게임으로 격렬한 운동은 아니다. 오히려 잘 정돈된 자연 가까이에서 심신을 힐링할 수 있는 웰니스(Wellness) 운동을 대표한다. 또한 과격한 스포츠가 아니기 때문에 어린이부터 노인까지 폭 넓은 연령대가 즐길 수 있어 대중화에 유리한 측면도 있다.

벙커나 워터 헤저드 등 코스마다 설치된 방해물을 요령껏 피하거나, 열악한 날씨와 기후 등 생각지 못한 난관을 극복할 때마다 찾아오는 크고 작은 성취감을 얻기도 한다. 이 밖에도 골프는 관찰력과 판단력, 집중력 그리고 어떤 상황에도 흔들리지 않는 강한 정신력을 요구하는 운동으로 꾸준히 사랑받고 있다.

이러한 골프가 오늘날 정식 스포츠 종목으로 자리매김하기까지는 우리가 알지 못하는 긴 히스토리가 존재할 것이다. 그 시간 안에는 인류가 성장하고 발전해온 역사와 문화도 포함되어, 골프의 성장과 전파에 영향을 미쳤을 것이다. 그리고 지금 이 순간에도 골프는 끊임없이 변화를 거듭하며, 이 시대에 걸맞는 새로운 정의를 만들어 가는 중이다.

골프의 기원에 대한 학설들

골프는 어디서 비롯했을까? 골프의 유래에 대한 연구는 꾸준히 이루어지고 있다. 하지만 골프의 기원은 아직 정확히 밝혀진 바가 없다. 다만 과거 문헌이나 벽화에 기록된 자료를 통해 발생 시기와 유래를 짐작할 뿐이다.

골프의 기원에 대한 가설은 크게 4가지 정도로 나누어 볼 수 있다. 스코틀랜드, 네덜란드, 프랑스, 중국 등의 국가에서 골프가 시작됐다는 기원설들이 여기 속한다.

골프의 발상에 대한 논의가 이뤄질 때, 가장 유력한 주장으로 여겨지는 것은 스코틀랜드 기원설이다. 한국에서도 스코틀랜드 기원설을 채택하는 경우가 많으나, 그만큼 자주 논쟁거리가 되는 것도 스코틀랜드 기원설이다.

그 뒤를 이어 네덜란드 기원설이나 프랑스 기원설이 등장했다. 두 학설은 스코틀랜드 기원설에 비해 설득력 있는 근거를 제시하고 있어 눈길을 끈다.

가장 최근에 제기된 주장은 중국 기원설이다. 이는 골프가 동양, 그중에서도 중국에서 발생했다는 주장이다. 이는 유럽의 발생설에 비해 근거 자료가 풍부한 편이다. 그러나 이 조차도 동북공정을 위한 중국의 조작이 아니냐는 반박이 제기되며 의견이 분분한 상태다.

때문에 우리는 각각의 골프 기원설을 보다 자세히 살펴 볼 필요가 있다. 각각의 기원설은 스코틀랜드, 네덜란드, 프랑스, 로마 등의 유럽 국가와 중국에서 발견된 그림과 문헌을 통해 확인할 수 있다.

스코틀랜드 기원설

첫 번째는 스코틀랜드 기원설이다. 초원도 많고 양도 많은 스코틀랜드 북방지역에서 살던 양치기들이 끝이 구부러진 막대기로 돌을 쳐서 토끼굴에 넣던 놀이가, 잉글랜드까지 보급되며 지금의 골프로 발전했다는 설이다. 하지만 이 주장에 대한 근거 자료는 생각만큼 많지 않다.

골프의 발상지가 스코틀랜드라는 주장에 결정적인 근거는 스코틀랜드 의회 기록으로 남겨진 '골프 금지령'이다. 1457년 무렵, 스코틀랜드에서 골프가 크게 성행하자 당시 집권하던 왕인 제임스 2세가 국가 방위에 필요한 무예 수련과 신앙생활을 게을리 한다는 이유로 12세~50세까지 국민들에게 고우프(Gouft)를 금지한다는 명령을 내렸다는 내용이다.

'골프금지령'에 대한 기록은 세계적으로 가장 오래된 골프에 관한 기록으로 여겨지고 있다. 한편으로는 세인트앤드루스 대학 도서관에는 1522년 기록된 한 장의 양피지가 있는데, 이것이 현존하는 골프에 관한 문헌 중 가장 오래된 것이라고 주장하는 이들도 있다.

이 밖에도 스코틀랜드에 존재하는 골프에 관한 역사적 기록은 의회의 궁정 기록에 남겨진 제임스 3세(1471년)의 골프 금지령과 제임스 4세(1491년)의 골프 금지령이다. 이에 골프가 15세기 스코틀랜드에서 발달된 것이라는 주장이 통설로 인정받게 된 것이다.

또한 1744년 스코틀랜드의 수도인 에든버러에서 골프협회가 조직되고 정식 경기를 했다는 기록이 골프 클럽 및 골프 경기의 시초로 알려진 상황이다.

이와 별개로 골프(Golf)의 어원에서 골프의 유래를 추측하기도 한다. 이들은 '치다', '때리다'라는 뜻을 지닌 스코틀랜드 고어(古語) '고우프(gouft)'가 골프(golf)로 변했다고 주장하기도 한다.

네덜란드 기원설
네덜란드 역사학자 스티븐 반 헹겔(Steven J.H.van Hengel)은 1972년 출판한 자신의 저서 '고대의 골프(Early Golf)'에서 네덜란드가 골프의 발생지라고 기술했다.

그는 1927년 네덜란드 북부 지방의 '레온 안 더 비치'라는 마을에 4홀짜리 골프장이 만들어졌다고 말한다. 이는 당시 네덜란드가 크로넨버그 성을 해방시킨 기념으로 만들어진 것으로 코스의 길이만 4,500야드로 홀 당 1,000야드가 넘었다고 한다.

당시 놀이의 이름은 클럽(Club)을 뜻하는 '콜프(COLF)'라고 불렸다고 한다. 이는 스펠미텐골프(Spelmetten Kolve)라는 뜻을 가진 네덜란드어로 '클럽으로 하는 경기(Game with Club)'라는 의미로 쓰였다고 한다.

또한 과거 네덜란드의 영토였던 브뤼거(Bruegge, 지금의 벨기에 도시)에서 1360년에 시민들이 '골펜(Golfen)'이라는 이름으로 골프를 쳤으며 내기 경기를 했던 흔적까지 있었다는 기록을 발견했다고 했다.

이를 통해 그는 당시 부국이었던 네덜란드 지역에서 스코틀랜드(1457년)보다 97년이나 먼저 골프가 행해졌으며, 스코틀랜드와 교류하던 무역선에 의해 스코틀랜드로 전해진 것으로 해석한다.

또한 헹겔은 언어학적 관점에서 당초 네덜란드에서 '콜레(Chole)' 또는 '코스펠(Kofspel)'이라고 불리던 것이, 스코틀랜드로 전해지고 놀이가 되면서 실내에서 하는 놀이는 콜프(KOLF), 얼음 위에서 하는 경기는 별도로 '콜벤(Colven)'이라는 이름으로 불렸다고 주장했다.

그의 주장에 따르면 네덜란드에서는 이미 15세기부터 아연(亞鉛)으로 제작한 골프클럽(Golf Club)을 사용했고, 1545년에는 25개 조항으로 이뤄진 골프경기 규칙서가 암스테르담 라틴어 학교 교장이었던 피터 아프헨(Pieter Afferden)에 의해 라틴어로 쓰였고, 1522년에는 공식 출판되어 20여 년간 사용되었다고 한다.

참고로, 이 규칙서는 1754년 '왕실골프클럽(Royal and Ancient club)'의 클럽경기를 위한 새 규칙을 제정하기 전까지 사용되며, 지금도 여러 형태로 그 흔적을 남기고 있다.

골프가 네덜란드에서 발생했다는 또 다른 학설도 존재한다.

13세기 말 네덜란드에는 얼음 위에서 끝이 구부러진 스틱인 롱노즈(Long Nose)를 가지고 하는 게임인 '숄(Chole)'이라는 놀이가 존재했다고 한다. 이때 롱노즈가 초기 골프 클럽과 형태가 매우 흡사했던 것으로 알려져 있다.

이는 훗날 아이스하키와 비슷한 구기 경기인 '헤드콜벤(Head Kolven)'으로 체계화 되었고, 14세기경 네덜란드와 교역을 하던 스코틀랜드의 양모(洋毛) 상인들이 바다 건너 스코틀랜드에 갖고 들어가 헤드콜벤을 전파시켰을 것이라는 주장이다.

프랑스 기원설
골프의 발생지를 프랑스라고 주장한 학자는 독일의 비교언어학자 하이너 길마이스터(Heiner Gilmeister, 1988)다. 그는 언어학적 관점에서 골프의 어원적 근원에 대한 연구를 진행하며, 골프가 대륙(프랑스)에서 발생했다고 주장한다.

그는 자신의 주장에 대한 근거로 1261년에 번역된 플랑드르(Flandern) 출신 작가 '야콥 반 메를란트(Jakob van Maerlant)'의 프랑스 서적에서 스틱놀이(Sticksports)를 하고 있던 어린이에 대해 쓴 내용을 언급했다.

이 책은 왕이 쓴 편지를 마술사이자 고아인 소년 멀린(Merlin)에게 전하기 위해 길을 떠난 왕의 사자가 성문 앞에서 열심히 공놀이를 하고 있는 소년을 발견했다는 내용이다. 이때 소년은 스틱으로 공을 쳐서 문 안쪽으로 공을 넣고, 상대방의 다리를 걸어서 넘어뜨리는 놀이를 하고 있었다고 전한다.

이에 김마이스터(Gilmeister)는 책 속 소년이 하던 놀이가 '소울(Soule'a la Crosse)'이라는 고대 프랑스식 놀이라고 설명한다. 이 놀이는 양치기들이 사용하는 끝이 휘어진 막대기(Crosse)를 사용하며, 당시 배경이 된 지역에서는 막대기(Stick)를 '콜브(Kolb)'라고 했던 사실을 밝혀냈다,

그는 소울(Soule'a la Crosse) 또는 멀린게임(Merlinsgame)이라고 부르는 이 놀이가 현재의 골프보다는 하키와 유사함에도 불구하고, 해당 놀이가 벨기에와 프랑스의 경계에 위치한 북해 연안 지방인 플랑드르를 통해 당시 네덜란드 지방이었던 브뤼거(Bruegge)로 전해진 발전경로와 프랑스 북서부 지방에서 행해진 '골펜(Golfen)'과의 연관성 등을 거론했다. 또한 이러한 과정을 거치면서 15세기 중반에 미니골프가 플랑드르지방에서 행해졌

다고 프랑스 기원설을 주장했다.

프랑스 기원설과 관련한 또 다른 학설은 프랑스에서 하던 공놀이인 '주드마유(Jeu de Mail)'가 골프의 시초라는 이야기다. 과거 프랑스 시민들은 끝이 구부러진 나무로 공을 밀면서 경기를 진행하는 크로스라는 놀이를 했다고 한다. 이 놀이는 훗날 하키, 펠멜, 크리켓 등의 여러 놀이를 파생시켰는데 골프도 그중 하나라는 것이 이들의 설명이다.

로마제국 전래설

로마제국이 스코틀랜드를 정복했을 때, 로마 군사들이 즐겨하던 놀이인 '파가니카(Paganica)'가 스코틀랜드에 남아 골프가 되었다는 설이다. 그러나 이 주장은 관련 근거나 기록이 존재하지 않는다.

중국 기원설

골프가 동양에서 시작됐다는 학설도 있다. 1991년 중국 감숙성의 한 사범대학교 체육학부 교수 링훙링은 호주의 한 학회지(Australian for Sports History)에 발표한 논문을 통해 '골프의 원조는 중국'이라고 주장한다.

해당 논문 내용에 의하면 중국에서는 골프를 '추환(츠이완)'이라고 불렀고, 이는 서기 943년 기록된 남당(南唐)의 사서(史書)

에 기록되어 있다고 한다. 또한 그는 원나라(1271~1368년) 때 그림인 '추환도벽화'를 자신의 주장을 뒷받침하는 근거로 제시했다.

이 그림 속에는 4명의 사내들이 나즈막한 언덕 사이로 물이 흐르는 들판에서 놀이를 즐기는 모습이 담겨 있다. 이는 마치 헤저드가 설치된 들판에서 골프 경기를 치르는 모습을 연상케 한다는 것이 그의 주장이다.

명나라(1368~1644년) 때 그림인 '선종행락도'는 링훙링의 주장을 더 확실하게 증명해 준다. 그림 속에는 선덕제(宣德帝, 선종)으로 보이는 남성이 양손에 막대기 형태의 채를 들고 전방을 응시하고 있다. 또한 한 쪽 구석에는 채를 들고 달려오는 시종의 모습도 묘사되어 있다. 마치 클럽을 들고 공을 치는 골퍼와 경기 진행을 돕는 캐디의 모습을 방불케 하는 장면이다.

두 그림에 등장하는 추환은 원래 당대의 '보타구(步打球)'라는 놀이가 발전한 것이라고 알려져 있다. 이 경기가 처음 시작된 것이 언젠지 정확히 알려진 바는 없지만, 943년까지는 문헌을 통해 해당 경기를 확인할 수 있다.

추환은 나무를 깎아 만든 공인 '권(權)'과 '구봉(龜峯)'이라는 막대기를 사용하는 놀이다. 이는 12~15세기 즈음에 특히 성행했는데, 추환을 위해 '환경(丸經)'이라는 규칙서도 만들었다고 전한다. 최초의 환경은 1282년에 완성됐는데, 그 내용이 총 32장, 1만2천자에 달한다고 한다.

경기규칙을 보면 추환이 골프와 매우 흡사하다는 점을 발견할 수 있다. 우선 첫 타구는 볼을 안정시킬 수 있는데, 이는 골프 경기에서 '티' 위에 볼을 올려놓는 것과 같은 의미로 해석된다. 또한 이봉(두 번째 타구) 이후에는 공이 놓여진 상태 그대로의 상태에서 샷을 해야 하며, 해당 홀의 경기가 마무리 될 때(홀아웃)까지 공에 손을 댈 수 없다는 것도 골프와 유사하다.

이 밖에도 라이(공이 놓여진 상태)를 10가지로 분류하고 있는데, 그 중 평(平), 요(凹)·철(凸), 앙(仰), 준(峻), 외(外) 등은 골프에서 말하는 평지, 웅덩이, 언덕, 어게인스트, 다운힐, OB 등을 뜻한다. 또한 한 홀의 기준 타수가 파 3인데, 한타 적게 쳐서 홀 아웃을 할 경우 '일주'를 얻게 된다고 나오는데, 이는 '버디'를 해야 이길 수 있다는 뜻으로 이해해도 무리가 없다.

아울러 추환 역시 장시간에 걸쳐 경기를 치르는 만큼, 선수들이 서로를 존중하고 매너를 중시했다고 한다. 이렇게 추환은 게임을 치르는 장소나 장비, 경기방식, 시합규칙 등에서 골프와 매우 흡사한 부분이 많은 놀이로 이것이 유럽으로 전파되고 발전해 지금의 골프가 됐다는 것이다.

이런 주장의 근거는 고대에서 근대로 이어지는 역사의 발전사를 통해 입증하고 있다. 징기즈칸이 몽고를 통일(1217년) 한 후, 차례로 서하, 금나라, 남송을 정벌하고 원나라를 건립한 몽고군이 서쪽 정벌에 박차를 가하면서 중국과 아시아, 유럽국가들의 정치적, 사회적 교류가 빈번해졌고, 이 과정에서 추환이 유럽에 전달됐을 것이라는 추측이 그것이다.

만일 이들의 주장이 사실이라면, 해당 자료들이 스코틀랜드(1547년), 네덜란드(1360년), 프랑스(1261년)보다 중국이 약 943년 정도 앞선 것으로 당연히 '중국이 골프의 발생지'라 할 수 있을 것이다.

한편, 중국 기원설을 지지하는 학자들 중에는 8세기 경 이슬람의 해상무역 상권이 동쪽으로는 중국, 서쪽으로는 스코틀랜드 인접국인 스페인과 포르투갈까지 교역을 했다는 점을 미루어, 중국의 추환이 실크로드를 따라 이슬람을 거쳐 유럽의 프랑스, 네덜란드, 스코틀랜드 순으로 전파됐을 가능성이 크다고 주장하기도 한다.

또 다른 의견으로는 13~14세기 무렵 몽고가 유럽을 정벌하고 유라시아 대륙을 섭렵했을 당시, 그 영역이 북부프랑스까지 지배했다는 역사적 기록을 통해, 이때 추환이 유럽에 전래됐을 것이라는 가능성이 크다고 말하는 이들도 있다.

그 중 중국의 학자 오문충(1975년)은 중국의 추환이 지금의 골프와 같은 것으로 12세기 송나라 때 시작되어 13세기 몽고군의 유럽정벌 과정에서 전파되었으며 1457년 스코틀랜드에서 골프로 발전해 근대에 이르러 다시 중국으로 역수입되었다고 주장한다.

이처럼 골프의 유래에 대해서는 다양한 의견이 존재한다. 하지만 현재까지는 15세기 무렵 스코틀랜드와 잉글랜드에서 전국적으로 확산된 운동을 골프의 시작으로 보는 견해가 많다.

골프의 역사와 발전 과정

최초의 역사 기록은 스코틀랜드 '골프금지령'

현재 우리가 '골프'라고 부르는 경기가 시작된 것은 15세기 중엽 스코틀랜드에서 비롯됐다고 본다. 당시에는 골프의 발상지로 불리는 '세인트 앤드류스 링스크스 코스' 등 거친 자연을 코스 삼아 경기가 치러졌다. 이때까지 골프는 각계각층의 사람들이 즐기는 서민스포츠로, 비즈니스 및 정치적 목적으로도 쓰였지만 주로 재미와 오락을 위한 놀이로서의 성격이 강했다.

골프에 대한 여러가지 기원설이 존재하지만, 직접 '골프'의 시작에 대한 최초의 기록은 스코틀랜드의 왕 제임스 2세의 칙령이 담긴 의회 문서다. 골프에 대한 첫 번째 공식 기록이 금지령이라니 아이러니한 일이다.

1457년 작성된 이 문서는 스코틀랜드 의회 문서에 기록된 '골프와 축구로 인해 군인들이 무도(武道) 훈련과 신앙 활동을 방해하기 때문에 금지한다'는 내용의 금지령이 담겨 있다. 잉글랜드와 긴장 관계에 놓이며 나라의 존망이 위태로운 상황에서 국민이 군사 훈련이 아닌 골프와 축구에 빠져 있었기 때문이다. 국왕이 직접 금지령을 내릴 정도라니 당시 골프의 인기가 엄청났음을 짐작할만한 대목이다.

세계 최초의 골프 금지령은 실질적으로 잘 지켜지지 않았다. 13년 뒤인 1470년 제임스 3세에 의해 다시 골프 금지령이 내려졌고, 1491년 제임스 4세에 의해 다시 금지령이 내려졌다. 국왕의 칙령에 의해 세 번이나 거듭하여 골프 금지령이 내려다는 말은, 다른 의미로 국왕의 명령으로도 국민들의 골프에 대한 열정을 막을 수 없었다는 뜻이기도 하다.

결국 스코틀랜드는 영국에 점령당했다. 1502년 스코트랜드와 잉글랜드가 강화 조약을 맺으면서 골프 금지령도 폐지됐다. 반면 스코틀랜드에서 비롯한 골프는 오히려 영국을 점령했고, 더 나아가 영국이 지배했던 전 세계의 식민지까지 점령하게 된다.

19세기 골프의 종주국은 '영국'

스코틀랜드와 잉글랜드의 평화협약은 골프 역사에 중요한 사건이다. 스코틀랜드의 패배가 오히려 골프를 세계 곳곳에 보급하는 결정적인 역할을 하게 됐기 때문이다.

1502년 이후, 골프는 스코틀랜드와 잉글랜드 즉, 영국을 중심으로 발전하기 시작한다. 골프모임이 생겨난 것은 그 후로 한참이 지난 1608년 즈음이다. 이때 영국 런던의 신사클럽인 블랙히스 클럽에서 골프회를 조직하며 최초의 골프회를 만들었다.

문서화된 골프규칙이 제정된 것은 이후 100년이 더 지난 1744년의 일이다. 세계 최초의 클럽으로 알려진 '리스 젠틀맨 골프회(The Gentle-men Golfers of Leith)'가 스코틀랜드 동해에 위치한 도시 리스에 설립되면서, '골프규칙 13조항'을 만들어 발표했다.

이는 세계 최초의 문서화된 골프규칙으로 놀랍게도 오늘날의 골프 규칙과 크게 차이가 없다. 물론 지금의 골프 규칙이 조금 더 복잡하고 세분화 되어 있지만, 큰 틀에서의 골프 규칙은 이미 18세기에 기초가 완성된 것이다. 이후 골프는 영국을 중심으로 눈부신 발전을 거듭한다.

골프가 지금의 형태와 비슷하게 발전하기 시작한 시기는 1700년대 중반 이후부터다. 1754년 스코틀랜드 세인트 앤드루즈 클럽(The Society of St.Andrews)이 골프규칙 13조항을 약간 수정해서 명맥을 이어갔다.

그리고 1834년 윌리엄 4세가 세인트 앤드루즈 골프클럽에 '로열 앤드 에인션트 골프클럽(Royal and Ancient Golf Club)'이라는 명칭을 붙이면서, 골프규칙 13조항이 최초로 제정 및 공표되면서 정식 스포츠 종목으로서 자리매김하기 시작했다.

골프는 이후 꾸준히 발전했다. 19세기 후반부터 20세기 초까지 골프는 영국에서 성행하며 두드러지게 성장을 거듭했다. 20세기 이전까지 영국이 독보적인 골프의 종주국이자 중심지였다는 사실은 두 말 할 필요가 없었다. 성문화된 골프 규칙은 물론 골프 장비의 발달도 영국을 중심으로 이루어졌다.

정식으로 골프 토너먼트가 열린 곳도 영국이다. 1860년 프레스트 위크 코스에서 열린 '제 1회 영국오픈(The British Open)'이 그것이다. 이 대회는 오늘날까지 세계 4대 메이저 대회 중 하나로 여겨지는 메이저 대회로 '디 오픈(The Open)', 또는 '브리티시 오픈(British Open)'이라고 불린다.

초기 디 오픈은 상금 대신 챔피언 벨트를 주는 '명예로운 대회'였다. 매년 우승자에게 주는 챔피언 벨트도 딱 1년만 소유할 수 있었다. 디 오픈 주최 측에서는 3년 연속 대회 우승자에게만 챔피언 벨트를 영구 소장할 수 있게 해 주겠다는 조건을 걸었는데, 1870년이 되서야 톰 모리스 주니어가 3년 연속 우승을 달성하며 챔피언 벨트를 영구소장하게 됐다.

이후 챔피언 벨트는 주전자처럼 생긴 트로피로 바뀌었고 상금도 생겼다. 하지만 1년만 소장할 수 있는 룰은 최고 권위를 자랑하는 디 오픈만의 전통이 되어 지금까지 이어지고 있다.

빅토리아시대, 영국 식민지로의 전파
영국에서 태동기를 맞이한 골프는 영국의 식민지를 통해 세계 곳곳으로 전파되기 시작한다.

영국에서 한창 골프가 성행하던 1837년부터 1901년까지의 기간은 '빅토리아 시대(Victoria era)'다. 영국이 본격적으로 영토 확장에 나서며 세계 최대의 강대국으로 입지를 다지며 '해가 지지 않는 나라'라는 명칭을 얻었던 시기이기도 하다.

이 시기 영국은 대외적으로 동인도회사를 통해 동양의 식민지를 다수 확보하고 있었고, 이주 정책을 통해 호주와 미국으로 활동 영역을 넓혀 가고 있었다. 뿐만 아니라, 산업혁명을 통한 경제발전의 성숙기에 다다르며 대영제국의 위상이 절정에 다다른 상태였다.

영국 문화의 세계화도 활발하게 일어났다. 덩달아 영국에서 꽃 피운 골프 문화 역시 영국의 식민지와 주둔지에 빠르게 확산됐다. 마치 아편이 퍼지듯 골프가 전파됐다. 그리고 나라별로 첫 골프장이 생겨나며, 그 나라의 골프 역사를 만들었다.

영국의 식민지와 주둔지에 설립된 초창기 골프 코스들은 마치 영국이 골프의 근원지라도 되는 것처럼, 영국의 권위를 획득하는 것을 골프시설 최고의 영광이자 명예로 여겼다. 그 중 '로열(Royal)'이라는 명칭은 영국 왕실 회원이거나 왕실이 특별 관리를 하는 대상에게 부여되는 말로, 굉장한 명예를 상징했다.

1824년 설립된 아일랜드 골프 모임인 '퍼스 골프 협회(Perth Golfing Society)'는 1833년 영국 국왕 윌리엄 4세에게 최초로 '로열' 칭호를 받으며 '로열 퍼스 골프 협회(Royal Perth Golfing Society)'가 된다. 이듬해 세인트 앤드루스 골퍼스(St.Andrews Golfers)에도 로열이란 직위를 부여하며, 오늘날의 세인트 앤드루스 R&A〈(St.Andrews) R&A(Royal&Ancient)〉가 됐다. 가장 최근에 '로열' 칭호를 받은 곳은 1978년 로열트룬(Royal Troon)이다.

지금까지 영국 왕실이 부여하는 '로열' 칭호를 받은 유럽의 골프클럽은 총 54곳이 있으며, 그중 22곳은 잉글랜드에 위치하고 있다. 이 밖에도 캐나다, 호주, 인도, 뉴질랜드, 남아공, 홍콩, 모로코 등 앞에 '로열'이 붙은 골프장은 세계 곳곳에 산재해 있다. 해당 클럽들은 소재지는 다르지만 모두 영국의 식민지였거나 그들의 영향력이 미치던 지역에 설립됐다는 공통점을 가지고 있다.

20세기 현대 골프의 발전에 영향을 미친 '미국'

산업혁명 이후, 골프는 현지 사회 지도층의 문화로 자리매김하며, 미국과 영국 등 선진국과의 교류를 돕는 연결고리 역할을 하기 좋은 매개체였다. 하지만 19세기 말부터 영국을 중심지로 꽃 피우던 골프문화가 조금씩 변화하기 시작했다.

20세기 유럽은 연이은 전쟁을 경험하며 큰 혼란을 겪고 있었다. 유럽을 대표하던 영국도 상황은 크게 다르지 않았다. 반면 같은 시기 미국은 군사력, 경제력 면에서 영국을 앞선 신흥 강대국으로 등장하며, 세계 최고의 강대국 자리를 넘겨받게 된다.

골프의 주도권이 영국에서 미국으로 옮겨 간 것도 비슷한 시기에 일어난 일이다. 세계 1차 대전(1914~1918년)과 세계 2차 대전(1939~1945년)을 거치면서 골프의 주도권이 차츰 미국으로 기울었다.

미국의 골프 역사는 길다면 길고, 짧다면 짧다. 골프의 역사가 길다고 주장할 수 있는 이유는 미국이라는 국가가 생기기 전부터 골프와 관련된 놀이의 기록이 존재하기 때문이다. 옛 기록을 살펴보면 미국이 건국되기도 전인 1650년에 미국 지역에서 골프와 비슷한 놀이인 콜프(Kolf)가 행해졌다는 내용을 찾을 수 있다. 1739년에는 미국에 골프 장비를 선적했다는 기록도 등장한다. 미국의 독립전쟁이 한창이었던 1779년 기록에는 골프 클럽 광고도 존재한다. 규모가 크든 작든 미국이 생기기 전부터, 아메리카 대륙에서 골프가 행해졌다는 뜻이다.

하지만 정확히 '골프 경기의 시작이 언제였는가?'라는 기준으로 보면 미국의 골프 역사는 무척 짧다. 현재 전해지는 아메리카 최초의 골프 클럽으로 추정되는 곳은 캐나다 골프의 시초로 여겨지는 '로얄 몬크리올 골프클럽(Royal Montreal Golf Club)'이다. 해당 클럽은 1873년 설립됐는데, 미국 최초의 골프 클럽은 그 후로도 15년이 지난 다음 만들어진 '폭스버그 골프클럽'이다.

미국 골프 협회도 1894년에 창립됐다. 미국의 첫 번째 아마추어 선수권 대회도 1895년에서야 열렸다. 프로골프협회는 1901년이 되서야 겨우 설립됐다. 캐나다보다도 늦었지만, 영국에 비하면 미국의 현대 골프는 한참 늦게 시작된 셈이다.

하지만 미국이 경제·문화·군사 면에서 놀랍도록 빠른 속도로 성장하며 세계 최고의 강대국의 반열에 오른 것처럼, 미국의 골프도 단시간에 폭발적인 발전을 이뤄냈다.

미국에 골프가 전해진 것은 19세기 후반이다. 1888년 스코틀랜드 출신인 레이드가 뉴욕의 욘커스(Yonkers)에 처음으로 세인트 앤드류스 골프클럽을 만든 뒤, 1894년 골프협회가 창립되는 것을 시작으로 1895년에는 '제 1회 아마추어 선수권 대회'와

'전미오픈(US Open) 대회'가 각각 순서대로 개최되었다.

최초의 프로골퍼 협회가 생긴 것도 골프가 미국에 보급된 후의 일이다. 최초의 프로골퍼 협회는 1901년 미국으로 이주한 영국 출신 골퍼들에 의해 결성된 'US PGA(United States Pro-fessional Golfers Association)'이다.

이후 미국 골프는 비약적으로 발전하며 1930년대 무렵에는 골프인구 및 골프장 숫자, 선수 양성 측면에서 영국을 능가하게 된다. 출범 당시 5개 클럽으로 이루어졌던 조직이 1910년에는 267개, 1932년에는 1,138개 클럽이 가입했다. 수십 년 동안 수백 배 규모를 키운 셈이다.

그 후 세계 대공황과 세계 2차 대전을 겪으며 잠시 골프도 침체기를 맞았지만, 2차 세계 대전이 끝난 뒤부터 가파른 성장이 이어졌다. 그 결과 1980년대에는 5,000개가 넘는 클럽이 가입했고, 지금은 9,700개가 넘는 클럽들이 가입하여 명실상부한 세계 최대 규모의 골프 협회가 됐다.

1985년에는 뉴욕에 세계골프연맹(WAGC)이 설립되며 미국 골프의 입지를 다졌다. 세계에서 두 번째로 오래된 4대 남성 메이저 대회인 'US 오픈', 세계에서 가장 오래된 5대 여성 메이저 대회인 'US 위민스 오픈'도 타 단체에서 미국골프협회(US-GA · United States Golf Association) 산하로 들어오면서 세계적인 메이저 대회로 자리매김하고 있다.

20세기 미국 골프의 발전은 현대 골프의 발전이라고 봐도 무방하다. 그만큼 미국 골프가 현대 골프의 발전사에 미친 영향력이 컸다는 뜻이다. 특히 현대 골프 장비의 발전에 미국이 기여한 공은 대단히 크다.

한 가지 예를 들자면, 골프공의 발명을 꼽을 수 있다. 1800년대 미국에 거주하던 코번 하스켈은 당시 사용하던 구티공, 페더리공을 대체해 사용한 최초의 고무공인 '하스켈공'을 만들었다. 고무 코어에 탄성 고무줄을 감은 중심의 표면에 커버를 입힌 히스켈공은 큰 히트를 치며, 골프 역사에 가장 중요한 발명 중 하나로 기록됐다.

그뿐만 아니다. 골프장을 운영할 때 쓰이는 페어웨이 관개 시스템도 1925년 미국에서 처음 사용됐다. 세계 최초의 샌드웨지도 1932년 미국의 프로골퍼 진 사라젠에 의해 처음 등장한 것이다. 이 밖에도 테일러메이드 등 명품 골프 클럽을 처음 선보인 것도, 수백 년 동안 나무로 만든 우드클럽을 금속으로 만들어 세대교체를 이룬 것 등 수많은 장비와 시설들이 미국에서 생겨났다.

또한 미국 골프는 현대 골프의 규칙에도 막대한 영향을 미쳤다. 국가적으로 통일된 핸디캡 지수를 도입한 것도 미국이 세계 최초다. 1911년 미국에서 처음으로 모든 국가에서 통용되는 핸디캡 지수를 도입했는데, 이는 오늘날의 핸디캡 시스템으로 이어지고 있다.

이렇게 영국에서 시작해 미국으로 전파되며 비약적으로 성장한 골프는 현재 우리가 아는 골프의 규칙과 기준이 되고 있다. 실제로 현재 골프 규칙은 영국골프협회(R&A · The Royal and Ancient Golf Club of St.Andrews)와 미국골프협회(USGA · United States Golf Association)의 공동 주최 하에 세계 각국의 의견을 모아 4년에 한 번씩 개정하고, 세계 모든 골프경기의 공통 규칙으로 적용하고 있다.

우리나라 골프의 시작과 발전

한국에 처음 골프가 전해진 것은 언제일까? 누구에 의해 어떻게 보급됐고, 국내에서는 어떤 역사적 사건과 맞물려 발전하게 됐을까? 골프의 역사와 발전을 다루다 보면 자연스럽게 우리나라의 골프 역사에 대한 물음이 생길 것이다.

우리나라의 골프 역사는 19세기 후반에 시작된 것으로 볼 수 있다. 당시 조선은 서구열강과 일본 등 여러 나라로부터 개항에 대한 요구와 압박을 받고 있었다. 특히 고종이 즉위한 이후부터는 외교적으로 많은 문제들이 발생했다. 우리나라의 골프 역사는 바로 이때부터 시작됐다.

당시 조선은 운요호 사건으로 일본과 불평등한 강화도 조약(1876년)을 맺었다. 그 결과 문호 개방을 위해 원산 항구를 개방하게 됐다. 이에 원산은 인천, 부산과 함께 조선을 대표하는 개항장이 되며, 무역을 하는 외국인들이 자주 왕래했다. 우리나라 최초의 골프장은 바로 이 외국인들을 위해 만들어졌다고 한다.

한국 골프의 등장과 최초의 골프장

한국 골프의 시초는 1896년 한국 정부의 세관 관리인으로 고용된 영국인들이 원산 바닷가에 세관 구내에 있는 유목산 중턱에 6홀의 간이 골프장을 만든 것이라고 한다. 이 골프장은 일본 최초의 골프장인 고베 록코산코스보다 몇 년은 앞서 건설됐다. 하지만 이 골프장은 주로 외국인들이 사용했기 때문에 우리나라 최초의 골프장이라는 표현에는 의견이 분분하다.

또 1913년 원산과 가까운 갈마반도의 외인촌과 황해도의 구미포에도 외국인들을 위한 골프 코스가 있었다고 전한다. 하지만 골프장을 나무 울타리로 막아서 운영하며 동양인의 출입을 금지했기 때문에 정확한 규모는 전하지 않는다.

사료(史料)를 통해 지금까지 모습이 전해지는 골프장은 서울 용산구에 소재한 지금의 효창공원 자리에 지어졌었다. 1921년 조선 총독부 산하 조선 철도국에서 만든 조선호텔을 찾는 투숙객들을 위한 부대시설이었다고 전한다.

이 골프장은 영국인 댄트가 조선 철도국 간부의 의뢰를 받아서 설계했고 개장했다. 9홀의 코스로 만들어진 골프장은 총 길이 2,322야드의 산악 코스로 지형 변화가 심한 편이었다. 또한 페어웨이가 좁아 OB가 잦았다고 한다. 이에 주변 행인들이 골프공을 맞는 일이 빈번했고, 이용객의 불만도 심했다고 한다. 이는 1923년에 골프장 일대가 공원 부지로 지정되면서, 청량리로 이전이 결정됐고 효창공원 골프장은 폐장됐다.

여담이지만 효창공원 골프장은 우리 민족의 아픈 역사가 담겨 있다. 원래 효창공원 골프장이 지어진 자리는 '효창원'이라는 묘역이었다. 이곳에는 정조가 가장 사랑했던 여인 의빈 성씨와 그의 아들 문효세자가 묻혀 있었다.

하지만 조선 말, 대한제국 시기에 수난을 당해야 했다. 1894년 청일전쟁 당시에는 일본군의 숙영지로 이용되었고, 이후부터는 일본군의 주둔지로 쓰였다. 그것도 모자라, 1920년대 이후로는 골프장으로 용도가 바뀌었다. 당시 골프 코스의 장애물로 쓰였던 능의 모습은 주권을 잃고 일본의 식민지가 된 우리의 가슴 아픈 현실을 상징했다.

5년 후인 1924년 고종과 순종 가족의 소유지인 청량리에 18홀의 코스가 생겨났다. 이 일을 계기로 '경성골프구락부'라는 골프 클럽이 탄생했다. 경성골프구락부는 서울컨트리클럽의 전신으로 한국 역사상 처음 생겨난 최초의 골프 클럽이다.

골프가 우리나라에서 본격적으로 성장하기 시작한 것은 1929년 서울 컨트리클럽이 개장하면서부터다. 이는 전장 6,500야드, 18홀 규모로, 영친왕(李垠, 의민황태자)이 지금의 어린이대공원 자리에 해당하는 지역인 군자리를 골프장 대지로 무상대여 해 주고, 경기장 건설비 2만원을 하사하여 생긴 골프장이다.

이때 등장하는 영친왕은 한국 근대 골프의 역사에 빼놓을 수 없는 인물이다. 그는 1924년 무렵부터 일본에서 골프를 치기 시작해, 서울에 와서도 골프를 즐겼다고 전해진다. 특히 경성골프구락부(서울컨트리클럽)가 생긴 후로는 늘 코스를 방문했었다고 한다.

실제로 경성골프구락부의 등장은 한국에 골프가 발전하는 데 큰 영향을 미쳤다. 이전까지 거의 외국인과 왕족들에 국한되어 행해지던 골프가 일반인에게 보급되기 시작한 것이다.

그러나 이 당시에는 국내에 골프를 가르칠 지도자가 없었다고 한다. 이후 1933년 일본에서 진청수, 나카무리 등을 서울에 초정하여 경기 지도를 받고, 시범경기도 치렀다. 그 때 우리나라에 박용균, 장병량 등 약 50여 명의 골퍼가 존재하게 된다.

이후 우리나라에는 골프장 건설 붐이 일어났다. 서울뿐만 아니라 평양과 부산 등의 지방에도 골프장이 연달아 개장했다. 이런 분위기에 힘을 입어 1937년 9월에 전국골프구락부의 협의기관인 '조선골프연맹 창립총회'가 경성골프구락부에서 열리며 한국 골프의 새로운 도약기를 열게 된다.

한국 골프 대회의 등장과 선수 양성

우리나라에서 처음으로 개최된 골프 대회는 무엇일까? 또 한국 프로골프는 언제부터 시작됐을까? 한국에서 해외 대회에 첫 번째로 출전한 선수는 누구이며, 첫 우승의 영광은 누가, 언제 차지했을까? 이러한 질문에 대한 답은 의외로 명확하다.

우리나라에서 열린 첫 번째 골프 대회는 경성골프구락부에서 주최한 제1회 전 조선 골프선수권대회이다.

또한 우리나라 선수의 첫 해외 골프 대회 출전 기록을 살펴보면, 1941년에는 연덕춘이 일본 오픈대회에서 첫 우승의 영광을 누렸다. 당시 그의 나이는 스물여섯 살이었다고 한다. 또한 1956년, 연덕춘의 월드컵 참가와 한장상의 일본 오픈 우승기록을 발견할 수 있다.

한국 프로골프의 역사는 연덕춘 선수로 부터 시작됐다고 해도 과언이 아니다. 연덕춘은 캐디를 하다가 골프를 시작했다. 이후 그는 일본인의 주선으로 일본으로 골프 유학을 가서 3년 만에 일본 오픈경기에 출전해 8위를 기록했고, 1941년 한국인 최초로 일본 오픈경기에서 패권을 장악했다.

해외 경기에서 우승을 거머쥔 두 번째 한국인은 한장상이다. 한상장은 연덕춘이 배출한 수많은 프로선수 중 한명으로, 1970년대 한국 오픈경기를 제패했다. 그는 1972년 일본 오픈경기에 출전하여 한국인으로는 두 번째로 우승했다.

뿐만 아니라 한장상과 김승학 조는 1971년 미국에서 열린 월드컵 골프에서 단체 5위에 들기도 했다. 한장상과 한 팀으로 활약한 김승학은 아시아 서킷 1차전 '필리핀 오픈경기'에서 우승한 최초의 한국인이라는 기록을 남겼다.

그후 1974년 조태운 선수가 한국 오픈경기에서 우승을 차지하면서, 1970년대 한국 프로선수들은 큰 타이들 다섯 개를 쟁취하는 기염을 토했다. 말 그대로 한국 현대 골프사에 남을 '황금의 3년'을 맞이한 것이다.

한국 여자 프로골프의 출범과 성장
1978년에는 한국프로골프협회 내에 여자 프로부가 신설됐다. 그리고 프로테스트를 거친 4명의 프로골퍼와 함께 한국여자프로골프가 정식 출범했다. 4명의 여자 골퍼 중 구옥희는 눈에 띄는 선수였다.

어려서 부모를 잃은 구옥희(1956~2013년)는 골프장 캐디로 일하며 골프를 배웠고 1978년 경기도 양주의 고열 골프장에서 열린 프로테스트를 통과하면서 프로 무대에 데뷔했다. 그는 1979년 쾌남 오픈을 시작으로 1980년 한국 프로 골프 선수권까지 5개 대회를 휩쓸며 한국 여자 골프계를 대표하는 선수가 됐다.

1983년 구옥희는 일본으로 향했다. 이후 2005년 아피타 서클K 선크스 레이디스까지 총 25승을 거뒀다. 미국여자프로골프(LPGA) 투어의 첫 우승자도 구옥희다. 많은 사람들이 한국 최초의 LPGA 우승자를 박세리로 알고 있지만, 이는 잘못된 상식이다. 실제 1호 우승의 기록은 1988년 미국 애리조나주에서 열린 스탠더드 레지스터 대회에서 우승한 구옥희다.

1980년대 이후에는 최상호 선수가 해외 대회에 출전하며 새롭게 두각을 나타냈다. 이 무렵부터는 여자 프로골프도 괄목할만한 성장을 이뤄냈다. 구옥희가 미국과 일본을 넘나들며 국제적인 명성을 떨쳤고, 원재숙과 고우순 등의 선수도 일본에서 활동하며 뛰어난 기량을 인정받았다.

재일교포 김영창은 1981년 미국에서 열린 제 22회 세계 아마 시니어 선수권 대회에서 우승하며 세계 정상의 자리에 올랐다. 이어서 1983년에는 한명현이 일본 여자 프로골프 테스트를 통과하며 국제무대에서 한국 골프의 존재감을 확인시켜 줬다.

하지만 한국 골프가 본격적으로 활성화 된 시기는 1986년 서울 아시안 게임에서 골프가 정식 종목으로 채택된 후라고 볼 수 있다. 이전까지 한국 골프는 대중들의 관심을 얻지 못하는 스포츠 종목 중 하나로, 프로선수들의 해외 성과조차 크게 알려지지 못하는 실정이었다.

90년대 이후, 세계 최강으로 거듭난 한국골프

1990년대에 들어서면서 우리나라 여자 골프 선수들의 눈부신 활약이 더욱 두드러졌다. 1996년에는 46개국이 출전한 제 17회 세계 아마추어 골프팀 선수권 대회에서 아시아 국가로는 처음으로 한국 여자팀이 우승했다. 그 밖에도 김미현, 박지은, 펄신, 송아리 등의 여자 골프선수들이 세계 프로 골프대회에서 우수한 성적을 거두며 세계적인 스타의 반열에 올랐다.

1998년에는 미국에서 활동하고 있던 프로골퍼 박세리가 미국 여자 프로 선수권과 미국 여자 오픈 대회에서 연달아 패권을 장악하며 세계인의 이목을 끌었다. 90년대 후반 박세리의 LPGA 투어 도전과 맥도널드 챔피언십 우승(1998년)은 IMF로

침체되어 있던 국민들에게 커다란 희망을 안겨주기도 했다.

특히 1998년 7월 미국 위스콘신주 콜러의 블랙울프런 골프장에서 열린 US 여자 오픈에서 태국의 제니 추아시리폰과 정규 72홀, 연장 20홀까지 이어진 치열한 혈투 끝에 우승한 경기는 한국 골프역사에 두고두고 기억될 명승부로 전해지고 있다.

당시 박세리는 연장 18번 홀에서 티샷이 워터헤저드로 떨어지는 위기에 봉착했다. 이때 그는 침착한 태도로 양말을 벗고 물에 들어가 트러블샷으로 공을 쳐내며 극적으로 동타를 이루며, 2차 연장 두 번째 홀에서 버디를 잡으며 역전 드라마를 만들어냈다. 사람들은 이 장면을 보고 '맨발의 기적'이라고 불렀다.

또한 그는 LPGA투어 입성 10년째 되는 해인 2007년 시즌 두 번째 메이저 대회인 LPGA 챔피언십 1라운드를 마치며, 아시아 선수로는 최초로 명예의 전당 입회가 확정됐다. 40년 역사를 가진 명예의 전당에 입성한 24번째 회원이었다. 이렇게 한 번 더 박세는 한국 골프계의 '살아있는 전설'이 됐다.

2000년대, '세리키즈'의 눈부신 활약

2000년대 한국에는 '세리키즈 열풍'이 불었다. 세계적인 골프 선수를 꿈꾸는 주니어 선수들이 급증했다. 국내 프로골퍼의 수요가 남자 360명, 여자 140명 정도로 늘었고, 레슨을 담당하는 프로도 약 1,500명에 달했다.

골프 관련 단체도 한국프로골프협회(KPGA), 한국여자프로골프협회(KLPGA), 한국시니어골프협회, 한국대학교골프연맹, 한국중고골프연맹 등 10개 단체가 결성되며 골프의 대중화에 힘을 실어 주기 시작했다. 그 결과 전국 15개 시도지부 체육회 산하에도 골프협회가 설립됐으며, 골프 경기도 전국체육대회 경기 종목으로 채택됐다.

박세리의 뒤를 이은 세리키즈들은 최강의 실력으로 세계무대를 휩쓸었다. 대표적인 프로선수들은 신지애와 박인비, 최나연이다.

신지애는 2005년 고등학교 2학년의 아마추어 신분으로 KLPGA 투어 SK 인비테이셔널 우승을 차지하며 프로에 입문했다. 그는 2007년 9승을 거두며 KLPGA 한 시즌 최다 우승, 2007년 10승을 기록하며 연간 최다우승, 통산 최다 우승(20승), 최소 평균타수 69.72타 등 모든 신기록을 갱신했다. LPGA 투어에 도전한 후에는 아시아 선수 최초로 상금왕이 됐고, 2014년 6월에는 일본 JLPGA 투어 니치레이 레이디스에서 통산 45번째 우승을 차지하며 구옥희의 최다승 기록을 뛰어 넘었다.

초등학교 3학년 때 골프를 시작한 박인비는 어려서부터 골프 기대주라는 평가를 받은 선수다. 그는 초등학교 5학년 때 미국으로 유학을 떠났고, US 걸스 주니어 챔피언십(2002년), 2003년 US 여자 아마추어 선수권 4강에 올랐다.

그렇게 2008년 LPGA 투어로 프로선수에 데뷔한 박인비는 US 여자 오픈을 제패하며 최연소 우승자로 이름을 올렸다. 당시 그의 나이는 19세였다. 그후 긴 슬럼프를 겪은 그는 4년 1개월만인 2012년 에비앙 마스터스에서 투어 2승을 따내며 복귀했다, 그리고 2013년 4월15일 나비스코 챔피언십을 우승하며 세계랭킹 1위에 올랐다.

그리고 LPGA 챔피언십과 US 여자 오픈까지 3연속 메이저 대회 우승을 차지하며 63년 만에 메이저 대회 3연속 우승자라는 대기록을 달성했다. 아울러 한국인 최초로 LPGA 올해의 선수상을 받았으며, 2015년에는 베어트로피를 수상하며 LPGA 명예의 전당 입회 기준을 달성, 6월 9일 PGA 위민스 챔피언십 투어에서 10년 활동이라는 마지막 조건까지 달성하며 명예의 전당에 가입했다.

이렇게 한국의 골프는 짧은 역사 속에서 큰 발전을 이루어 냈다. 이제는 골프방송을 통해 우리나라 선수들의 모습을 찾기 어렵지 않게 됐고, 해마다 국내 선수들의 해외 대회 우승을 심심치 않게 들을 수 있게 됐다.

최근에는 일반인들도 취미나 여가 활동으로 골프를 즐긴다. 특히 코로나19 팬데믹 기간에 불어닥친 골프 열풍으로 MZ세대의 유입이 늘면서, 골프시설이 급격히 늘어났고 다양한 형태의 골프문화가 탄생했다. 이러한 변화는 국내 골프의 대중화를 앞당기는데 큰 영향을 미쳤다.

골프가 대중스포츠로 발전하기에는 아직 보이지 않는 벽이 존재하는 것도 사실이다. 경기를 진행하는데 필요한 장비를 비롯해 시설을 이용하는데 많은 비용이 드는 데다, 정식 경기를 치르려면 충분한 시간적 여유도 있어야 하기 때문이다.

현재 국내에서는 골프의 대중화에 대한 논의가 활발히 이루어지고 있다. 그 대안으로 서울과 경기권에 밀집된 골프 시설의 확충과 시설 이용료 인하 등이 거론되고 있으며, 20~30대 젊은 층의 눈높이에 맞춘 마케팅과 서비스를 시도하는 노력이 계속 되는 중이다.

03 골프의 이해

　골프에 얽힌 역사와 발전 과정이 골프를 이해하기 위한 선택적 기초라면, 골프장비나 시설, 골프용어에 대한 이해는 실전 골프에 앞서 필수적으로 알아둬야 할 기초 중에 기초라 할 것이다.

　특히 골프는 다른 운동에 비해 한 경기에 소요되는 시간이 길고, 넓은 경기장을 이동하면서 경기를 진행하며, 클럽 하나도 용도에 따라 여러 가지를 구비해 놓고 사용하는 스포츠다. 그만큼 각각의 장비와 시설을 일컫는 표현도 여러 가지라 골프에 처음 입문하는 초보자들은 골프 용어들이 다소 생소하게 여겨 질 수 있다.

또한 게임 참가자들이 직접 자기 점수를 체크하며 경기를 치르는 운동인만큼 매너를 중요하게 여기며, 경기를 치르는 동안 상대방(또는 상대팀)의 입장을 먼저 고려하는 에티켓이 요구되는 '신사의 게임'으로, 경기 규칙과 매너 그리고 에티켓에 대한 충분한 이해가 필요하다.

골프장비

클럽

골프 클럽은 기본적으로 우드 1, 3, 4, 5번, 아이언 3, 4, 5, 6, 7, 8, 9번, 피칭 웨지, 샌드웨지 그리고 퍼터를 포함한 14개의 클럽을 풀세트로 본다. 그 중 실전 경기에서는 우드 1, 3번, 아이언 3, 5, 7, 9번, 샌드웨지 그리고 퍼터가 주로 이용된다.

볼

골프 규칙에는 공의 중량도 45.93g 보다 무겁지 않고, 직경은 42.67mm보다 작지 않도록 규정하고 있다. 골프공의 선택 기준은 공의 크기, 공의 구조, 경도 등이다. 공의 구분은 공의 크기에 따라 직경이 41.15mm인 작은 공과 42.67mm인 큰 공으로 구분된다. 골프공의 표면에는 많은 홈이 패어져 있는데 이것은 단순한 장식이 아니라 딤플(Dimple)이라고 해서 공기의 저항을 없애고 볼을 올리는 힘을 높게 하는 작용력이 있다.

골프복

골프복은 심미적인 기능과 몸을 보호하는 역할을 동시에 해야 한다. 우선은 스윙 등 활동에 지장을 주지 않는 편한 옷이어야 한다. 또한 광활한 자연 속에 갖춰진 잔디 위에서 경기를 진행하는 골프의 특성상, 혹시 모를 자연재해나 사고에 대비해 사람들 눈에 잘 띄는 화려한 컬러의 의상을 많이 착용한다. 경우에 따라서는 더위나 추위로 부터 몸을 보호할 수 있는 통기성(또는 보온성)을 가진 기능성 소재의 골프웨어를 입기도 한다.

골프화

골프를 칠 때, 골프화 착용은 필수적이라 할 수 있다. 발에 꽉 맞도록 설계된 골프화는 발의 피로도를 줄이고, 스윙을 할 때 몸의 균형을 유지하는데 도움을 준다. 더불어 골프장의 잔디를 보호하는 역할도 한다.

골프장갑

골프를 치다 보면, 손바닥에 물집이나 굳은살이 생기기 쉽다. 골프장갑은 손바닥을 보호하는 역할을 하며, 공을 칠 때 그립이 미끄러지는 것을 예방해 준다. 이는 다른 장갑들과 달리 한쪽만 착용하는데, 오른손잡이의 경우에는 왼손에, 왼손잡이인 경우에는 오른손에 착용한다.

골프 코스의 구조와 각각의 명칭

현재 골프장은 대부분 18개의 홀로 이루어져 있다. 원래 골프장이 18홀로 이루어져 있던 것은 아니었다. 18홀 골프장을 기준으로 평균적인 골프장의 면적은 약 25만평에서 35만평 정도로 매우 광활하다. 골프 코스는 대부분 수목이 우거진 자연 속에 위치하며, 잘 손질된 잔디가 깔려 있다.

골프 코스는 보통 총 18개 홀(파 5홀 4개, 파 4홀 10개, 파 3홀 4개)과 72타로 구성되어 있다. 이는 전반(Out Course) 9개 홀과 후반(In Course) 9개로 나누며, 각각의 코스는 형태에 따라 스트레이트형, 오른쪽으로 굽은 형태인 '도그레그 라이트(Dog-leg-right)형', 왼쪽으로 굽은 형태인 '도그레그 레프트(Dog-leg-left)형'으로 나눈다,

경기가 진행되는 18개 홀을 구성하는 각각의 구역은 용도와 형태에 따라 각각 다른 명칭으로 부른다. 각 지역의 명칭과 특성은 아래와 같다.

티잉 그라운드
매 홀마다 첫 샷을 날리는 지역을 말한다. 흰색 마크는 대회 시합용(Back tee), 노란색 마크는 남자 골퍼용(Regular tee), 붉은색 마크는 여성골퍼용(Ladies tee)을 뜻한다.

워터 해저드

코스 내에 위치한 호수, 연못, 습지 등 인위적으로 설계해 만들어 놓은 장애물을 뜻한다.

페어웨이

티잉 그라운드에서 그린까지 이어지는 구역을 일컫는다. 잔디가 잘 정돈되어 있기 때문에 많은 골퍼들이 티샷을 이곳에 떨어뜨리고 싶어한다.

러프

잔디가 덜 다듬어져 풀이 길게 돋아난 지역을 말한다. 샷을 하기가 까다로운 구역에 해당하다

크로스벙커

페어웨이 옆으로 길게 늘어져 있는 벙커구역을 말한다. 이곳에 공이 떨어지면 비거리가 많이 나오기 어렵다.

가드벙커

그린 주위로 여기저기 만들어 놓은 모래 웅덩이를 일컫는다. 미스샷이 속출하는 구역으로 골퍼들이 부담스러워 한다.

그린

잔디와 풀을 가장 짧게 깎아 놓은 곳으로 공이 매끄럽고 빠르게 이동한다.

사진출처: Unsplash의 Courtney Cook

홀

직경 108mm, 깊이는 100mm 이상의 작은 원통 모양을 갖추고 있다. 한 뼘도 안 되는 이 공간에 볼을 넣으면 한 홀이 끝난다.

골프 경기 방법과 규칙

골프 게임은 규칙에 따라 스트로크로 볼을 쳐서 홀(Hole)에 넣을 때까지 플레이함으로써 이루어진다. 이는 앞서 간단히 언급한 것처럼, 스트로크 플레이(Stroke Play)와 매치 플레이(Match Play) 2가지 방법 중 하나를 채택해 경기를 진행한다.

스트로크 플레이(Stroke Play)

스트로크 플레이는 총타수로 승부를 정하는 방법이다. 다수 인원이 경기에 참가해도 승부를 결정하기 수월하기 때문에 대부분의 공식경기에서 이 방법을 채택하고 있다.

예를 들어, 18홀의 스트로크 점수에서 A가 80점, B가 85점이라면 A의 승리가 된다. 이것은 핸디캡이 없는 스크래치(Scratch)의 경우다. 일반적으로 많이 이용되는 핸디캡(Under Handicap) 경기의 경우, A의 핸디캡이 5이고 B가 7이라면 A의 네트 스코어(Net Score)는 75이고 B는 78이 되어 A의 승리이다.

만일 동점일 경우에는 대회의 규칙에 따라 한 홀씩 승부가 날 때까지 연장전을 하거나, 백 카운트(Back Count, 이미 경기를 끝낸 전 홀의 스코어) 또는 연상의 경기자나 핸디캡이 적은 사람, 최초 9홀의 스코어가 좋은 사람을 우승자로 한다.

매치 플레이(Match Play)

매치 플레이 방식은 근대 골프가 생겨났을 당시에 많이 이용되던 경기 방법이다. 이는 매 홀마다 타수를 계산해 승자를 결정하고, 이긴 홀수가 많은 사람을 최종 승자로 결정한다.

두 사람이 1대1 경기를 치를 경우, 1홀 이겼을 때 1up, 1홀 졌을 때 1down, 그리고 무승부는 하프(half)라고 부르며, 승리한 홀의 숫자가 동일할 경우 올 스퀘어(all square)라고 부른다.

예를 들어, A와 B가 경기를 할 때, 어느 쪽이든 이긴 홀수와 나머지 홀수가 같은 경우 다음 플레이 하는 홀을 '도미 볼(Dormy Ball)'이라고 부른다. 또 이긴 홀 수와 진 홀 수가 동점일 때는 '도미 업(Dormy Up)'이라 하며, 1홀만 더 취하면 승부가 결정될 때를 '업 도미(Up Dormy)'라고 한다.

골프 스코어 용어와 유래

자연을 벗삼아 필드에서 라운딩을 즐기다 보면, 경기 스코어를 지칭하는 독특한 표현들을 자주 접하게 된다. 경기 해설에 자주 등장하는 보기(BOGEY), 파(PAR)를 비롯해 '버디(BIRDIE)를 잡았다', '이글(EAGLE)을 쳤다'와 같은 표현들이 여기 속한다.

이처럼 골프는 오랜 역사와 전통만큼 다양한 경기 용어를 가지고 있다. 그 중에서도 스코어를 의미하는 골프 용어는 골프의 흐름을 이해하는데 꼭 필요한 기초상식이라 할 것이다.

초창기 골프는 골프장마다 홀의 숫자도 다르고 각 홀의 길이나 난이도도 제각각이었다고 한다. 당연히 점수를 기록하는 스코어의 일관된 기준도 없었다. 골프 게임에 일관된 스코어의 개념이 적용되기 시작한 것은 1890년대로 거슬러 올라간다.

당시 영국 코벤트리 골프 클럽의 총무였던 휴 로더햄(Hugh Rotherham)이 각 홀의 기준 타수를 규정하자는 의견과 함께 각 홀의 기준 타수를 정했다. 그리고 이를 '그라운드 스코어'라고 불렀다고 한다. 지금의 개념으로 보자면, 파(PAR)가 생겨난 것이다.

골프 경기에서 가장 많이 사용되는 단어이면서, 승부에 결정적인 역할을 하는 스코어 용어에 대해 알아보자.

보기(BOGEY)
보기(Bogey)는 골프 경기에서 한 홀에서 기준 타수(PAR)보다 1타 많은 스코어로 홀인하는 것을 말한다. 기준 타수보다 2타 많은 스코어로 홀아웃한 경우에는 '더블보기(double bogey)'라고 한다.

골프 스코어를 지칭하는 골프 용어 중 가장 먼저 생겨난 말이다. 미국프로골프협회(USGA) 박물관에 따르면 '보기맨(Bogey Man)'은 19세기 후반 영국의 한 노래에 등장하는 인물이었다고 한다. 그는 어둠 속에 살며 '나는 보기맨이야, 잡을 수 있으면 나를 잡아봐'라고 하면서 도망을 다녔다고 한다.

당시 영국골퍼들은 각 홀의 기준 타수(PAR)를 '그라운드 스코어(Ground score)'라고 불렀는데, 초창기 클럽과 공으로 그리운드 스코어를 이기거나 비기는 것은 상당히 어려웠다. 그러던 어느날, 영국의 그레이트 야머스(Great Yarmouth)에서 골프를 치던 찰스 웰맨(Charles Wellman)이 외친 한 마디가 골프 역사를 바꾸게 된다.

그는 기준 타수에 도달하기 어려운 상황에 대해 '아니 이 코스의 그라운드 스코어(Par)는 마치 보기맨을 쫓는 것처럼 어렵군!'이라고 외쳤다고 한다. 이를 계기로 웰맨의 '보기대령(Colonel Bogey)'이라는 캐릭터가 만들어졌다.

이후 1920년대까지 보기는 골프 선수들이 코스에서 추격할 수 있는 목표(기준타수)의 상징이 되었다고 한다.

파(PAR)

파(Par)는 원래 '평등', '평균', '표준 수준' 등을 뜻한다. 이는 골프 용어로 정의되기 수세기 전부터 존재하던 말이다. 옥스퍼드 영어사전에 의하면, 파는 16세기 라틴어에서 유래했다고 전한다.

골프 경기에서 쓰이는 '파'는 일반적으로 한 홀, 한 라운드 또는 토너먼트를 완수하는데 필요한 스트로크(Stroke) 즉, 표준 타수를 의미하는 용어로 사용된다.

대부분의 골프 코스는 파 70 ~ 74, 파 70, 파 71, 파 72가 가장 일반적이다. 이런 전체 코스의 파는 각 홀의 파를 더해서 얻는다. 우리나라 표준 골프장(정규 18홀)의 경우, 파 4홀 10개, 파 3홀 4개, 파 5 홀 4개 등 총 72개가 존재한다.

파를 채점하는 것은 골퍼들 간의 득점력을 나타낸다. 예를 들어 4번의 스트로크를 사용해 파 4홀을 마무리하면 '홀을 파레(Parred the hole)'라고 하며, 이븐 파(Even-par) 혹은 레벨 파(Level-par)라고도 부른다. 또한 파 4홀을 5번 스트로크 한다면, 그 홀은 '1 오버 파'가 되고, 3번 스트로크해 마무리하면 '1 파 이하'라고 한다.

이 채점법은 한 홀의 경기뿐만 아니라, 18홀 전체 스코어 계산에도 똑같이 적용된다. 전체 홀의 파가 72점인데, 플레이어가 85점을 얻었다면 '13 오버 파'이다. 반대로 69점을 얻었다면

'3 언더 파'가 된다.

당초 파는 1870년 AH 동만이라는 영국의 골프기자가 디 오픈 예상 스코어에 관한 기사에 처음 사용한 것으로 알려져 있다. 그는 '12홀 코스에서 49타를 쳐야 할 것'이라는 프로선수들의 발언을 '영 톰 모리스가 3라운드 결과 2타 오버파로 우승했다'라고 보도했다. 이는 당시 대회장이었던 '프레스웍'과 주식시장에서 사용하는 액면가(Par Figure Par)의 개념을 빌려서 '프레스웍의 파'라고 이름을 붙인 후, 이를 기준 삼아 기사에 사용한 것이다. 하지만 당시는 기준타수의 의미로 '보기'가 널리 알려진 상태라, 널리 쓰이지 못하고 잊혀졌다.

보기와 파의 개념이 나뉜 것은 골프클럽과 기술이 발전하면서다. 미국 프로골프협회(USGA)는 각 홀 별 기준타수와 평균거리 등을 조정했지만 영국의 클럽들은 자신들이 규정한 '보기 스코어'를 바꾸지 않았다. 하지만 골프가 미국에서도 인기를 끌면서 성능 좋은 골프채가 등장했고 스코어가 좋아지기 시작했다. 이렇게 프로골퍼들이 차츰 좋은 성적을 내기 시작하면서 '파'가 표준의 기준 스코어로 자리 잡았다.

골프에서 파(Par)라는 단어가 공식적으로 추가된 것은 1911년의 일이다. 당시 USGA는 '정상적인 날씨에 매 홀 2퍼팅하며 흠 없이 플레이한 스코어'를 '파'라고 정의했다. 아울러 지정된 홀에 기준 타수를 맞추면 그 스코어를 '파'라고 표시하도록 했다. 즉, 파 4홀에서는 4번의 스트로크로 골프공을 홀에 넣는 스코어가 파(Par)이다.

버디(BIRDIE)

버디(Birdie)는 기준타수보다 1타 적은 스코어로 홀인한 경우를 말한다. 이는 19세기 '버드(Bird, 작은새)'에서 유래한 것으로 '훌륭한', '대단한'이라는 의미로 쓰였다고 전한다.

USGA 홈페이지 자료에 의하면, 버디라는 말은 1899년 미국 뉴저지주의 애틀랜틱시에 위치한 더 컨트리 클럽(The Country Club)에서 이루어진 한 골프경기에서 처음 사용되었다고 한다.

사이트에는 1962년 US Green keepers 잡지에 실린 아브 스미스(AB Smith)의 흥미로운 이야기가 기록되어 있다.

1898년 9월, 윌리엄 더글라스와 그의 동생인 HB 더글라스, 그리고 그들의 친구 조지 크랜드의 포섬매치가 진행되던 중, 두 번째 파4홀에서 아브 스미스의 세컨드 샷이 홀에서부터 탭인 거리(홀에서부터 6인치 가량 붙은 거리)에 멈췄다.

스미스는 자신의 샷이 '새처럼 날아간다'고 묘사하며 '이처럼 멋진 샷은 1언더파로 이기면 내기한 금액을 두 배로 받아야 한다'라고 주장했고, 셋은 이에 합의 했다. 그는 퍼트를 성공시켜 1언더파로 우승했고, 세 사람은 스미스의 멋진 샷을 '버드샷'

이라고 불렀다고 한다. 이후 이 말이 변화해 '버디'라고 불리게 됐다고 한다.

한 가지 다른 점은 아브 스미스의 기억에 의한 기록은 1898년이지만, 더 컨트리 클럽에 세워진 기념물은 1903년이라고 되어 있다는 것이다.

이글(EAGLE)

이글(Eagle)은 한 홀에서 기준타수보다 2타수 적은 스코어로 공을 홀에 넣는 것을 말한다. 이글은 미국을 상징하는 새인 독수리를 뜻하는데, 유래에 대해서는 정확히 알려진 바가 없다. 다만 버디가 나온 이후 새와 관련된 테마로 지어진 것이라고 추측할 수 있을 뿐이다.

이글이라는 단어가 미국에서 처음 활자로 기록된 것은 뉴욕타임즈 스포츠란에 실린 '조기 엘룸의 제 2타가 창공을 날아 핀 근처에 낙하했다. 이글이 가능한 위치였다. 하지만 그는 9피트의 퍼팅을 실패해 이글을 하지 못하는 천추의 한을 남겼다'라는 기사라고 전해진다.

버디를 만든 아브 스미스(AB Smith)는 그 후 곧 이글(Eagle)이라는 단어도 사용했다고 전한다. 1언더파보다 더 나은 2언더파 스코어를 표현하기 위해 작은 버디보다 더 크고, 더 웅장한 새로 독수리를 선택했을 것이라는 주장이다.

이처럼 이글이라는 용어는 초기 미국에서만 사용되다가, 1922년 영국의 아마추어 골퍼 세실리치가 영국에 전파하면서 캐나다와 영국 골퍼들 사이에서 널리 쓰이기 시작했다고 한다.

알바트로스(ALBATROSS)

알바트로스는 기준타수보다 3타 적은 수로 공을 넣는 경우를 말한다. 원래 알바트로스란 전설 속에 존재하는 거대한 크기의 바보새다. 기준 타수가 하나씩 줄어들 때마다 스코어를 지칭하는 용어도 작은새(버드)에서 독수리(이글)로, 다시 바보새(알바트로스)로 점점 몸집이 커져 가는 발상이 무척 재미있다. 이것은 몸집이 큰 새가 멀리 날 수 있다는 발상에서 비롯된 것이 아닌가 싶다.

한 가지 재미있는 사실은 '알바트로스'가 새를 뜻하는 테마를 이어가지만 영국에서 시작됐다는 점이다. 실제로 미국에서는 3언더파를 뜻하는 용어로 '더블 이글(Double Eaggle)'이라는 표현을 많이 사용하고 있다.

알바트로스는 1922년 처음 사용되었다. 1922년 제1회 영국과 미국의 골프대항전이 열렸을 때, 영국팀의 주장 시릴 트레이가 미국팀의 바비 존스에게 '만일 이 대회에서 기준타수보다 3타 적은 스코어가 나오면 내가 그 스코어에 이름을 붙이기로 하자'라고 제안했다고 한다. 이에 존스는 그런 일이 일어나는 것은 불가능하다며 가볍게 제의를 수락했다. 존스의 예상과 달리 시릴 트레이는 이날 역사적인 기록을 세웠다. 흥분한 존스는 순간 '알바트로스'라는 전설의 새를 떠올렸고, 이렇게 알바트로스라는 용어가 탄생하게 된 것이다.

알바트로스라는 단어를 가장 먼저 처음 사용한 것은 1929년 영국의 한 신문사에서 지역 골프대회를 다루는 기사에서 사용했다. 이때는 실제로 알바트로스 점수가 나오지는 않았다고 한다. 실제 경기에서 스코어를 기록한 언론 보도는 1931년 여름, 울러(E E Wooler)가 파4인 남아공 더반 컨트리 클럽(Durban Country Club)의 18번 홀에서 홀인원을 기록했을 때다.

골프 경기 매너와 에티켓

"매너가 사람을 만든다(Manners maketh man)." 영화 '킹스맨'에 나오는 명대사다. 한 사회에도 문화와 규범이 존재하고 사람과 사람 사이에도 지켜져야 할 예의와 범절이 존재하듯 모든 스포츠도 그에 합당한 룰과 매너가 존재한다. 골프도 마찬가지다.

골프는 다른 종목에 비해 격렬한 활동이나 과격한 몸싸움은 없지만, 광활한 자연 속에 만들어진 18홀의 초록 경기장을 무대로 장시간에 걸쳐 경기가 진행된다. 반면 소수의 플레이어가 자신의 점수를 직접 계산하며 게임을 진행하는 스포츠로, 상대방 플레이어를 먼저 배려하고 존중하는 매너와 에티켓이 중시되는 '신사의 운동'에 속한다.

우리나라에서는 매너와 에티켓을 명확하게 구분짓지 않지만, 엄밀히 말해 매너와 에티켓은 조금 다른 의미를 가진다. 매너란 일상생활 중 지켜지는 일반적인 관습이나 예의를 의미하고, 에티켓은 그보다 높은 차원의 범절을 말한다. 특정한 상황에 준한 규칙이나 예법, 의례 등이 여기 속하며 조금 더 강제적인 성격을 갖는다.

그렇다면 골퍼로서 갖춰야할 매너와 에티켓은 어떤 것들이 있을까? 아마추어부터 프로까지 실력을 불문하고 알아둬야 할 필드에서의 매너와 에티켓을 정리해 보면 아래와 같다.

티 오프 에티켓
티 오프란 모든 플레이어의 티샷이 끝나는 시간을 말한다. 티샷이란 각 홀의 첫 샷을 뜻하는 말로 티 오프란 공을 올리는 것을 뜻하는 티업을 모두 마친 상황을 일컫는다. 그러나 이 의미를 제대로 이해하지 못하고 티 오프 시간을 스타트 시간으로 오해하고 다투는 골퍼들이 있다. 이는 골프에 대한 기본 상식 부족에서 비롯하는 잘못된 에티켓에 속한다.

일단 티잉그라운드에 올라가면 한 사람씩 티샷을 해야 한다. 간혹 티잉그라운드에 올라가서 장갑을 끼고, 티를 찾고 골프공을 준비하는 경우가 있는데, 이는 경기의 원만한 진행과 흐름을 방해하는 행위로 간주된다. 또한 티샷을 준비하는 시간이 너무 길어지는 것도 매너에 어긋난다. 공을 치기 전, 자신만의 루틴이 있는 것은 좋은 습관이지만 앞, 뒤 타임 사람들에게 피해를 줄 정도로 오래 시간을 쏟는 것은 좋지 못하다.

골퍼가 스윙을 하기 위해 어드레스를 섰을 때는 플레이어의 집중력이 흐려지지 않도록 침묵을 지켜주는 것이 필수적이다. 또한 시야를 가리지 않도록 티샷을 준비하는 사람의 옆 또는 뒤에 멀찍이 서서 자신의 차례를 준비하는 것이 예의다. 샷을 날리는 상대방의 앞으로 지나가는 행동도 사고의 위험이 있어 삼가야 한다. 만일 스윙을 하는 골퍼가 초보라면 티 높이와 공의 방향(에이밍), 거리측정이 알맞은지 봐 주는 정도는 괜찮다.

상대방이 티샷을 올바르게 날렸다면 '굿샷', '나이스샷' 등의 칭찬으로 아낌없는 리액션을 해주는 것도 예의다. 아울러 공이 어디로 갔는지, 공의 낙하지점까지 체크해 준다면 최고의 동반자가 될 수 있다.

티샷을 쳤는데 공이 OB나 워터 헤저드에 빠져 버렸다면 멀리건을 사용해 벌타 없이 티샷을 한 번 더 칠 수 있다. 단 골프장 필드에서는 꼭 상대방이나 캐디에게 동의를 구해야 한다. 스크린 골프는 본인이 직접 멀리건을 선택할 수 있지만 필드에서는 이런 행위가 비매너에 속한다.

그린 에티켓

그린에서 좋은 스코어를 얻으면 폴짝폴짝 뛰며 기뻐하는 사람들이 있다. 이런 행동은 땅이 단단해지는 답압을 올리고 스크래치를 만드는 등의 그린 훼손을 유발할 수 있다. 그린은 컨디션에 따라 타수가 늘어나기도 혹은 줄어들기도 하는 예민한 곳으로 그린을 망가뜨리지 않도록 주의해야 한다.

이 밖에도 그린이 손상되는 것을 대비해 클럽은 그린 밖에 올려놓고, 골프화도 가급적 그린을 손상시키지 않는 신발을 선택하는 것이 바람직하다.

더불어 상대방이 공을 보내려는 라인을 밟지 않도록 주의해야 한다. 상대방의 퍼팅 시, 그 옆이나 뒤에서 라인 선상에 서 있거나 라인 위에 그림자를 드리우지 않도록 해야 한다. 이런 행동은 상대방 골퍼의 심적 안정에 방해가 되는 요소로 작용할 수 있기 때문이다.

규정 타수보다 두 타 적게 그린에 공을 올리는 파온(Par on)이나 그린 주변에서 공을 굴리거나 띄워서 홀 가까이 붙여 넣는 어프로치(Approach)를 했다면, 자신의 공이 다른 플레이어의 라인에 방해가 되지 않게 볼마커를 사용해 공 위치에 마크를 해야 한다.

또한 그린에 도달한 플레이어들 중 깃대가 꽂혀 있는 홀에서 가장 먼 위치에 공을 떨어뜨린 경기자부터 퍼팅(Putting)을 한다. 단, 경기 진행 속도를 고려해 상대방의 동의를 얻은 경우 이를 변경할 수는 있다.

퍼팅을 할 때는 홀에 꽂힌 깃대를 꺼내거나 세우는 것은 허용된다. 만일 퍼팅 전에 깃대를 뽑지 않았다면 퍼팅 중에 깃대를 뽑지 않는다. 하지만 퍼팅하는 도중에 깃대를 뽑는 행동은 패널티를 받을 수 있다. 깃대를 뽑을 때는 그린 표면이 손상되지 않도록 부드럽게 뽑아 상대방의 퍼팅 라인에 영향을 주지 않도록 해야 한다.

추가적으로 상대방이 컨시드(홀 가까이에 공이 도달하면 홀인으로 쳐 주는 행위, 주로 매치 플레이에 사용된다)를 주기 전에 볼집기는 기본 매너에 어긋나는 행동이다. 반드시 컨시드를 받고 볼을 집도록 하자.

페어웨이 에티켓
아마추어 골퍼들이 페어웨이에서 샷을 할 때, 클럽 헤드가 잔디를 파내며 잔디 조각이 떨어져 나가는 디봇(Divot)이 발생하며 공이 그 자리에 떨어지는 경우가 있다. 이런 경우 플레이어는 동반자들에게 양해를 구하고 무벌 드립 플레이를 할 수 있다. 단, 디봇 자국이 나면 떨어져 나간 잔디 조각을 다시 채워 넣어 코스를 보호해 주는 것이 매너다.

러프 에티켓

러프(Rough)란 페어웨이 외곽 또는 주변 지점으로 잔디나 풀이 비교적 길게 자란 곳을 의미한다. 이 구역은 공을 치기 까다로운 구역으로 골프공을 잃어버리거나 미스샷을 유발하기 좋은 구역으로 꼽힌다.

러프에서 샷을 할 때는 패널티 구역인지 먼저 확인 후 플레이를 한다. OB 시에는 제자리에서 공을 칠지, OB 특설티에서 공을 칠지, 공이 나간 선상에서 칠지를 결정하고 경기를 진행하는 것이 일반적인 규칙이다.

샷이 몸쪽으로 휘어져 나가는 훅(Hook)이나 직선으로 출발한 공이 오른쪽으로 휘는 슬라이스(Slice)가 발생했을 때는 주변 골퍼들에게 날아오는 공을 조심하라는 신호로 '포어(Fore)'라고 크게 소리를 쳐 줘야 한다. 우리나라에서는 '포어' 대신 '뽈'이라고 외치는 경우가 더 흔하다.

러프에 빠져 탈출을 못하게 된 경우에는 상대방 골퍼에게 동의를 구한 후, 1벌타 후 플레이를 한다. 골프는 심판이 없는 스포츠로 각자의 양심을 가지고 게임에 임하며, 상대방을 경쟁자라고 생각하기 보다는 동반자라고 생각하며 먼저 배려하고 양해를 구하며 플레이를 하는 것이 기본 매너이기 때문이다.

마지막으로 러프에서 공을 분실했을 경우에는 공을 포기할 줄 아는 마음도 필요하다. 골프공이 OB, 워터 헤저드 등에 빠졌을 때 공이 눈에 띄는 곳에 있거나 낙하지점을 정확히 알고 있다면 공을 찾으러 가도 상관없다. 그러나 어디에 있는지도 모르는 공을 찾겠다고 계속 돌아다니면 경기 진행을 방해하는 민폐 골퍼가 될 수도 있다.

벙커 에티켓

벙커샷을 하고난 뒤에는 고무래로 모래를 잘 골라 벙거정리를 해 놓아야 한다. 이는 다음 플레이어들의 원활한 플레이를 위해 꼭 필요한 매너라 할 수 있다.

샷을 할 때는 채로 모래를 건드려서는 안되며, 공을 치기 전에 루스임페디먼트(Loose Impediment)를 확인해야 한다. 루스임페디먼트란 돌, 나뭇잎, 나뭇가지, 흙이나 모래, 얼음 등의 자연물로서 바닥에 고정되어 있지 않고, 볼에 달라붙지 않는 자연물을 의미한다.

한편, 벙커를 출입할 때는 벙커를 고르기 쉽도록 벙커의 턱이 낮은 곳으로 들어가 낮은 곳으로 나온다.

캐디 에티켓

캐디 10명 중 8명은 비매너 골퍼를 만난 경험이 있다고 한다. 캐디란 골프 경기의 진행을 도와주는 사람을 말한다. 우리나라를 기준으로 캐디피는 평균 15~16만원 정도 하는데, 이를 시간당 임금으로 계산하면 약 7,500원 정도가 된다.

그럼에도 불구하고 캐디에게 무례한 언행을 하거나 지나치게 함부로 대하는 경우가 있다. 골프장에서는 골퍼를 비롯한 모든 사람들에게 예의를 갖추는 것이 기본 매너다. 플레이를 할 때는 항상 친절하게 인사하고 자신의 기분이 태도가 되지 않도록 주의해야 한다.

이 밖에도 라운딩이 있는 날은 출발시간을 정확히 지키고, 부킹(Booking)한 시간보다 한 시간 전에는 클럽하우스에 도착하는 것이 좋다. 골프장에 도착해서 환복을 하고 카트에 나가 티박스까지 이동하는 시간을 계산하면 최소 30분 전에는 도착해야 다른 선수들의 일정을 방해하지 않을 수 있다.

골프장 예약시간은 도착시간이 기준이 아니라 티박스에서 샷을 하는 시간이므로, 어쩔 수 없이 티업 시간 보다 늦게 도착하게 된다면 미리 상대방에게 연락하여 상황에 대처해야 한다.

골프장에서는 골프웨어도 신경 써야 한다. 과거에는 클럽하우스에서도 정장 등 격식 있는 차림이 요구되기도 했으나, 지금은 복식이 자유로워진 편이라 정해진 규율은 없다. 하지만 상대방 골퍼를 존중하는 의미로 단정한 복장을 하는 것이 예의이다. 트레이닝복, 민소매, 반바지 등 지나치게 편한 차림은 가급적 삼가는 것이 바람직하다.

04
골프의 기초

　골프의 세계는 알면 알수록 흥미롭다. 골프는 1904년 미국 세인트루이스 올림픽 이후 112년만인 2016년 8월 브라질 리우데자네이루 하계올림픽에서 정식 종목으로 채택되어 경기가 치러졌다. 그럼에도 불구하고 골프는 전 세계인의 사랑을 받으며 명맥을 이어왔고, 지금은 전 세계인이 즐기는 대중스포츠로 자리매김하는 추세다.

　우리나라만 해도 이미 500만 명이 넘는 사람들이 골프를 친다. 18홀 골프장 개수만 해도 전국에 500개 넘게 존재한다. 골프 전문 매거진과 골프 경기만을 중계하는 방송을 통해 거의 매일 새로운 대회 소식이 전해지고 있고, 스크린 골프나 실내 연습장도 급증하며 도심 한복판에서도 누구나 마음만 먹으면 골프 게임을 즐길 수 있다. 그만큼 골프가 우리 일상에 깊이 스며들고 있다는 뜻이다. 말 그대로 골프전성시대를 방불케 한다.

골프가 대중화 될 수 있었던 이유는 간단하다. 그만큼 골프가 재미있는 운동이기 때문이다. 혹자들은 '지금까지 인간이 만들어낸 운동 중 가장 재미있고 매력 있는 운동은 골프'라고 말한다. 또 누군가는 '구기종목은 공이 작을수록, 경기장이 넓고 클수록 재미있다'며 이런 맥락에서 '골프는 최고의 운동'이라고 아낌없는 찬사를 쏟기도 한다. 이런 의견에 모든 사람이 수긍하지 못할 수는 있다. 하지만 골프를 좀 알고, 어느 정도 즐길 줄 아는 사람들이라면 골프가 매력적인 운동이라는 데는 공감할 것이다.

국내 한 골프 매거진에서 GOLF라는 단어의 이니셜을 한 자씩 풀이하면 골프의 정의가 된다고 말한다. 이들은 G는 Green(잔디), O는 Oxygen(산소), L은 Light(햇볕), F는 Foot(발걸음)을 의미한다고 정의한다. 즉 골프란 '잔디 위에서 햇볕을 받으며 좋은 공기를 마시는 가운데 마음껏 걸으면서 하는 운동'이라는 것이 이들의 설명이다. 정확한 출처는 확인할 길이 없지만 골프의 특징을 잘 담고 있는 표현임에는 틀림이 없다.

골프의 매력은 여기서 끝이 아니다. 골프는 나이와 성별, 체력과 기술의 차이에 상관없이 누구나 즐길 수 있는 운동이다. 다른 스포츠 종목들과 달리 선수 사이에 실력 차이가 커도 '핸디캡(Handicap)'을 주고받으며 경기를 할 수 있다. 또한 지인뿐만 아니라, 처음 보는 사람과도 얼마든지 어울릴 수 있는 운동으로 불특정 다수의 많은 사람과 어울리고 사귀는 만남의 장이 되기도 한다.

경기장이 구조와 규격이 통일된 다른 운동들과 달리 경기장이 다양하다는 점도 골프의 매력이라 할 수 있다. 실제로 골프장은 소재하고 있는 지역의 지형적 특성과 환경 여건에 따라 각기 다른 컨디션을 지니고 있다. 혹여 같은 골프장에서 경기를 치른다 해도 계절과 날씨, 경기 시간대에 따라 경기 조건이 달라지기 때문에 똑같은 경기가 하나도 없다.

심판 없이 경기자들끼리 게임을 진행하는 만큼, 순간순간 찾아오는 위기 상황에 몰래 공을 옮기고 싶은 유혹에 빠지기 쉬운 운동이기도하다. 또한 자신이 직접 점수를 계산하기 때문에 자신의 양심을 최대한 발휘해 경기에 참여해야 한다는 점도 이색적이다.

공 하나를 두고 승부를 겨루는 다른 구기종목과 달리 내 공을 내가 쳐서 점수를 내야 하는 '자기 자신과의 싸움'이라는 경기 방식도 특별하게 다가온다. 자신의 점수를 내는 것에 집중해야 하는 만큼, 함께 경기를 플레이하는 상대방에게 방해가 되지 않도록 주의하고 나보다 동반자를 먼저 배려해야 한다는 점도 무척 이색적이라 할 수 있다. 하지만 이토록 매력적인 운동인 골프를 제대로 즐기려면 그만큼 철저한 연습과 공부도 필요하다.

실제로 골프는 다른 운동에 비해 룰이 많고 복잡한 편이다. 경기 규칙이나 매너를 모르고 필드에 나가면 실수를 하게 되고 경기 진행을 방해하는 민폐를 끼칠 수 있다. 반대로 자신이 직접 불이익을 당할 우려도 있다. 때문에 골프 입문자의 경우에는 일정기간 골프를 배우는 것이 일반적이며, 필드로 라운딩을 나가기 전에는 각종 안내서나 인터넷을 통해 골프 규칙이나 매너 등의 사전지식을 미리 알아둬야 한다.

예를 들어 처음 필드로 라운딩을 나가는 초보라면 골프의 룰이나 기술적인 부분 이외에도 동반자들을 위해 필드 매너와 에티켓을 알고 있어야 한다. 흔히 '머리를 올리는 초보'라면 여분의 공을 충분히 챙겨 가는 것이 좋다. 보통 18홀을 기준으로 30개 정도가 적당한데, 이때 공은 비싼 새 공보다는 로스트볼을 주워서 다시 세척해 판매하는 '로스트볼'을 구매해서 사용하는 것이 훨씬 합리적이다. 필드가 처음인 초보 골퍼는 공을 잃어버리기 쉬운 탓이다.

무엇보다 골프는 골퍼로서의 기술적 기초가 튼튼해야 한다. 어드레스나 스윙 등 기술적인 부분에서 충분한 연습을 거치지 않고 일단 필드에 나가서 연습을 해 보겠다는 심산으로 필드에 나왔다면 공을 제대로 맞출 수가 없다. 공이 맞기는커녕 앞으로 나가지도 않는다. 뒤땅을 치거나 헛스윙을 연발하기 일쑤다.

이와 같이 연습이 미비한 상태로 필드에 나가면 당연히 그 팀 전체의 경기 진행에 지장을 초래한다. 여기서 끝이 아니다. 정규 골프장의 경우, 보통 7~8분 간격으로 한 팀씩 출발한다. 따라서 본인의 실력 미비로 우리 팀의 경기 진행 속도가 느려지면, 뒷팀의 경기까지 지체시키게 된다. 골프를 처음 배우는 사람들이 실내 연습장에서 기본 자체와 스윙의 기초를 단단히 익혀야 하는 이유가 바로 이런 데 있다.

처음부터 골프의 기초를 탄탄히 다져야 하는 이유는 또 있다. 그립잡기, 어드레스와 정렬 등의 기초 동작은 결국 스윙으로 연결되며, 이는 곧 볼의 적중률이라는 결과로 이어진다. 결국 기본에 충실하지 못하면 좋은 점수를 기대키 어렵다는 말이 된다.

골프 좀 쳐 본 구력을 자랑하는 중급자 이상의 골퍼는 어떨까? 골프 경험이 많다고 해서 기초 훈련에서 자유로운 것은 아니다. 골프의 기본기 연습은 모든 골퍼들이 매일 갈고 닦아야 할 훈련의 일부다. 자신이 중급 이상의 실력을 갖춘 골퍼라도 마찬가지다.

공을 치고 샷을 할 때 똑같은 이유로 실수가 생기고 아무리 연습을 해도 실력이 늘지 않는 다면, 그립을 쥐는 방법부터 스윙까지 냉정하게 평가하고 점검해 자신의 부족한 부분과 잘못된 부분을 보다 적극적인 태도로 개선해야 더 나은 실력자로 거듭날 수 있다.

골프의 기본 기술 '그립'

골프 레슨을 받으러 가면 제일 먼저 골프채의 그립(Grip)을 잡는 방법부터 배운다. 그립을 잘 잡아야 스윙 할 때 클럽이 흔들리지 않고, 스트로크의 정확도가 올라가기 때문일 것이다.

스윙에 있어 그립의 영향력은 막대하다. 그립을 어떻게 잡는지에 따라 스윙에 직접적으로 변화가 생긴다. 아마추어 골퍼들에게 흔히 나타나는 슬라이스 구질도 대부분 그립을 잘못 잡고 스윙하면서 생겨난다.

잘못된 그립 방법의 대표적인 예가 손바닥으로 그립을 잡는 경우다. 결론부터 말하자면, 그립은 손가락으로 쥔다고 생각해야 한다. 그래야 손목의 움직임이 자유로워질 수 있다. 손목이 유연하게 움직여야 코킹(Cocking)도 자연스러워진다. 백스윙 시, 손목을 뒤로 젖히는 코킹이 매끄럽게 이어져야 클럽 헤드에 가속이 붙어 샷에 힘이 실린다.

손바닥으로 그립을 잡게 되면 전완근에 힘이 들어가면서 손목과 팔 전체가 경직된다. 경직된 팔은 클럽 헤드의 스피드를 감소시킨다. 또한 손바닥으로 그립을 쥐면 왼손이 왼쪽으로 돌아간 약한 그립(Weak grip)으로 잡히는데, 이는 슬라이스를 발생시키는 원인 중 하나다.

그립의 강도란 클럽을 쥐는 손의 압력을 의미하는데, 이는 스윙 시, 볼이 날아가는 방향과 거리에 커다란 영향을 미친다. 골프 스윙 시, 그립의 강도는 샷의 그린 적중률로 연결된다. 슬라이스 구질을 개선하고 싶다면 손가락으로 그립을 잡아서 '강한 그립(Strong grip)'을 사용할 수 있도록 연습해야 한다.

원래 그립(Grip)이란 클럽(골프채)의 맨 위에 손잡이 부분을 말한다. 스윙 시 골프채가 손에서 미끄러지거나 떨어지지 않도록 만들어진 장치로 대부분 고무 소재로 제작된다. 이는 형태나 쓰임에 따라 라운드 그립, 립 그립, 퍼터 그립 3종류로 나눈다.

우리가 일상적으로 가장 익숙하게 접하는 기본적인 그립은 라운드 그립이다. 립그립은 그립의 뒤쪽에 굵은 심지 같은 것을 넣은 듯 형태로 만들어졌다. 때문에 라운드 그립보다 조금 더 그립감이 쫀쫀하고 견고한 느낌을 준다. 퍼터 그립은 아예 생김새부터가 다르다. 둥근 형태가 아닌 납작하게 평평한 면이 존재하다. 또한 다른 그립들과 다르게 손목을 잡아주는 기능이 강화된 오버사이즈 그립으로 교체 할 수 있다는 특징을 가지고 있다.

골프의 기술에 관한 이야기를 할 때 언급되는 그립은 '클럽을 손에 쥐는 방식'을 뜻한다. 이는 일반적으로 오버래핑 그립, 인터로킹 그립, 베이스볼 그립 3가지 방식으로 나눠 볼 수 있다.

오버래핑 그립(Overlapping Grip)

가장 많이 사용하는 그립법이다. 오른손의 새끼손가락을 왼손의 집게손가락 위에 겹쳐서 잡는 그립 방법이다. 해당 방법으로 그립을 잡을 때는 먼저 클럽의 손잡이를 왼쪽 손바닥에 비스듬히 놓고 세 손가락을 골프채 자루에 감는다. 다음 집게손가락을 오무려서 방아쇠를 당기는 모양으로 클럽을 단단히 쥔다. 이어서 클럽의 손잡이를 오른손 중지와 약지의 중앙에 놓고 왼손 집게손가락의 마디 위에 오른손 새끼손가락이 겹치도록 하여 엄지손가락과 집게손가락으로 클럽을 가볍게 감싸며 단단히 고정시키듯 잡아 준다.

인터로킹 그립(Interlocking Grip)

왼손 집게손가락과 오른손 새끼손가락을 깍지 끼워 클럽을 잡는 방법이다. 오버래핑 그립에 비해 그립법이 단순해서 배우기 쉽고 손에 힘이 풀려도 단단하게 고정된다는 장점이 있어, 손이 작거나 손의 쥐는 힘이 약한 사람에게 적당한 방법이다. 하지만 새끼손가락에 무리가 되며 손목의 움직임이 제한적인 편이다.

베이스볼 그립(Baseball Grip)

베이스볼 그립은 내추럴 그립(Natural Grip), 테넌트 그립(Ten Finger Grip)이라고도 부른다. 이는 야구 배트를 쥘 때와 마찬가지로 열 손가락이 다 골프채의 손잡이에 걸려 있으며, 손바닥이 서로 마주보는 형태를 띤다. 백스윙이 짧거나 힘이 약한 여성 또는 아이들이 파워풀한 샷을 하기 좋다. 때문에 손이 작은 성인이나, 어린아이들이 많이 사용하는 그립으로 손꼽힌다. 단, 일관성과 방향성이 떨어지는 편이라 중급 이상의 골퍼에게는 도움이 되지 않을 수 있다.

그립은 클럽을 잡는 손의 위치에 따라서 뉴트럴 그립, 스트롱 그립, 위크 그립으로도 구분할 수 도 있다. 이 세 가지 그립은 한쪽으로 치우치는 샷을 방지해 구질을 개선하는데 도움이 되는 그립 잡기라고 봐도 무방하다.

뉴트럴 그립(Neutral Grip)

뉴트럴 그립은 스트롱 그립과 위크 그립의 중간에 해당한다. 오른손잡이를 기준으로 왼손 손등 손마디가 2개 정도 보이도록 그립을 잡고, 오른손의 손바닥 생명선으로 왼쪽 엄지손가락을 자연스럽게 악수하듯 감싸는 그립 방식이다.

오른손잡이의 경우 왼손의 V자 모양이 왼쪽 턱을 향하고, 오른손의 V자 모양은 몸의 중앙을 향한다. 이는 정상적인 스윙을 유도하며 일관된 샷을 하기 좋다. 또 상대적으로 비거리가 짧아 스트레이트 볼을 치거나 코스에서 볼이 타깃 라인보다 오르쪽으로 출발해 왼쪽으로 휘어지는 '드로우샷' 또는 그 반대인 '페이드샷'을 구사하기 좋다.

스트롱 그립(Strong Grip)

스트롱 그립은 강한 임팩트를 주기 위해 사용한다. 그래서 훅 그립이라고도 부른다. 아마추어 골퍼 사이에 흔하게 나타나는 오른쪽으로 날아가는 푸시, 슬라이스를 개선해 주는 그립 방법으로 몸의 중앙을 향하던 그립의 경계선이 오른쪽 어깨로 향하도록 하면 된다.

위크 그립(Weak Grip)

위크 그립은 그립을 잡은 손의 V 모양이 왼쪽어깨 방향을 가리킨다는 것을 의미한다. 즉 오른손잡이를 기준으로 손이 클럽 그립의 반시계방향으로 돌아간 상태다. 이는 공을 더 왼쪽으로 날아가게 한다. 따라서 평소 공이 왼쪽으로 치우치는 훅이 심하다면 그립을 위크하게 잡아주면 된다.

다시 한 번 설명하지만, 그립을 어떻게 잡느냐에 따라 클럽 헤드의 움직임이 달라진다. 당연히 공이 날아가는 궤적에도 영향을 준다. 그러므로 골프에 입문할 때부터 그립 잡는 법을 확실하게 배워서 스윙 동작으로 연결해야 좋은 샷이 나올 수 있다. 골프 입문자가 다양한 클럽의 특성을 정확하게 이해하고, 다양한 방식으로 연습을 게을리 하지 말아야 하는 이유다.

골프 기초는 '자세'와 '스윙'

골프를 칠 때, 그립만큼 중요한 것이 준비 자세와 스윙이다. 스윙을 위한 올바른 골프 자세는 정확한 그립에서 시작한다. 골프의 준비 자세는 골프 스윙의 핵심이다. 정확하고 효과적인 스윙을 위해서는 올바른 자세가 우선되어야 한다는 뜻이기도 하다.

골프 자세는 클럽의 그립을 잡고 공을 칠 준비를 할 때 만들어진다. 클럽의 위치를 기준으로 손과 어깨의 위치를 확인하고 무릎을 접었다 펴기를 반복하며 몸에 실린 긴장을 풀어 준다. 그리고 목표한 방향으로 공을 친다는 생각으로 라인을 잡아 가며 몸의 균형을 잡는다. 안정감 있는 스윙에 자신감이 붙을 것이다.

하지만 스윙은 생각만큼 간단치 않다. 멋진 폼을 잡고 샷을 날리는 상상이 현실이 되기까지는 수많은 연습이 필요하다. 스윙의 적중률이 높아졌다고 해도 안심할 수는 없다. 방금 전까지 완벽했던 자세가 계속 유지된다는 보장이 없다. 연습장에서 어제까지 잘 맞던 공이 오늘은 하나도 맞지 않을 수 있다. 특히 골프를 쳐 본 경험이 적은 아마추어라면 더욱 일관된 자세와 스윙을 기대하기 어렵다.

골프를 처음 배우는 입문자나 초보들은 한 번의 스윙을 위해 수차례 반복해서 클럽과 몸통의 위치를 고쳐 잡는다. 이론으로 배운 지식을 최대한 몸에 반영하지만 스스로도 확신이 서지 않는 경우가 허다하다.

차를 운전할 때, 차를 몰고 도로를 달리는 기능이 완전히 몸에 익을 때까지 연습이 필요한 것과 같다. 운전면허시험에 통과했다고 해서 무조건 운전이 쉬워지는 것은 아니다. 면허증을 소지한 상태로 1년이고 2년이고 계속 운전을 하면서, 핸들을 돌리는 감각을 익히고 실제 도로 상황에 적응을 해서 운전 기술이 자연스럽게 몸에 녹아야 한다.

골프도 마찬가지다. 골프의 기본자세와 스윙을 끊임없이 반복하며 몸이 자세와 스윙을 기억해야 한다. 특히 골프 입문자라면 처음부터 제대로, 잘 배워야 한다. 처음에 잘못 배운 자세나 스윙은 한 번 몸에 익으면 쉽게 고쳐지지 않기 때문이다. 어느 정도 골프를 치다가 잘못된 자세를 교정을 하려면, 처음 배울 때보다 2~3배 더 많은 시간과 노력을 쏟아야 한다.

이런 까닭에 골프 자세와 스윙은 아마추어부터 프로까지 모든 골퍼들에게 중요하다. 하지만 골프는 처음에 아무리 잘 배웠어도 감을 잃으면 그만이다. 수많은 골퍼들이 일부러 시간을 내서 골프연습장을 찾는 이유도, 올바른 자세를 정확하게 알고 연습을 통해 완전히 내 것으로 만들기 위해서다.

정확한 골프 자세는 골프 경기 시, 좋은 스코어를 낼 수 있게 도와주고 부상의 위험을 줄여준다. 성과가 좋아지면 자연히 골프가 재미있어 질 수 밖에 없다. 이 밖에도 골프 자세가 중요한 이유는 다양하다.

우선 골프 자세가 좋으면 스윙을 안정적으로 만든다. 플레이어가 균형감을 잃지 않고 유연하게 스윙을 진행하면 공이 나가는 방향을 예측할 수도 있다. 이는 곧 스윙으로 얻는 에너지를 효율적으로 사용함을 의미한다.

골퍼가 스스로 스윙의 강약을 조절할 수 있게 되면, 볼의 거리와 정확도를 조절하는 컨트롤 능력도 올라간다. 당연히 클럽과 공 사이의 거리에 대한 감각도 좋아지면서 타격 포인트도 확실해진다.

자신의 자세와 스윙에 대한 확신은 플레이어의 자신감을 높여주고 심리적인 안정감을 안겨 준다. 이는 경기 집중력과 분석력, 판단력을 향상시켜 경기 중 더 나은 퍼포먼스를 발휘하게 하며 좋은 경기 성과로 이어질 수 있다.

여기서 끝이 아니다. 올바른 골프 자세는 골프 연습의 효율을 높이는데도 도움이 된다. 스윙이나 샷을 고민하는 골퍼의 대부분이 문제 자체를 개선하기 전에, 그립이나 자세교정에 더 많은 시간을 할애하곤 한다. 골프 자세가 좋으면 이 과정을 생략할 수 있어, 골퍼가 느끼는 어려움을 파악하기 쉽고 수정을 위한 피드백을 받기도 수월하다.

그렇다면 공을 치기 전에 알아둬야 할 골프의 기본자세란 무엇일까? 단 한번이라도 골프 연습장 문턱을 넘어본 골퍼라면 당연히 '어드레스'와 '스탠스' 같은 기본 동작들을 떠올릴 것이다. 골프의 기초이자 입문자들의 필수 교육 코스이기 때문이다.

골프 어드레스와 스탠스

골프 어드레스는 공을 치기 위한 준비 자세다. 어드레스가 잘못되면 스윙까지 무너질 수 있어, 그립과 함께 골프의 기초가 되는 준비 자세이자, 스윙을 위해 꼭 익혀둬야 할 기본 기술이다.

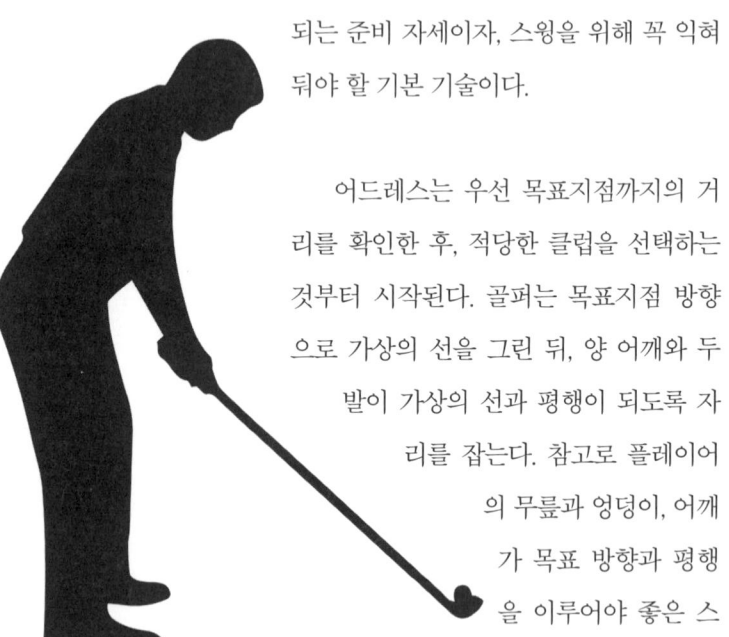

어드레스는 우선 목표지점까지의 거리를 확인한 후, 적당한 클럽을 선택하는 것부터 시작된다. 골퍼는 목표지점 방향으로 가상의 선을 그린 뒤, 양 어깨와 두 발이 가상의 선과 평행이 되도록 자리를 잡는다. 참고로 플레이어의 무릎과 엉덩이, 어깨가 목표 방향과 평행을 이루어야 좋은 스

사진출처: Pixabay

윙이 나온다.

어드레스를 할 때는 상체는 똑바로 세운 상태에서 척추의 중립을 잡는다. 그리고 엉덩이를 살짝 뒤로 빼서 중립 상태인 척추가 자연스럽게 앞으로 기울어지도록 한다. 두 팔은 바닥과 수직을 이루도록 떨어뜨려 편안한 상태를 유지하고, 무릎은 살짝만 구부려 주면 편안한 어드레스 자세가 만들어 진다.

이때 무릎을 지나치게 많이 구부리면 하체에 긴장이 실려 몸의 회전과 밸런스를 무너뜨릴 수 있다. 과도한 긴장으로 경직된 어드레스는 스윙을 방해해 오히려 미스샷을 유발하는 원인이 된다.

또한 초보들은 어드레스 시, 무의식적으로 척추를 곧게 세우려고 하는데 이는 허리에 부담을 준다. 힘이 들어가 경직된 허리는 스윙 시, 몸의 유연한 회전을 어렵게 해 스윙 궤도를 망가뜨리게 된다.

어드레스의 일부 동작 중 하나가 스탠스(Stance)다. 스탠스는 공을 놓는 위치, 두 발 사이의 너비, 발과 공 사이의 폭 등을 말한다. 쉽게 말해 볼을 칠 때, 발의 위치를 정하는 것이다. 스탠스는 그립만큼 중요한 부분이다. 그립을 바르게 잡아도 스탠스가 나쁘면 볼이 휘어진다. 반대로 스탠스를 잘 잡으면 자연스럽게 올바른 어드레스가 가능하다.

스윙 할 때, 스탠스는 적당한 넓이가 좋다. 문제는 이 '적당히'가 어느 정도인지 잘 모르는 사람이 많다는 것이다. 가장 기본적인 스탠스는 자신의 어깨 넓이만큼 두 발 사이를 벌리고 서는 것이다. 하지만 이것도 완벽한 답이 될 수는 없다.

스탠스는 스윙의 목표에 따라 두발의 간격을 조절해야 하기 때문이다. 기본 스탠스에서 볼을 멀리 보낼 목적으로 스윙을 한다면 두 발의 간격을 조금 넓혀 주는 것이 유리하다. 반대로 정확도를 높이는 스윙인 경우에는 기본 스탠스에서 두 발의 간격을 조금 좁혀주는 것이 좋다.

또한 똑같은 목적으로 스탠스를 취한다 해도 개개인의 체격에 따라 적당한 거리가 달라진다. 스탠스의 적당한 거리를 이해하려면 먼저 넓은 스탠스와 좁은 스탠스의 특징과 장·단점을 알아야 한다.

두 발 사이의 간격을 넓게 잡으면(넓은 스탠스) 몸을 지지하는 하체에 안정성이 생긴다. 어드레스 단계에서 보다는 클럽을 휘두르면서 스윙을 할 때, 그 효과가 확연히 느껴진다. 하지만 초보가 넓은 스탠스를 취하면 스윙 시, 몸통의 회전이 자유롭지 못하고 상체의 축이 무너지기 쉽다.

스탠스를 좁게 하면 몸에 실리는 체중을 옮기기 쉽고, 상체를 단단히 잡아줘 공을 정확히 보낼 수 있다. 적은 힘으로 정교한 샷을 해야 하는 어프로치샷에 알맞은 스탠스라 할 수 있다.

반면 하체의 지지하는 힘이 약해져 바닥을 지지해 강한 스윙을 시도하기 어렵다. 다운스윙에서 체중이동이 제대로 일어나지 못하고 타겟의 반대편 다리에 무게가 실리는 행잉백(Hanging Back)도 쉽게 일어난다.

골프 연습장에서는 볼을 잘 치는데 필드에 나가면 슬라이스가 생기는 초보들도 있다. 이런 경우는 스윙의 방향을 정하는 에이밍 타깃과의 정렬이 잘못됐을 수 있다. 연습장에는 타석에 마련된 발판이 스탠스에 도움을 주지만 필드에는 이런 발판이 존재하지 않기 때문이다. 이런 경우에는 우선 연습장에서 타석 발판의 도움을 받지 않고 연습을 시도해 보는 것이 솔루션이 될 수 있다. 아울러 필드에서는 타깃 스틱이나 클럽으로 정렬을 맞추는 연습을 해 주는 것이 문제점 해결에 도움이 될 것이다.

이러한 스탠스는 발을 두는 모양과 형태에 따라 스퀘어 스탠스, 오픈 스탠스, 클로즈드 스탠스 이렇게 3가지로 분류한다.

스퀘어 스탠스(Square Stance)
가장 많이 사용되는 기본 스탠스는 스퀘어 스탠스다. 주로 골프를 배운지 얼마 안 된 입문자들이 취하는 스탠스로, 양 발을 벌리고 발끝 선이 볼이 날아가는 방향과 평행이 되도록 서는 것을 말한다.

오픈 스탠스(Open Stance)

오픈 스탠스는 왼발이 오른발보다 약간 뒤쪽에 위치한다. 왼발이 뒤쪽으로 빠져 있기 때문에 몸이 약간 왼쪽으로 열려 있는 형태를 취하게 된다. 이는 페이드나 슬라이스 구질을 나타내기 때문에, 많이 사용하지는 않는다. 하지만 슬라이스 볼을 치거나 어프로치 샷, 벙커 샷 등 특정한 샷을 할 때 많이 취한다.

클로즈드 스탠스(Closed Stance)

클로즈드 스탠스는 오른발이 약간 뒤로 당겨진 형태를 취한다. 그래서 타켓 방향에 닫힌 모습을 띄며, 양발과 허리, 어깨선이 목표의 오른쪽을 향하게 된다. 쉽게 말해, 오픈 스탠드의 반대 개념으로 훅이나 드로우성 구질을 만든다. 이런 이유로 백 스윙 시, 허리 회전이 나쁜 사람들이 비거리를 늘리기 위해 의도적으로 사용하기도 한다.

골프 스윙

앞서 알아본 각각의 자세들은 좋은 스윙을 이루는 연결동작의 일부분에 불과하다. 골프 클럽의 그립을 잡고, 적당한 스탠스로 올바른 어드레스를 할 수 있다면, 이제 본격적인 스윙 동작을 연결할 기초를 다지는 것이다.

골프는 스윙이 전부라 해도 과언이 아니다. 결국 볼이 홀에 도달해 스코어를 만들기까지 모든 과정이 공을 치는 스윙의 반복을 통해 이루어지기 때문이다. 골프는 클럽을 이용해 볼을 쳐서, 최소한의 타수로 목표 지점에 볼을 넣는 게임이다.

볼을 밀거나 쳐낼 수 있는 방법은 오직 클럽을 앞뒤로 휘두르는 스윙뿐이다. 스윙 자세가 좋을수록 공이 나가는 정확도도 높아진다. 이 간단한 이치를 헤아리면 수많은 골퍼들이 멋진 폼을 위해 스윙연습에 집착하는 것도 이해가 간다. 멋진 폼이란 결국 올바른 스윙인 것이다.

골프 스윙은 클럽으로 공을 치는 행위를 말한다. 엄밀히 말해 하나의 동작이다. 하지만 스윙 자세를 이야기할 때는, 하나로 연결된 동작을 단계별로 7가지로 나누어 설명한다.

순서대로 어드레스(Address), 테이크백(Take back), 탑 오브(Top of swing), 다운스윙(Down swing), 임팩트(Impact), 팔로우스루(Follow through), 피니시(Finish)라고 부르는 골프 스윙동작들을 먼저 살펴보면 다음과 같다.

1단계 - 어드레스(Address)

앞서 언급한 것처럼 스윙의 기본이 되는 준비자세다. 등을 곧게 펴고 상체를 앞으로 살짝 숙인 상태로 클럽 그립을 잡고 무릎을 살짝 구부린 채로, 두 팔이 지면과 수직이 되게 떨군 채, 클럽 헤드의 위치를 바로잡는 동작이다. 정면에서 봤을 때, 두

팔과 골프 클럽이 'Y자'를 이루면 올바른 자세다. 플레이어는 자신이 그립을 바르게 잡고 있는지, 무릎을 지나치게 폈거나 굽힌 것은 아닌지, 상체가 과하게 들리거나 숙여져 있지는 않은지 확인하는 것이 좋다.

2단계 - 백스윙(Back swing)

백스윙은 테이크백(Take back)이라고도 부른다. 백스윙은 골프공을 치기 직전 동작으로 몸에 힘을 모아주는 동작이라고 볼 수 있다. 테이크어웨이, 하프백스윙, 백스윙톱까지 다운스윙 이전의 모든 스윙동작들을 포함하는 개념이기도 하다.

이 동작은 본 스윙을 위한 첫 동작으로 어드레스 자세를 마무리한 뒤, 클럽을 뒤쪽으로 가볍게 스윙하며 헤드를 허리 정도 높이까지 올려 지면과 평행이 되게 만드는 행위다. 여기서 중요한 것은 손이 아니라 몸통이 함께 돌아가야 한다는 점이다. 클럽 헤드는 공을 마주보고 있어야 한다. 헤드가 지나치게 뒤쪽으로 빠져 있거나 올라가지 않는 것이 포인트다.

백스윙을 할 때는 제일 먼저 상체가 얼마나 감겨 있는지를 살펴야 한다. 어깨가 공의 뒤쪽까지 돌아가 있다고 생각하면 된다. 클럽이 타겟 뒤로 똑바로 빠져야 한다는 의미다. 몸통 회전 없이 팔로만 백스윙이 되면 클럽이 가파르게 올라갈 수 있다. 이는 다운스윙 시, 클럽이 가파르게 내려와 공이 찍히거나 깎여 맞아 슬라이스가 나기 쉽다.

스윙의 스피드는 손목에서 결정된다. 손목은 일부러 과도한 힘을 주어 꺾을 필요가 없다. 오히려 힘을 빼고 자연스럽게 꺾이도록 한다. 코킹을 할 때는 채와 팔이 L자를 유지하도록 해야 한다.

백스윙이 탑에 도달하기 전까지 왼쪽 팔과 샤프트를 45도로 유지하며, 왼쪽 팔꿈치가 구부러지지 않도록 신경 쓰는 것도 중요하다. 간혹 다운스윙에서 더 큰 힘과 속도를 내려고 하다 보면 팔꿈치가 구부러지기도 하는데 이는 올바른 자세가 아니다.

발도 마찬가지다. 백스윙 시, 왼발은 지면에 단단히 붙어 있어야 한다. 클럽을 들어 올리는 동안 왼발 뒤꿈치가 들리면 스윙에 힘이 실릴 수는 있지만 정확한 타점이 어려워진다. 추가적으로 오른쪽 무릎은 백스윙 내내 살짝 굽은 각도를 유지한다. 이때 몸의 체중이 오른쪽으로 쏠리기 때문에 왼쪽 무릎이 너무 많이 움직이지 않도록 컨트롤해야 한다.

3단계 - 탑 오브 스윙(Top of swing)

백스윙 다음으로 나오는 동작은 '탑' 또는 '탑 오브 스윙'이라고 부른다. 골프 스윙 자세 중 헤드가 가장 높은 곳에 도달해 있는 상태를 말한다. 백스윙이 최대치에 달했을 때, 잠시 클럽이 공중에 멈췄다가 내려오는 모습을 떠올리면 된다. 이때 샤프트는 지면과 평행을 이루고 있어야, 힘을 끌어 모아 내려치는

강도를 조절할 수 있다. 탑 오브 스윙은 손목을 좌우로 꺾는 힌지를 잘하면 도움이 된다.

4단계 - 다운스윙(Down swing)

탑 오브 스윙 동작에서 공을 치기 직전까지의 동작을 일컫는다. 다운스윙은 백스윙 탑을 할 때 나와 있던 무릎을 제자리로 되돌리는 식으로 하체를 함께 사용한다. 특히 왼발을 잘 밟아서 기울이는 것이 중요하다. 상체는 어깨 회전 없이 팔꿈치가 벌어지지 않도록 주의하면서, 왼팔만 내려주면 매끄러운 스윙이 가능하다.

5단계 - 임팩트(Impact)

다운스윙을 하면서 클럽이 공에 맞는 순간, 목표까지 공이 정확히 날아갈 수 있도록 유도하는 동작이다. 임팩트를 줄 때는 어깨에 최대한 힘을 빼고 순간적으로 회전을 가하면 된다. 이렇게 되면 힙은 자연스럽게 따라 움직인다.

프로들은 이 단계에서 강한 힘을 실어 공을 멀리 보내기도 한다. 이런 스킬은 아마추어들에게 적당하지 않다. 오히려 동작을 망치는 원인이 될 수 있다. 입문자나 초보는 채의 무게를 그대로 느끼며 스윙하는 것이 바람직하다.

6단계 - 팔로우스루(Follow through)

팔로우스루는 임팩트로 인해 원심력이 발생하면서 몸이 저절로 뒤로 돌아가는 상태를 일컫는다. 팔로우스루는 클럽헤드가 타깃 방향을 향해 던져지는 느낌에 가깝다. 이는 몸의 무게중심을 서서히 왼쪽으로 이동시켜 주면서, 임팩트에서 생겨난 힘을 연결하면서 만들어진다.

7단계 - 피니시(Finish)

피니시는 말 그대로 스윙의 전체 동작이 끝났다는 뜻을 지닌다. 피니시 동작은 팔로우스루 구간을 지나서 클럽이 커다란 원을 그리며 스윙을 마무리하는 동작이다. 이때 플레이어는 타깃이 있는 목표지점을 멀리 바라보면서, 끝까지 몸의 균형이 무너지지 않을 정도로만 왼발에 체중을 이동시켜 주면 된다.

골프 스윙의 단계별 자세를 살펴보면, 골프가 얼마나 정교한 운동인지 새삼 느끼게 된다. 어드레스부터 피니시까지, 이론적으로 보면 꽤 복잡한 동작 같아 보인다. 하지만 실제 스윙을 해 보면 이 모든 동작을 연결하는데 채 1분도 걸리지 않는다는 사실을 알게 된다. 그만큼 골프에 있어 스윙이 절대적으로 중요하다는 뜻일 것이다.

실제로 골프 스윙은 나이와 성별, 기술과 실력의 차이에 관계 없이 모든 골퍼들의 숙제가 된다. 골프를 아예 그만 둘 게 아니라면, 스윙 연습으로부터 누구도 자유로울 수 없다는 말이다. 결국 골프 연습은 거의 자세와 스윙이라는 기술적인 부분을 갈고 닦는 과정이 아닐까 싶다.

골프를 치지 않는 사람들의 시선에서 보면, 골프보다 지루한 운동도 없을 것이다. 혼자 연습장에 가서 작은 공 하나를 가지고 수십, 수백 번씩 스윙을 연습하는 모습은 운동이라기보다는 훈련에 가깝다. 똑같은 동작을 계속 반복하는 골퍼들을 보면 '어떤 생각으로 반복된 동작을 연습하는 것일까?' 궁금한 생각이 들기도 한다. 또 다른 궁금증도 생긴다. '날아오는 공도 아니고, 가만히 놓여 있는 공을 치는 게 그토록 어려운 일일까?'하는 질문이다.

골프는 야구나 테니스처럼 빠르게 날아다니는 공을 쳐내는 운동도 아니고, 격렬하게 움직여야 하는 운동도 아니다. 가만히 바닥에 놓여 있는 공을 클럽으로 치는 스윙은 오히려 쉬워보이기까지 한다. 스윙을 할 때마다 자세를 고쳐 잡으며 볼에 집중하는 모습이 사뭇 진지하기까지 한 골퍼들이 유난스럽다는 생각이 드는 것도 사실이다.

이런 질문은 골프를 시작해 보면 저절로 답이 나온다. '죽은 공'으로 하는 게임인 골프는 결코 만만치 않다. 가만히 있는 공이지만 원하는 방향으로 쳐내기란 좀처럼 쉬운 일이 아니다. 그뿐인가 클럽 그립을 꽉 잡고 휘두르면 그만인 줄 알았던 스윙조차 내 마음 같지 않다. 스윙에서부터 진도가 나가질 않으니, 당연히 멋진 퍼포먼스나 좋은 스코어는 기대조차 못하게 된다.

자신의 스윙이 가진 문제점을 확인하고자 골프 레슨을 받고, 잘못된 자세와 스윙을 교정하려고 연습장을 찾는다. 다시 스윙에 자신감이 붙으면 또 마음은 필드를 향한다. 그리고 필드에서 다시 실력의 부족함을 느끼고, 또 스윙 연습을 시작하는 것이 골퍼들의 일상이다.

스윙 연습을 할 때는 ① 방향계획(Direction), ② 스윙모션(Swing Motion), ③ 스윙센터(Swing center), ④ 스윙평면(Swing Plane), ⑤ 스윙아크(Swing Arc), ⑥ 스윙템포와 리듬(Swing Tempo&-Rhythem)의 6가지 원칙을 기억해 둬야 한다.

첫 번째, 방향계획(Direction)이란 자기가 어디로 볼을 칠 것인가? 즉, 볼의 예상 낙하지점을 결정하고 볼을 목표 지점까지 보내기 위하여 계획하고 준비하는 것이다. 방향계획에는 그립(Grip), 에이밍(Aiming), 어드레스(Adress)의 세 가지 요소가 있다.

골프채를 잡는 방법인 그립(Grip)은 클럽 페이스가 볼에 맞는 순간의 클럽페이스 각도에 큰 영향을 준다. 이 각도가 날아가는 '볼의 방향'을 결정하는 것이다. 공이 날아가는 방향에 따라 스퀘어 페이스(Square Face), 오픈 페이스(Open Face), 클로즈 페이스(Close Face) 등으로 나눈다.

두 번째 스윙모션(Swing Motion)은 어깨회전(Shoulder Turn), 체중이동(Weight Shift), 팔뚝 회전(Forearm Rotation), 팔꿈치 동작 등으로 나눠 이해할 수 있다. 볼을 멀리 날리고 싶다면 어깨 회전을 할 때 몸 전체를 사용하는 것이 원칙이다. 스윙의 스피드는 체중은 오른발에서 왼발로 이동하는 과정에서 생긴다. 스윙의 궤도를 따라 생기는 힘과 안정감은 팔의 움직임을 통해 결정되며, 백스윙에서는 오른쪽 팔꿈치, 포워드 스윙에서는 왼쪽 팔꿈치를 정확하게 굽혀 줘야 헤드의 스피드와 타구의 정확도가 올라간다는 내용이다.

세 번째 원칙은 스윙센터(Swing center)다. 골프의 스윙을 중심축에 의해 이동하는 진자운동이나 회전운동으로 보고 중심축이 흔들리지 않도록 고정해야 한다는 원칙이다. 골프는 팔과 클럽의 진자 운동과 상체의 회전운동이 결합된 운동이라는 점을 명심해야 한다. 예를 들면, 중심축이 단단한 스윙은 볼을 치는 순간에 클럽헤드가 어드레스할 때와 같은 방향으로 돌아온다. 이때 스윙센터는 두 어깨의 중앙과 목 아래가 된다.

네 번째 원칙은 스윙평면(Swing Plane)이다. 스윙할 때 양팔과 클럽이 그리는 일정한 평면을 의미하는 말로, 그립에 따른 클럽페이스의 각도로 볼의 방향이 결정된다는 원칙이다. 이 스윙평면은 목표선에 따라 3종류의 궤도가 있다. 목표선을 따라 직선으로 날아가는 ① 인 사이드 인(In side in), 왼쪽으로 날아가는 ② 인 사이드 아웃(In side out), 오른쪽으로 날아가는 ③ 아웃 사이드 인(Out side in)이 여기 속한다. 참고로, 이 세 가지 스윙궤도와 임팩트 시, 클럽 페이스의 각도를 조합하면 총 9가지의 탄도가 나온다.

다섯 번째 원칙은 스윙아크(Swing Arc)다. 즉 스윙할 때 클럽 헤드가 그리는 궤적을 말한다. 스윙아크의 길고 짧음, 스피드는 볼의 비거리에 절대적이다. 그렇다고 비거리를 늘리려고 무리하게 스윙에 힘을 실을 필요는 없다. 이런 행동은 오히려 스윙아크를 망가지게 한다. 비거리를 늘리고 싶다면 헤드 스피드를 올리는 것이 낫다. 헤드 스피드를 2배하면 볼의 비거리도 2배가 된다는 연구결과가 있다. 즉 스윙모션을 원만하게 해서 스윙아크를 크게 하고 스피드를 올리면 자연스럽게 비거리도 늘어난다.

골프 스윙의 마지막 원칙은 스윙템포와 리듬(Swing Tempo&Rhythem)이다. 모든 스포츠에 리듬감이 있는 움직임은 좋은 플레이를 가능케 한다. 골프노 예외는 아니다. 골프 스윙도 백 앤드 스루(Back and though)라는 일정한 리듬과 템포가 있다. 자신만의 리듬과 템포가 있다면 더 좋다. 스윙 시, 리듬과 템포를 갖고 연습하면 더 빠르게 기술을 습득할 수 있다. 때문에 나름의 스윙 리듬과 템포를 찾는 것도 중요하다. 전설의 PGA 골퍼 샘 스니드는 백스윙을 할 때 '샘', 다운 스윙부터는 '스니드'를 마음속으로 외치며 리듬감을 유지하곤 했다고 한다.

여기까지 살펴보면, 골프 스윙이 더 멀게 느껴지는 사람도 있을 것이다. 입문자의 대다수가 골프를 배우기 시작한지 2~3개월이면 골프를 포기한다고 한다. 생각만큼 빠르게 실력이 늘지 않기 때문일 것이다. 그리고 그 중 일부가 돌아와 자세와 스윙을 교정하고, 또 한계를 느끼며 포기했다가 다시 돌아오는 반복을 거듭하며 골프 실력을 쌓아간다고 한다.

사실 골프 스윙에 정답은 없다. 교과서처럼 정형화된 수치에 몸의 동작을 끼워 맞추기 보다는 '그러한 스윙이 가능한 본질적인 이유'를 알고, 자신의 몸에 맞춰 스윙연습을 하는 것이 바람직하다. 예를 들어 '그립은 손목에 긴장을 주지 않으면서, 손과 샤프트 사이에 틈이 생기지 않게 견고하게 잡는 것'이 원칙이라면, 그립을 잡는 정석적인 방법 즉, 손가락의 위치나 모양, 각도의 미세한 차이는 크게 중요하지 않다는 것이다.

좋은 스윙은 편안한 자세와 마음에서 나온다. 프로선수들을 롤모델로 연습하는 것은 좋지만, 마치 그들의 자세와 스윙을 교과서인 것처럼 여기며 사소한 것 하나까지 엄격히 복제하려는 태도는 옳지 않다는 말이다. 오히려 자신에게 맞는 스윙을 몸에 맞게 연마하는 것이 올바른 골프 스윙이 아닐까 한다.

골퍼들의 고민과 슬럼프

골프를 치다보면 수많은 어려움을 경험한다. 처음 골프에 입문했을 때의 가벼운 마음은 온데 간데 없다. 채로 공을 치는 간단한 게임은 골퍼들에게 늘 새로운 숙제를 준다.

입문자가 필드에 나갈 정도의 기본기를 배우는 것이 목표라면, 백돌이를 면코자 노력하는 초급자도 있을 것이다. 프로라고 해서 사정이 크게 다르지는 않다. 오히려 더 많은 고민 속에서 답을 찾지 못하고 방황하고 있을지도 모를 일이다.

골프는 알면 알수록 어려운 스포츠다. 한 단계씩 나아갈 때마다 새로운 난관도 함께 생겨나는 탓에 매번 자기 실력의 부족함을 느끼게 하는 운동이기도 하다. 막연히 공만 잘 맞추면 된다고 생각하고 시작했지만, 그 '공만 잘 맞추기'가 결코 쉽지 않다. 이렇게 잡힐 듯 잡히지 않는 골프의 매력은 골퍼들의 도전정신을 자극하기에 부족함이 없다.

많은 골퍼들은 나아지지 않는 자신의 실력을 고민한다. 그래서 자세부터 스윙까지 세세하게 자신을 분석하고 문제점을 찾으려 애쓴다. 그리고 그립을 잘 잡으면, 스윙을 교정하면, 장비를 바꾸면, 어드레스 자세를 제대로 하면 등 수많은 이유를 찾아가며 골프 연습장을 찾고 주말필드를 누비며 골프와 사랑에 빠져 지낸다. 하지만 생각만큼 쉽게 컨트롤되지 않는 상황에 좌절하고, 좀처럼 개선되지 않는 실력에 답답함을 느끼는 이들이 적지 않다.

완벽한 짝사랑에 빠진 골퍼들은 '나만 왜 이럴까?' 자책을 하기도 하고, '연습하면 극복할 수 있어'라고 열정을 불태우며 연습에 매진한다. 하지만 골퍼들의 고민은 결코 끝나지 않는다.

산 넘어 산이라고 또 다른 고민거리가 기다리고 있을 뿐이다.

이런 이유로 누군가는 골프 실력은 타고난 재능의 영역이라고 말하기도 한다. 또 다른 누군가는 어렸을 때부터 골프를 시작하는 것이 더 중요하다고도 말한다. 정답은 아무도 모른다. 국제대회에 출전한 프로선수들을 보면, 일찍이 골프에 재능이 있었던 경우도 있고 아주 어렸을 때부터 자연스럽게 골프와 친해졌다는 경우도 있다. 결론은 선천적 재능이든, 후천적 노력이든 골퍼들은 끊임없이 자신의 부족함을 고민하고 이를 개선하기 위해 노력을 멈추지 않았다는 것이다.

골퍼들의 고민은 의외로 다양한 곳에서 생겨난다. 골프가 단순히 자세와 스윙만으로 완성되는 운동이 아니라는 반증이 될 것이다. 그렇다면 골퍼들은 어떤 실수를 하고, 어떤 고민을 할까? 우선 초보 골퍼들이 흔히 겪는 실수와 고민을 살펴보자.

지나치게 생각이 많다
우선 초보들은 지나치게 생각을 많이 한다. 초보자 중에는 모든 샷, 특히 퍼팅을 할 때마다 너무 과도하게 고민하는 사람들이 있다. 이들은 여러 각도에서 라이를 읽고 수차례 연습스윙을 반복하는 등 준비시간을 길게 끈다. 스스로는 이러한 행동이 신중한 판단을 위한 고민이라고 생각할지 모르지만 오랜 준비시간은 오히려 독이 될 수 있다. 빠른 판단력과 실행력도 골퍼의 자질이다. 차라리 연습을 더 열심히 하면서 자신의 실력을 늘리는데 집중하는 것이 바람직하다.

자신의 거리를 잘 모른다

80~100대에 머무르는 골퍼들에게서 자주 발견되는 현상이다. 생각보다 많은 초보자들이 자신의 거리를 잘 모른다. 또 거리를 계산할 때 오르막이나 내리막 등의 지형을 생각하지 않는 경우도 많다. 핀까지 남은 거리만 생각해서 벙커나 위험지역 등의 위험을 못 피하는 경우도 있다. 우선 골프 실력이 늘고 싶다면 자신의 거리를 정확이 알아야 한다. 또 평지에서 자신의 거리를 안다면, 경기장의 지형적 특성까지 고려해 클럽을 잡아야 한다.

스윙템포가 갑자기 빨라진다

구력이 짧은 초보일수록 일관된 스윙템포를 유지하기 어렵다. 몸이 긴장된 데다 심적 여유도 없다보니 몸에 힘을 빼지 못하고 스윙을 하기 때문이다. 만일 이런 증상이 고민이라면 최대한 심호흡에 집중하면서 백스윙에서 숨을 들이마시고 다운스윙에서 숨을 뱉는 연습을 하는 것이 도움이 된다.

비거리에 대한 잘못된 환상을 가지고 있다.

최대 비거리를 평균 비거리로 착각하는 초보들이 많다. 누군가 자신의 드라이브샷 비거리를 묻는다면 샷의 '최댓값'이 아니라 '평균값'을 알려줘야 한다.

자신의 미스샷의 특성을 잘 모른다

미스샷은 80~90대 골퍼들에게 흔하게 나타난다. 미스샷은 아예 차단할 수는 없지만, 적어도 일관된 방법과 방향이 있어야 한다. 하지만 골퍼들에게 미스샷을 물어보면, 자신의 미스샷에 대해 잘 알지 못하는 경우가 많다. 이들은 어떤 샷을 어떻게 쳤는지 대답한다. 하지만 핸디캡을 낮추기 위해서는 샷 자체가 좋았는지 여부가 아니라, 미스샷이 발생했을 때 주로 공이 어디로 향하는지 아는 것이 더 중요하다.

배드샷을 한 후 침착함을 잃는다

골프는 '멘탈게임'이라는 말을 들어 봤을 것이다. 경기 시작부터 끝까지 볼을 치는데 만 집중해야 하는 운동으로 어떤 상황에도 침착함을 잃어서는 안 된다. 하지만 초보골퍼들은 좋지 않은 샷이 나오면 의기소침해 하거나 경기에 집중하지 못하고 과장된 반응을 하는 일이 흔하다. 핸디캡이 낮은 골퍼들은 배드샷을 하고 난 뒤, 침착함을 유지하려고 노력한다. 그리고 다시 똑같은 실수가 발생하지 않도록 왜 이런 샷이 나왔는지 차분하게 분석하려고 애쓴다.

보기를 목표로 하지 않는다.

공을 치기 힘든 곳이나 풀 스윙이 어려운 곳으로 향했다면 우선 페어웨이에 공을 먼저 꺼내, 치기 쉬운 위치에서 공을 치는 것이 바람직하다. 하지만 많은 초보골퍼들이 발생한 피해를 복구하려고 무리해서 샷을 한다.

연습이 부족한 상태에서 다양한 시도를 한다.

골퍼들 중에는 충분한 연습 없이 고난이도 샷에 도전하거나 완벽한 샷에 집착하는 경우가 있다. 우리가 가장 흔히 하는 실수 중 하나로 '버디퍼팅을 지나치게 공격적으로 시도하는 것'을 예로 들 수 있다. 버디 퍼팅을 앞두고 '버디를 넣겠다'는 생각으로 공을 친다. 하지만 골퍼가 충분히 연습된 상태가 아니라면 '제대로 된 퍼팅 스트로크를 해내겠다'는 식으로 생각을 고쳐야 한다. 그래야 버디할 확률도 올라간다.

이 밖에도 초보골퍼들의 고민은 다양하다. 그린 위에서 뒷땅과 토핑이 발생하지 않게 하려면 어떻게 해야 하는지, 벙커샷을 할 때 클럽 헤드는 어떤 방향을 향해야 하는지 등 초보골퍼들의 잘못된 습관과 고민거리는 마르지 않고 샘솟는다.

그렇다고 중급자 이상의 골퍼들에게 고민이 없다는 말은 아니다. 모든 골퍼들에게는 각자의 고민이 있다. 아무리 열심히 기본기를 닦아도 실전에 서면 감을 잡기가 어렵고, 이제 좀 감이 잡힌다 싶다가도 다시 초보자로 돌아온 것 같은 기분을 안겨주는 운동이 골프다.

실제로 골프는 매번 스코어나 난이도가 달라질 수 있다. 같은 코스에서 라운딩을 하더라도 날씨와 시간대에 따라 난이도가 달라진다. 모든 조건이 똑같은 경기장이라 해도 상황은 크게 달라지지 않는다. 외부 환경 요인이 비슷해도 골퍼의 컨디션에 따라 경기 결과가 바뀔 수 있기 때문이다. 어쩌면 골프 실력이 좋다는 것은 어떤 상황과 환경에서도 일정한 수준의 실력을 발휘할 수 있는 능력이 있다는 이야기일지도 모르겠다.

예측불가의 골프 실력 때문에 스트레스를 받는 것은 비단 초보 골퍼만은 아니다. 실제로 평생 골프를 쳐 온 프로골퍼들도 어느 날 갑자기 슬럼프에 빠져 괴로운 시간을 보내는 경우가 허다하다. 또 이들 중에는 슬럼프를 극복하지 못하고 아예 골프계를 떠나는 이들도 있다. 반대로 실적이 저조했던 프로골퍼가 특정 경기에서 선두로 활약하며 놀라움을 자아내기도 한다.

골프는 기복이 심한 스포츠다. 세계적인 명성의 프로선수라 해도 경기 당일 컨디션에 따라 경기력이 달라지고, 날씨와 계절 등 외적 변수에 따라 스코어가 완벽하게 달라질 수도 있다. 때문에 프로 골퍼들은 자신의 단점을 보완해 줄 티칭 프로와 함께 꾸준히 쉬지 않고 연습을 한다. 이때 티칭 프로는 골프의 기술적 문제점을 바로 잡아줄 수 있는 뛰어난 실력은 물론 함께 운동하는 프로선수와 마음이 잘 맞는 사람이어야 한다. 이 둘은 한 팀이 되어 새벽부터 일어나 연습을 반복한다.

프로 골퍼들의 고민거리 중 하나는 멘탈관리다. 평생 골프를 쳐온 프로들에게 나타나는 문제점은 대부분 심리적인 영향을 많이 받는다. 평소 잘 치던 샷이 안 된다거나, 경기에 집중하지 못해서 괴로워하는 모습 등은 모두 심리적인 문제 즉, 멘탈의 영역에 포함된다고 볼 수 있다. 평소 변화나 예상치 못한 변수에 취약한 사람이라면 당황하지 않고, 차분히 상황에 대처하는 임기응변의 능력을 키워야 할 것이다. 크고 작은 변화에 일일이 반응하고 흔들리는 멘탈이라면 절대로 좋은 성적을 낼 수 없다.

프로골퍼들이 가진 대표적인 고민거리는 바로 '슬럼프(Slump)'다. 슬럼프는 본래 실력을 발휘하지 못하는 부진 상태가 장기간 이어지는 것을 말한다. 슬럼프는 어떤 분야에서든 누구에게나 찾아올 수 있지만 특히 스포츠 선수들의 슬럼프가 가장 유명하고 또 심각하게 거론된다. 골프도 다르지 않다. 프로든 아마추어든 오래 골프를 치다 보면 한 번씩 슬럼프가 찾아온다.

만일 슬럼프가 짧게 지나갔다면 그것은 슬럼프가 아니다. 골퍼의 컨디션 난조에 의한 실수라고 부르는 것이 옳은 표현일 것이다. 실제 슬럼프는 대부분 장기간 이어진다. 이러한 슬럼프가 문제가 되는 이유는 긴 시간 때문이 아니다. 슬럼프가 문제가 되는 가장 큰 이유는 대부분의 슬럼프가 프로골퍼 본인의 연습이나 노력과는 별개로 나타난다는 것이다.

연습량도 충분하고 훈련도 꾸준히 받으면서, 자주 라운딩을 나가는데도 실력이 제자리걸음을 면치 못하거나 오히려 더 나빠졌다면 어떨까? 또 이런 현상이 한 달 이상 계속 이어진다면 '슬럼프가 왔다'고 봐도 무방하다. 이들에게 대체 왜 슬럼프가 생겼을까?

슬럼프는 부상, 부상 후유증, 체력 저하, 정신적 충격 등의 원인에 의해 발생한다. 하지만 원인이 불분명한 유형의 슬럼프도 적지 않다. 피지컬보다 멘탈이 원인인 경우가 더 많다.

잭 니클라우스는 "골프의 구성요소는 50%의 멘탈, 40%의 셋업, 10%의 스윙이다"라고 말했다. 골프의 50%는 멘탈이라니 의외가 아닐 수 없다. 그만큼 멘탈은 중요하다. 멘탈이 흔들리면 곧바로 경기력에 영향을 미칠 수 있기 때문이다.

그럼, 골프 슬럼프는 어떤 것들이 있고, 각각의 원인은 무엇일까? 골퍼들에게 자주 나타나는 슬럼프의 대표적인 유형을 몇 가지 살펴보면, 아래와 같다.

입스
입스(Yips)는 불안이나 긴장 등의 이유로 몸이 뻣뻣하게 굳어지는 현상이다. 정신적인 부담 때문에 신체에 이상이 생기는 복합적인 증상이다. 골프에서 나타나는 입스는 주로 스윙 전에 샷 실패에 대한 두려움이 원인이 되어 생겨난 불안이 경기력을 떨어뜨리는 현상으로 정의할 수 있다. 입스를 겪는 골퍼는 근육 경련, 근육 긴장, 감각 상실 등이 발생해 터무니없는 실수를 저지르거나, 경기를 포기하기도 한다.

골퍼가 경기 중 한 번 입스를 겪었다면 이는 장기간 슬럼프로 이어질 확률이 높다. 경기에 대한 불안감으로 입스가 나타나고, 이로 인해 경기력이 더 떨어지고, 다음 경기에서 또 불안에 떠는 악순환이 반복될 수 있다는 뜻이다.

멘탈 문제

멘탈의 문제는 슬럼프의 주된 원인이다. 그만큼 많은 선수들에게 빈번하게 나타나는 증상이다. 멘탈 문제로 인한 슬럼프는 크게 원인이 명확한 멘탈 슬럼프와 원인이 불분명한 멘탈 슬럼프로 나눌 수 있다. '둘 중 어떤 것이 더 힘들고 덜 힘드냐' 하는 문제를 따질 이유는 없지만, 원인을 모르는 멘탈 슬럼프가 조금 더 막연한 것은 사실이다.

멘탈 문제로 인한 슬럼프는 타이거 우즈와 박세리가 대표적인 사례다. 타이거 우즈는 '사생활 논란'이라는 명확한 원인이 있는 멘탈 문제로 슬럼프를 겪었다. 반면 박세리는 '원인이 뚜렷하지 않은 멘탈 슬럼프'를 경험했다. 박세리는 당시 상황에 대해 '원인을 찾을수록 최악으로 달려갔다'라고 토로한 바 있다.

분석에 의한 마비

분석에 의한 마비 또는 '분석마비'라고 불리는 이 슬럼프는 몸이 생각을 따라주지 못해 나타나는 현상이다. 이는 주로 스윙 동작을 완벽하게 구사해야 한다는 강박적 집착에 의해 나타난다. 즉 자신의 머릿속에 그려지는 완벽한 동작을 분석하고 그대로 따라 하려다가, 오히려 스윙동작이 더 나빠지거나 부자연스러운 스윙이 나오는 상황을 일컫는다.

이런 일이 생기면 당연히 경기력이 떨어지고 스코어도 나빠지기 쉬운데, 그 원인이 '지나친 분석과 완벽을 추구하는 생각' 때문임을 모르는 경우가 태반이다. 오히려 연습 또는 분석 부족을 탓하며 더 많이 생각하며 스윙을 교정하려다가 실력이 더 나빠지게 되는 악순환을 반복하는 것이다.

신체 문제
신체 문제로 슬럼프의 원인이 된다. 신체 문제를 유발하는 가장 큰 원인은 과도한 연습이다. 골프는 정적인 운동처럼 보이지만 신체에 부담이 큰 운동이다. 온 몸을 이용해 수 십 번씩 클럽을 휘둘러야 하는 탓이다. 평소 기초 체력과 신체 능력을 가진 사람이라도 과도한 연습으로 계속 해서 체력을 소모시킨다면 신체 손상은 피할 길이 없다. 이렇게 과도한 훈련으로 몸을 혹사시키고 신체 회복을 소홀히 한다면 몸 상태는 점점 나빠져 슬럼프로 이어질 수 있다.

또 다른 신체 문제에 의한 슬럼프는 '노화'다. 노화로 인해 신체 능력이 떨어진 것에 적응하지 못하면서, 자신이 가진 신체 능력 이상으로 실력이 저하되며 슬럼프가 된 유형이다.

장비 교체
골프 장비를 교체한 뒤, 경기력이 떨어지고 좀처럼 원래 실력이 돌아오지 않는다면 '장비 교체에 의한 슬럼프'를 고려해

봐야 한다. 장비가 바뀌면서 나타나는 이런 유형의 슬럼프는 프로는 물론 아마추어에게도 나타난다. 대표적인 사례가 PGA 출신 골퍼 짐 퓨릭이다. 1992년 프로로 데뷔한 후, 2010년 커리어 하이를 맞이한 그는 장비를 바꿨다가 긴 슬럼프를 겪었고, 장비 교체가 슬럼프의 원인이 될 수 있다는 사실을 알리는 계기가 됐다.

아마추어부터 프로까지 누구에게나 골프는 어렵고 까다로운 스포츠다. 경기를 치르는 동안 플레이어들은 신체적, 정신적 압박을 동시에 받는다. 4~5시간 정도 장시간에 걸쳐 몸의 긴장이 유지됨은 물론 매순간 달라지는 상황에 대처하는 정확한 판단과 섬세한 기술을 선보여야 하기 때문이다.

볼 하나를 치는데도 여러 가지 외부 환경이 변수로 작용하는 만큼, 어디서나 적용할 수 있는 완벽한 자세나 스윙은 존재하지 않는다고 볼 수 있다. 오스트리아 골퍼 마티아스 슈왑(Matthias Schwab)의 '골프는 결코 완벽할 수 없는 스포츠다. 하지만 이런 점이 나를 계속 매료시킨다. 나는 골프를 하면서 더 개선하고 발전시킬 부분을 발견한다'라는 말이 잘 설명하고 있다.

골프를 칠 때마다 자신의 자세나 스윙의 궤도, 볼이 나가는 정도 등이 마음에 들지 않아 고민이라면 이는 지극히 자연스러운 훈련의 과정이라고 생각하는 편이 낫다. 아마추어든 프로골퍼든 고민이 있다는 것은 더 나은 방향으로 성장하고 있다는 증거다. 오히려 문제점을 찾지 못한 골퍼들이 문제일 수도 있다.

다시 반복하지만 골프 실력을 향상시키는 유일한 방법은 연습뿐이다. 세계적인 명성의 프로골퍼들도 매일 기본기를 다지며 골프 실력을 키우고, 흔들림 없는 멘탈을 단련하는 노력을 멈추지 않고 있다.

이렇게 노력을 하는데도 좀처럼 실력이 나아지지 않는 슬럼프를 겪고 있을 때도 마찬가지다. 중요한 것은 성실한 태도로 자세와 마인드를 교정하는 것이다. 그리고 이 과정에서 수시로 찾아오는 마음의 출렁임을 잔잔하게 다스릴 수 있는 능력까지 키운다면 금상첨화라 할 것이다.

골프 연습을 해도 실력이 늘지 않는다고 쉽게 좌절하고 포기하지 말자. 골프에서 닥친 위기를 극복하는데 성공한 경험은 우리가 인생을 살아감에 있어서도 커다란 재산이 될 것이다. 자신의 마음을 스스로 다스리고, 자신과의 싸움에서 승리하는 것이야 말로 '골프의 핵심 기술'이니 말이다.

스코어를 줄이는 골프 노하우

골프의 기본기를 익히고 라운딩에 자신감이 붙기 시작하면 자연스럽게 관심이 '스코어'로 쏠리게 된다. 자세와 스윙을 교정하고 꾸준히 연습하는 까닭도 결국은 좋은 점수를 얻기 위한 노력이니 지극히 자연스러운 일이다.

골프는 스코어가 낮을수록 유리한 운동이다. 공을 홀에 넣기까지 채로 공을 몇 번 쳤느냐로 승부를 내는 스포츠기 때문이다. 그래서 골프는 타수가 적을수록, 스코어가 낮을수록 '실력 있는 골퍼'라는 소릴 듣는다. 한 골이라도 더 넣어서 점수를 많이 얻어야 이기는 다른 구기 종목과 다른 골프만의 특별함을 한 번 더 확인할 수 있는 부분이다.

골프의 스코어가 낮다는 말은 '실력이 뛰어나다'는 뜻이다. 골프 실력은 공을 목표 지점에 보내는 정확도가 뛰어남을 의미한다. 공의 정확도가 올라가려면 당연히 스윙을 잘 해야 하고, 좋은 스윙은 정확한 자세와 올바른 그립을 잡는데서 비롯한다는 말이 된다. 결국 스코어를 줄이려면 정확한 기초 훈련과 부지런한 연습으로 기초부터 스윙까지 모든 동작을 정확히 해야 한다는 것이다.

하지만 골프를 치다 보면, 아무리 연습을 해도 골프 타수가 줄지 않아 답답함을 느끼는 시기가 한 번씩 찾아온다. 노력에도 불구하고 실력이 늘지 않는 이유는 무엇일까? 여러 가지 이유가 있겠지만 그립을 잡는 방법이나 어드레스, 스윙과 자세 등 어딘가 잘못된 점을 고치지 못하고 있을 확률이 높다.

만일 기술적인 부분에 특별한 문제가 없다면 아주 기본적인 것부터 경기력을 높여주는 노하우와 전략을 배우고 실천해 봐도 좋겠다.

몸에 힘을 빼자
골프를 쳐 봤다면 '몸에서 힘을 빼는데 3년은 걸린다'라는 말을 들어 본 적이 있을 것이다. 스윙이 매끄럽지 못하거나 공이 잘 맞지 않을 때 역시 '몸에서 힘을 빼라'라는 조언을 듣게 된다. 몸에 힘을 빼는 것이 중요한 부분 같지만, 골프에서 말하는 '힘 빼기'가 무엇인지, 왜 필요한지 그 까닭을 모르는 골퍼들이 적지 않다.

골프 스윙에서 힘을 빼려면 코어를 잡아야 한다. 코어 근육을 중심으로 스윙하면 원심력의 영향을 받지 않고 정확한 스윙이 가능하다. 그렇다면 코어는 어떻게 잡아야 할까? 답은 간단하다. 유연성과 체력을 기르고, 올바른 자세를 유지해 몸의 중심축을 단단히 잡아 주면 된다.

올바른 자세로 연습하면 몸에 힘이 빠진다. 특히 올바른 그립과 어드레스는 긴장해서 굳은 몸을 부드럽게 만들어 준다. 이때 그립은 손바닥이 아니라 손가락으로 단단히 잡아 줘야 한다.

쇼트게임을 공략하라

골프는 롱 게임(Long game)과 쇼트 게임(Short game)으로 나누어 이야기한다. 롱 게임이 적은 스트로크로 그린에 가깝게 공을 날려 주는 역할을 한다면, 쇼트게임은 스코어를 줄일 수 있는 기회라고 생각하면 이해하기 쉽다.

쇼트게임은 그린 근처나 그린 안에서 만들어지는 샷을 의미한다. 이는 일반적으로 퍼트 칩(Putt Chip), 레귤러 칩(Regular Chip), 피치(Pitch), 로브(Lob), 벙커(Bunker) 샷 그리고 퍼팅(Putting)으로 구분한다.

퍼팅만 잘해도 스코어가 줄어 든다

빠른 시간 안에 타수를 줄이고 싶다면 퍼팅 연습에 집중하는 것도 방법이다. 퍼팅이란 그린에 놓인 공을 홀컵에 넣기 위해 스트로크하는 행위를 일컫는다. 언뜻 보면, 무척 단순한 동작이라고 생각하기 쉽다. 그러나 퍼트는 알수록 어렵고 복잡하다. 잘못된 드라이브샷은 만회할 수 있지만 실패한 퍼팅은 돌이킬 수 없다. 그만큼 신중을 기해야 한다는 이야기가 된다. 세계적인 경기에서도 퍼팅으로 승부가 결정되는 경우가 많다.

퍼팅은 골프 스코어링에서 43%를 차지할 정도로 널리 쓰이지만, 퍼팅만 연습하는 골퍼는 거의 없다. 스코어를 줄이는 제일 빠른 방법은 집중적으로 퍼팅연습을 하는 것이다. 프로든 아마추어든 퍼팅이 좋아지면 스코어도 조금씩 나아진다. 골프

사진출처: Unsplash의 Mick Haupt

성인이라 불리는 보비 존스는 '골프에서 퍼팅은 게임 안의 게임'이라고 했다. 그만큼 퍼팅이 중요하다는 말이다.

퍼팅은 멘탈이 90%, 기술이 10%라고 할 만큼 심리적인 안정이 중요하다. 때문에 공을 칠 때도 호흡을 차분히 가다듬으며 무조건 홀에 공이 들어간다는 생각으로 공을 쳐야 한다. 단 공을 칠 때는 긴 거리든 짧은 거리든 항상 일정한 리듬을 유지하도록 노력해야 한다.

스윙에도 반드시 복습이 필요하다

골프 스윙은 3만 번의 반복된 연습 끝에 온전한 내 것이 된다고 했다. 골프 레슨을 받고 배운대로 몇 번 스윙을 해 본다고 그것이 자기 실력이 되지 않는다는 것을 명심해야 한다. 3만 번까지는 못해도 최소한 몇 천 번은 스윙 연습을 하고 나서, 연습의 효과를 가늠해도 늦지 않다.

골프는 좋은 레슨 프로를 통해 전문적인 교육을 꾸준히 받는 것도 중요하지만, 레슨 중 배운 이론과 실전을 집에 와서도 반복적으로 연습하는 것이 더 중요하다. 스윙 연습은 결국 올바른 자세를 반복해 연습하면서 그 동작을 몸이 완전히 기억하도록 만드는 과정이라는 사실을 잊지 말자.

호흡을 통한 긴장과 이완을 적절히 활용하라

골프도 적절한 긴장과 이완이 필요하다. 긴장과 이완은 몸과 마음에 거의 동시다발적으로 일어난다. 예를 들어 티샷을 하기 전에 양쪽 어깨를 돌려 긴장을 풀거나 호흡을 가다듬으며 몸의 긴장을 풀어주는 것은 긍정적인 의미의 이완이다. 그렇다고 이완상태가 무조건 옳은 것은 아니다. 고도의 집중력을 요구하는 퍼팅이나 칩샷을 할 때는 적당한 긴장감이 긍정적인 요소로 작용한다. 이렇듯 골프는 심신의 긴장과 이완을 필요에 따라 적절히 사용할 줄 알아 하는 운동이다.

긴장과 이완을 적재적소에 활용하려면 우선 긴장과 이완을 조절하는 방법을 알아야 한다. 그 방법은 호흡이다. 타이거 우즈는 자신의 저서 《나는 어떻게 골프를 치는가》를 통해 '나는 중요한 샷을 하기 전에 길고 깊은 호흡으로 긴장을 푼다'라고 했다. 실제로 깊은 호흡은 우리 몸에 더 많은 산소를 제공하고 몸 속 이산화탄소의 배출을 도와 긴장된 몸을 이완시켜 준다.

만일 라운딩 중 불안을 느끼거나 호흡이 빨라진다면 몸이 긴장하고 있다는 신호다. 이런 호흡은 보통 가슴에서 비롯한 것이다. 복식호흡과 달리 가슴호흡은 긴장을 유발한다. 이럴 때는 천천히 숨을 들이마신 후 10초 정도 숨을 멈추며 몸의 긴장을 느낀다. 그리고 심신의 긴장을 밖으로 내보낸다는 생각을 하며 입으로 길고 천천히 숨을 뱉어 준다. 이것이 바로 '이완 호흡법'이다.

이 밖에도 호흡은 골프 스윙에도 쓰인다. 좀 더 정확히 말하자면 스윙의 효율을 위해 의식해서 호흡을 조절해야 할 때도 있다는 말이다. 골프에서는 좋은 루틴이나 부드러운 스윙을 위해 의식적으로 호흡을 하거나 호흡을 생략해야 한다.

예를 들어 백스윙을 할 때 숨을 들이마시면 몸이 경직돼 몸의 회전에 제약이 생긴다. 또 다운스윙 시, 숨을 내뱉고 힘을 빼면 일정한 스윙을 가져가는데 방해가 될 것이다. 이상적인 호흡은 어드레스 100%의 숨을 들이 마신 후 50%를 내뱉고, 나머지 50%의 숨으로 백스윙부터 피니시까지 동작을 연결해 주는 것이다. 이런 호흡법은 수시로 숨을 마시고 내뱉으면서 생기는 몸의 움직임을 없애줘 불필요한 동작들이 줄어들게 된다.

이렇게 골프 스코어를 줄이는데 도움이 되는 노하우를 알아 봤다. 이 밖에도 타수를 줄이고 스코어를 낮추는 방법은 수없이 많이 존재할 것이다. 또한 위의 방법들이 스코어를 줄이는데 절대적인 영향을 미치지 못할 수도 있다. 골프라는 운동이 가진 수많은 변수가 어떻게 작용할지 알 길이 없기 때문이다.

한 가지 확실한 것은 골프는 자신의 성향과 스윙 스타일에 맞는 레슨 프로의 도움을 받으며 끊임없이 연습해야 자연스러운 자세를 가질 수 있는 스포츠라는 것이다. 또한 골프는 그립이나 스윙과 같은 기술적인 동작뿐만 아니라. 리듬과 템포를 가졌을 때, 적절한 호흡법을 의식적으로 활용할 수 있을 때, 심신의 긴장과 이완을 조절할 수 있을 때 더 빠르게 발전할 수 있다는 것을 명심해야겠다.

05
호흡과 골프

 '골프를 잘 치려면 숨을 잘 쉬어야 한다'라는 말이 있다는 가정 하에 이야기를 시작해 본다. 처음 이 이야기를 들으면 '도 대체 골프와 호흡이 무슨 연관성이 있길래?'라며 고개를 갸우뚱하는 사람들도 있을 것이다. 단순하게 생각하면 골프는 호흡과 아무 연관성이 없어 보인다. 그러나 골프에 대해 조금만 알게 되면 호흡이 골프 실력의 향상에 많은 영향을 미친다는 사실을 알게 될 것이다.

 호흡은 골프에 있어서도 중요한 역할을 한다. 첫 번째는 호흡이 심신 안정에 결정적인 영향을 미친다는 점이다. 앞서 여러

번 언급했지만 골프는 고도의 집중력과 판단력을 요하는 스포츠로 심리적 안정감이 무척 중요하게 여겨진다.

흔히 말하는 멘탈이 무너지면 경기에서 좋은 성과를 낼 수 없다. 골퍼들은 항상 심신의 안정을 도모하며 좋은 컨디션을 유지하려고 하는 이유가 바로 이것이다. 이때 호흡은 불안이나 긴장, 초조함 등에 의한 긴장감을 빠르게 진정시켜 주고, 조절해 주는 역할을 한다.

또한 호흡은 골프의 꽃이라 불리는 스윙에도 영향을 미친다. 올바른 그립과 어드레스를 갖췄어도 호흡이 제대로 이뤄지지 않으면 스윙은 망가진다. 중급 이상의 골퍼들이 자신만의 호흡 루틴을 만들고, 스윙에 도움이 되는 호흡법을 인터넷으로 검색해 보는 까닭도 결국은 이상적인 스윙을 완성하기 위해서다.

골프 스윙의 효율을 높여주는 리듬과 템포도 호흡에 의해 정해진다. 자신만의 박자로 리듬을 정하고 속으로 '골~~프'라고 외친다고 가정해 보자. 이 리듬에 맞춰 숨도 잠시 멈췄다가 내뱉는다는 사실을 확인할 수 있을 것이다. 이처럼 호흡은 골프를 칠 때도 영향을 미친다.

그렇다면 호흡이란 무엇이고, 골프를 칠 때 어떤 역할을 하는지 천천히 알아보자.

호흡이란

'호흡'은 산소를 들이마시고 이산화탄소를 내보내는 가스교환을 말한다. 생물들은 이러한 호흡을 통해 유기물을 분해하고 생활에 필요한 에너지를 얻는다.

우리가 흔히 사용하는 '호흡'이라는 말은 외호흡, 즉 폐호흡을 의미한다. 코나 입으로 숨을 쉬어 들어온 산소는 폐포에서 모세혈관으로 전달되고, 혈관을 타고 심장을 거쳐 온몸의 세포로 전달된다. 세포들이 산소를 공급받고 내보낸 노폐물인 이산화탄소는 반대로 모세혈관에서 폐포로 이동한다. 또 다른 호흡으로는 세포호흡을 의미하는 내호흡이 있다. 폐에서 받아들인 산소를 우리 혈액 속 적혈구의 헤모글로빈이 세포 내 미토콘드리아로 운반하고, 미토콘드리아에서는 산소를 이용해 포도당과 같은 영양분을 분해시켜 에너지를 얻고, 대사의 결과물인 이산화탄소는 세포 밖으로 배출한다.

내호흡이 멈추면 산소를 공급받지 못한 세포는 금세 죽어버린다. 외호흡은 의식적으로 잠깐 멈출 수 있지만, 수 분 이상 멈추면 목숨을 잃게 된다. 때문에 호흡을 멈춘다는 의미의 '숨을 거두다'라는 표현은 곧 죽음을 뜻한다. 살아있다는 것은 곧 숨을 쉰다, 호흡한다는 뜻이다.

이처럼 기본적으로 생명을 유지하는 것 외에도 '호흡'의 기능은 매우 다양하다. 들이마시고 내시는 호흡을 조절함으로써 우리 몸과 마음의 상태에 변화를 가져올 수 있으며, 다른 이들과의 상호작용 양상도 변화시킬 수 있다.

평소 숨을 쉬는 것을 일일이 인지하지는 않지만 예로부터 우리 조상들도 호흡의 중요성에 대해서는 충분히 인지하고 있었다. 때문에 호흡과 관련된 다양한 표현들을 쉽게 찾아볼 수 있다. 몇 가지 살펴보자면, '숨이 가쁘다'라는 것은 매우 급박한 상태에 있어 숨이 차고 호흡이 빨라진 상태를 말한다. '숨을 고르다'라는 말은 반대로 호흡을 가다듬고 잠시 여유를 가진다, 잠시 멈춘다는 의미를 가진다. '호흡을 맞추다'라는 표현은 다른 사람과 일을 할 때 서로의 행동이나 의향을 잘 알고 처리해 나간다는 뜻이다. '호흡이 잘 맞다'는 서로 마음, 의견, 행동방식 등이 척척 잘 맞는다는 의미로 쓰인다.

마음이 편안하고 안정적일 때는 호흡도 편안하고 느긋하다. 긴장될 때는 얕고 빠른 호흡을 하게 되고, 화가 날 때는 거칠고 불규칙한 호흡을 하게 된다. 내 몸과 마음의 상태가 곧 호흡에 반영되는 것이다. 이를 역으로 이용해 호흡으로 심리 상태를 어느 정도 조절하는 것이 가능하다. 긴장되거나 화가 날 때 숨을 깊게 들이마시고 천천히 내쉬는 심호흡을 하면 마음을 좀 더 편안하게 만들 수 있고 경직된 몸도 차분히 이완된다.

누군가와 대화를 하거나 함께 일을 할 때, 상대방의 호흡을 면밀히 살펴 이에 맞추거나 조절할 것을 요청함으로써 보다 원만하게 관계를 지속하는 것도 가능하다. 예를 들어 상대방이 지나치게 빠른 호흡을 하고 있다면 긴장, 조급함을 느끼고 있음을 감지할 수 있으며 적절한 대응을 할 수 있다. 이러한 호흡의 변화를 감지하지 못하는 사람이라면 눈치가 없다, 소통이 잘 되지 않는다는 말을 듣게 될 것이다.

이처럼 호흡이 우리 몸과 마음의 상태, 그리고 타인과의 상호작용에 이르기까지 미치는 영향이 막대하기에 운동선수들이나 명상가들은 호흡을 다루는 데 많은 노력을 기울인다. 꾸준한 호흡 훈련을 통해 적절한 긴장과 이완을 유지하도록 하고, 자칫 호흡이 흔들려 중요한 순간에 실수로 이어지지 않도록 예방하며, 바람직한 호흡 방법을 전수하기도 한다.

지금 내가 어떻게 숨을 쉬고 있는지를 가만히 인지해 보는 것만으로도 여러 잡념이 사라지고 현재의 나에게 오롯이 집중하는 효과를 얻을 수 있다. 자신감을 떨어트리게 만드는 과거의 실수들, 그리고 알 수 없는 미래에 대한 불안들을 잊고 바로 지금에만 충실할 때, 내가 갈고 닦은 모든 것들을 100% 발휘할 수 있게 된다. 이러한 방법은 멘탈 스포츠라고도 불리는 골프에서도 긍정적으로 활용될 수 있다.

호흡을 컨트롤하는 것은 곧 나 자신을 컨트롤하는 일이다. 들숨과 날숨을 쉬는 방식에 변화를 줌으로써 신체적, 심리적 변화를 경험할 수 있으며 원하는 긍정적인 결과를 이끌어낼 수 있다. 그렇다면 심리적 변화, 그리고 나아가 골프 스코어의 변화까지 이끌어낼 수 있는 호흡은 어떤 호흡일까.

호흡을 할 때 우리 몸의 변화

이 책에서 골프와 관련하여 다루고자 하는 호흡은 외호흡, 즉 폐호흡이다. 하지만 폐가 직접 움직이며 호흡을 하는 것은 아니다. 폐에는 근육이 없기 때문에 횡격막과 갈비뼈의 움직임을 통해 흉강의 부피와 압력이 주기적으로 변화하면서 호흡 운동이 이루어진다. 숨을 들이쉬고 내쉴 때 가슴, 배, 갈비뼈 등의 부위가 부풀었다가 줄어드는 것도 이러한 이유다.

숨을 들이마실 때는 횡격막이 아래로 내려가고 갈비뼈가 올라가면서 흉강의 부피가 커진다. 그러면서 흉강의 압력은 낮아지고, 흉강 안에 위치한 폐의 압력도 낮아지면서 공기가 폐로 들어오게 된다. 숨을 내쉴 때는 반대로 횡격막이 올라가고 갈비뼈는 내려가면서 흉강의 부피가 감소한다. 그러면서 흉강과 폐의 압력이 높아지고 공기가 폐에서 나가게 된다.

몸통 내부에 위치한 근육과 기관 외에도 등과 어깨, 복부 등에 위치한 근육들 또한 호흡하는 과정에서 자연스럽게 움직인다. 숨을 들이마실 때는 갈비뼈에 붙어 있는 근육들과 날개뼈 및 팔에 붙어 있는 근육, 가슴의 대흉근과 소흉근, 머리와 목 부위에 붙어 있는 상후거근과 사각근, 흉쇄유돌근 등 상체에 있는 근육들이 움직인다. 주로 몸통을 들어올리는 데 쓰이는 근육들이다.

숨을 내쉴 때는 우리 몸통의 아래쪽에 위치한 근육들이 움직인다. 복직근, 외복사근, 내복사근, 복횡근 등 배와 허리에 위치한 근육들이 움직인다. 즉 숨을 쉴 때마다 머리, 목, 가슴, 척추, 허리, 골반 등에 이르기까지 연결되어 있는 많은 근육들과 관절들이 움직인다고 볼 수 있다.

숨을 내쉴 때와 들이마실 때 사용되는 근육들이 다르다 보니 호흡에 따라 운동의 효과도 달라지게 된다. 몸의 근육을 정교하게 조각하듯 디자인해야 하는 보디빌더들은 단순히 무게만 들어올리는 것이 아니라 적절한 호흡까지 병행함으로써 운동하고자 하는 근육을 정확히 타겟팅하며 운동의 효과를 극대화한다. 같은 동작을 하더라도 호흡이 틀리면 원하는 운동 효과를 얻을 수 없다. 퍼스널 트레이닝을 받을 때 트레이너들이 동작의 정확도뿐만 아니라 호흡까지 심도 있게 트레이닝하는 이유다.

가녀린 몸으로 무대 위를 날아다니는 발레리나들 역시 호흡을 정교하게 컨트롤함으로써 특유의 자세를 유지한다. '흉곽을 닫는다'는 표현을 사용하는데, 호흡을 흉곽으로 깊이 들이마시며 머리부터 복부까지 상체를 위로 한껏 들어 올린 상태에서 다시 갈비뼈를 조이듯 내쉬어 복압과 코어 근육들을 조절한다. 마치 주사기의 아래쪽 홀을 손가락으로 막은 상태에서 피스톤을 아래로 눌렀을 때 주사기 내부의 공기가 최대치로 압축되어 더 이상 내려가지 않는 상태가 되는 것과 같다. 이러한 긴장도를 유지함으로써 발끝으로 서는 동작이나 수많은 점프에도 관절이나 근육의 부상 없이 안전하게 모든 동작을 소화할 수 있다.

골프 또한 호흡의 영향을 크게 받는 스포츠다. 골프도 양궁, 사격처럼 아주 미세한 움직임도 큰 차이를 만들어낼 수 있는 운동이다. 18홀을 도는 동안 적절히 체력과 힘을 분배해야 하고 세밀한 각도와 힘의 정도를 조절해 가며 42.67mm의 작은 공을 에이밍한 위치로 정확하게 쳐서 보내 궁극적으로는 지름 10센티미터 남짓의 작은 홀컵에 넣어야 한다. 아마추어들은 공을 멀리 보내는 비거리를 늘리는 데 치중하는 경우가 많지만, 실력이 높은 프로일수록 보다 정교한 칩샷을 완성하는 데 많은 노력을 기울인다.

호흡이 흐트러지면 아주 작은 힘과 각도의 변화에도 크게 영향을 받는 골프의 특성상 스코어에 악영향을 미칠 수밖에 없다. 나도 모르게 스윙하는 순간 숨을 들이마시거나 내쉬는 과정에서 호흡과 관련된 몸의 근육들이 움직여 본래 의도했던 것과 다른 각도, 힘으로 공을 치게 될 수 있다. 또한 풀스윙을 할 때 잘못된 호흡에 강한 힘, 그리고 약간의 실수가 더해져 부상으로 이어지는 경우도 허다하다. 따라서 프로 골퍼들은 물론, 이제 막 입문한 이들도 호흡의 중요성을 일찍 깨닫고 훈련하는 습관을 들이는 것이 매우 중요하다.

더불어 호흡이 중요한 또 다른 이유는 호흡이 곧 멘탈과도 연관이 있기 때문이다. 반복되는 삶 속에 쌓이는 스트레스는 제때 풀지 못하면 언젠간 한껏 부푼 풍선이 터지듯 폭발하기 마련이다. 때때로 시험이나 중요한 경기를 앞두고 있다면 스트레스 지수는 극에 달하게 된다. 불안감과 중압감이 가득한 상태에서는 평소 잘 하던 이들도 예상치 못한 실수를 하거나 본래 실력에 한참 못 미친 결과를 내기도 한다.

호흡을 조절함으로써 이러한 멘탈을 관리하는 것이 가능하다. 멘탈 코칭 전문가들은 물론, 운동선수들도 호흡법을 훈련함으로써 이러한 멘탈을 다잡는다. 호흡은 무의식중에 이루어지는 것이라고만 생각하지만, 의식적으로 조절하는 것도 가능하다.

쉽게 말해 호흡을 빠르고 거칠게 하면 마음이 급해지고 흥분되며, 호흡을 느리게 하면 마음이 가라앉고 나른해진다. 편안하고 안정적인 호흡은 마음도 편안하게 만들어준다. 긴장되고 흥분되는 상황에서 흔히 심호흡을 하라고 권하는 이유이기도 하다.

우리 몸에는 신체 기능의 항상성을 유지하는 자율신경계가 있다. 교감신경과 부교감신경으로 이루어져 있으며 장기, 심장, 외분비샘, 내분비샘을 통제해 우리 몸의 환경을 일정하게 유지하는 역할을 한다. 교감신경과 부교감신경이 서로 균형을 이루고 있는데, 교감신경은 위급한 상황에 빠르게 대처할 수 있도록 도와주는 역할을 담당하고 부교감신경은 위급한 상황에 대비해 에너지를 저장해두는 역할을 한다. 서로 반대의 작용을 하는 것이다.

교감신경이 흥분하면 동공이 확장되고 땀 분비가 촉진되며 심장박동수가 증가하고 혈관은 수축한다. 기관지가 확장되고 위장관의 운동도 저하된다. 우리가 긴장하거나 위험한 상황에 놓였을 때 나타나는 증상들이다.

부교감신경이 흥분하면 동공이 수축하고 땀 분비는 감소하며 심장박동수도 감소한다. 일부 혈관은 확장되고 기관지는 수축하며 위장관 운동이 촉진된다. 스트레스가 없는 편안한 상황에서 긴장이 풀리고 나른할 때 나타나는 증상들이다.

교감신경과 부교감신경의 균형이 깨어지면 항상성을 조절해주는 시스템이 고장 난 것과 마찬가지이므로 소화가 잘 되지 않거나 잠을 제대로 자지 못하거나 두통, 집중력 저하, 이유 없이 우울하거나 불안한 기분, 만성적인 피로감 등의 증상을 겪게 된다. 둘 중 하나가 지나치게 항진되지 않도록 균형이 잘 유지되어야 하는데, 스트레스 상황에서는 균형이 깨지고 자율신경계에 이상이 생기기 쉽다.

스트레스가 심한 환경에 놓이면 교감신경이 흥분해 심장이 빨리 뛰고 손바닥에 땀이 난다. 침착하게, 안정적으로 임해야 하는 골프에서는 유리하지 않게 작용할 수 있는 반응이다. 때문에 멘탈을 다스려 골프를 잘 치려면 부교감신경을 활성화해 적절한 긴장감만 남기고 차분히 경기에 임할 수 있어야 한다.

자율신경계의 기능은 대부분 소화기능, 심장박동처럼 인간의 의지로 조절할 수 없지만 유일하게 조절 가능한 것이 있다. 바로 '호흡'이다. 평소에는 무의식적으로 호흡하지만 의식적으로 호흡을 조절함으로써 부교감신경을 활성화시켜 자율신경계의 균형을 맞출 수 있다.

2016년 한국여성체육학회지에 발표된 김지선의 논문 '호흡운동 트레이닝에 따른 성인여성의 자율신경계 활성도 변화'에 따르면 성인여성 총 24명에게 12주간 주 3회, 1일 90분씩 호흡 트레이닝을 실시한 결과 평균 맥박 감소, 부교감활성 향상에 효과적인 영향을 미치는 것으로 나타났다. 이외에도 '호흡방법과 호흡주기가 심박변이도의 변화에 미치는 효과'에서는 호흡 조절법에 의해 몸과 마음을 이완시키고자 할 경우 자연스러운 하복부 복식호흡이 부교감신경의 활성도가 가장 크게 높아져 몸의 이완에 대해 최대 효과를 발휘할 수 있게 된다고 분석했다.

마음의 평정을 찾아주는 호흡

호흡에 변화를 미치는 요인들은 다양하다. 고산지대와 같이 산소가 희박한 곳에서는 호흡이 빨라지고, 격렬한 운동을 해서 몸의 체온이 높아지면 헉헉거리며 가쁜 호흡을 하게 된다. 몸이 아플 때는 호흡도 약해지고, 감정적으로 흥분한 상태에서는 불안정하고 빠른 호흡을 하게 된다. 주변 환경과 신체 컨디션, 심리 등이 나도 모르게 호흡에 반영되어 나타난다.

하지만 역으로 호흡을 조절함으로써 내 몸의 상태, 심리적인 상태에 변화를 주는 것도 가능하다. 명상가들은 호흡을 컨트롤함으로써 감정의 동요와 번뇌를 비워낸다. 의식적인 호흡을 사용하는 심리치료 기술도 있다. 의식적인 호흡으로 무의식적인 경험들을 자극하고 심리적으로 새로운 경험을 할 수 있도록 유도하며 트라우마나 불안, 우울증 등 정서적인 문제들을 치유한다는 '홀로트로픽 호흡법(Holotropic breathwork)'이나 호흡 기법과 시각화 연습을 동시에 진행해 스트레스를 줄이고 신체 및 정신의 건강을 증진시킨다는 '툼모 호흡법(Tummo Breathing technic)', 많은 이들이 들어 보았을 횡격막을 이용해 깊게 호흡하는 '단전호흡(Diaphragmatic Breathing)' 등도 그 예로 볼 수 있을 것이다.

평소 특정한 호흡법을 통해 마음의 평정을 찾은 경험을 한 번이라도 해 보았다면, 멘탈이 흔들리고 호흡이 흔들릴 때 그 순간을 떠올려 다시 평정을 찾을 수 있게 된다. 평정이란 평안하고 고요한 상태를 뜻한다. 외부의 어떤 요인에도 흔들리지 않고 평안하다는 것은 곧 외부의 스트레스 요인으로부터 초월해 스스로 안정을 찾을 수 있다는 의미일 것이다.

평정을 찾는다는 것은 마치 부표를 띄워놓는 것처럼 내가 가장 편안하고 안정되어 있던 순간을 몸과 마음, 그리고 호흡에 새겨두었다가 다시금 그 상태로 돌아가는 것이다. 흔히 마음이 불안할 때 정신이 나가는 것 같다고 표현하는데, 호흡을 통해 나간 정신을 다시금 잡아 매어둘 곳을 마련해 두는 것과도 같다. 멘탈 관리에 있어서 이러한 평정심의 지점을 가지고 있는 것과 그렇지 않은 경우 사이에는 큰 차이가 나게 된다.

마음의 평정을 찾아줄 수 있다는 호흡법은 매우 다양하지만 일반적으로 얕은 숨보다는 깊은 숨을, 빠른 템포로 호흡하기보다는 긴 템포로 호흡하는 것을 추구한다는 공통점이 있다. 또한 가슴보다는 좀 더 깊이 내려가 배가 움직이는 호흡을, 경직된 상태보다는 몸의 힘과 긴장을 빼고 내려놓는 호흡을 추구한다. 평정심을 유지할 때의 호흡은 깊고, 부드럽고, 완만하고, 균일하다는 특징이 있다. 이러한 호흡은 심박수의 저하를 유도하며 이는 곧 안정적인, 정서적 상태의 유지로 이어진다.

일례로 몸과 마음을 안정시켜주는 들숨 날숨 호흡법은 평정을 찾는 데 도움이 된다. 편안한 자세로 눈을 감고, 일부러 조절하지 않고 있는 그대로 숨을 쉰다. 들숨에 배가 부풀어 오르고 날숨에 가라앉는 것에 집중한다. 익숙해지면 배가 부풀 때 마음속으로 '들숨'을 말하고, 배가 가라앉을 때 '날숨'을 말한다. 이 두 단어에만 집중해 반복하다 보면 복잡했던 머릿속 뒤엉킨 생각의 실타래들은 잊고 단순히 호흡에 집중할 수 있게 된다. 잠시 집중을 놓치더라도 다시 들숨과 날숨에 집중한다. 이러한 단순한 방법은 쉽게 기억할 수 있을 뿐 아니라 골프를 칠 때는 물론 평정심을 빠르게 되찾아야 하는 그 어떤 순간에도 도움이 될 수 있다.

2012년 발표된 용인대 이효준의 '단전호흡수련이 골프퍼팅 수행 향상에 미치는 영향'에 대한 논문을 살펴보면 골프 퍼팅을 수행하기 전 10분간 가부좌 동작으로 단전호흡수련을 실시한 집단이 그렇지 않은 집단에 비해 골프퍼팅의 수행 향상에 있어 유의미한 차이를 보인 것으로 나타났다. 정적인 상태에서의 깊은 호흡의 반복과 명상, 신체 근육의 이완기법의 반복이 골프퍼팅과 같은 소근육을 중심으로 한 과제 수행과 깊은 관련이 있다는 방증이다. 퍼팅 시 주의가 분산되는 것을 최소화하고 정교한 소근육을 이용한 팔 근육의 움직임, 골프공과 퍼터에 집중된 주의협소, 최종 목표인 홀컵에 이르기까지의 성공할 것인지 실패할 것인지 여부에 대한 부담감과 같은 심리적 요소들을 단전호흡을 통해 안정감 회복, 집중력 강화, 근 긴장의 해소 등으로 극복하게 된 것으로 볼 수 있다.

단전호흡의 방법은 가부좌, 또는 반가부좌 상태로 앉아 몸에 힘을 빼고 손을 무릎이나 아랫배에 올려놓은 뒤 허리를 펴고 턱은 당긴 상태에서 숨을 들이마실 때 아랫배가 나오고 내쉴 때 들어가도록 반복하는 것이다. 숨을 느리게 들이마셔야 하며, 잠시 멈췄다가 숨을 천천히 내쉰다. 눈을 감은 상태로 자신의 숨소리에만 집중한다.

이러한 단전호흡은 호흡 시 단전 부위에 집중적으로 힘을 주기 때문에 강한 복압이 형성되고, 장기의 혈액이 심장으로 몰려 혈액순환이 활발해지며 장기의 활동이 활발해진다. 또한 단전호흡을 통한 정서의 조절을 통해 심박수의 저하를 유도하고, 이렇게 저하된 심박수가 다시 정서에도 영향을 미치기 때문에 지나친 긴장이나 감정 기복이 심한 골퍼들에게 도움이 될 수 있다. 단전호흡 수련을 계속 하게 되면 호흡이 깊고, 길고, 가늘고, 편안하고, 완만하고, 균일하고, 부드러워진다.

'호흡패턴 훈련이 골프 선수의 불안과 수행력에 미치는 영향'에 대한 논문에서도 호흡패턴 훈련의 효과를 찾아볼 수 있다. 이 때 사용한 호흡패턴은 스윙 전 호흡을 깊게 들이마시고 약간 내쉰 후 정지한 상태에서 스윙을 하는 패턴이었다. 이를 선수들에게 자세히 설명하고 10분간 연습시켜 숙달 여부를 확인한 뒤 12주간 호흡패턴 훈련과 주 3회 2시간씩 골프 연습을 실시했다. 이후 상태불안과 골프 수행력을 재측정하자 인지적 불안 감소 및 상태자신감 향상, 드라이버 수행력의 볼스피드와 비거리 향상, 아이언 수행력에서 볼스피드 향상 등의 유의미한 결과를 얻었다.

골프는 온도, 습도, 바람, 골프장의 지형, 잔디의 상태, 클럽의 종류 및 길이, 중량 등 수많은 요소들이 복합적으로 작용하는 스포츠다. 선수가 스스로 예측하고 컨트롤할 수 없는 요소들이 상당 부분을 차지하기에 어떤 상황에서도 흔들림 없는 스코어를 얻기 위해 선수들은 다양한 상황을 가정한 훈련을 지속한다.

PGA투어 통산 63승, 사상 두 번째 그랜드슬램을 달성한 벤 호건 역시 "골프는 100% 신체적인 운동이고, 100% 정신적인 운동이다"라는 말을 남긴 바 있다. 골프는 심리 게임이기도 하기에, 심리적 컨트롤이 결여된 골프에는 반드시 한계가 찾아올 수밖에 없다.

인간은 하루 평균 21,600번의 호흡을 하는 것으로 알려져 있다. 뇌에 산소를 공급할 뿐 아니라 장기에도 직접적인 영향을 주며 어떤 생각들이 얼마나 일어나는지에도 영향을 미친다. 이러한 호흡이 가쁘거나, 빨라지거나, 숨이 찬다면 몸의 모든 기능들도 균형을 잃고 혼란을 겪을 뿐 아니라 멘탈도 흔들리게 된다. 반면 충분하고 편안한 호흡은 곧 충분한 휴식과 회복으로 이어지며, 몸이 가지고 있던 긴장과 피로를 제거해 스트레스로 전이되는 것을 막아준다.

다행인 것은 '호흡'은 우리가 부단한 연습을 통해 컨트롤할 수 있는 영역이라는 점이다. 심리적 영역은 물론 세밀한 소근육에 이르기까지 컨디션 전체를 관장하는 중심에 있다고 할 수 있으므로 호흡을 원활하게 컨트롤할 수 있다면 어떤 상황에서도 쉽게 흔들리지 않는 안정적인 컨디션으로 골프에 임할 수 있게 된다.

06
프로와 아마추어는 호흡이 다르다

호흡은 곧 멘탈이다

골프의 제왕이라 불리는 잭 니클라우스는 "골프는 50%는 멘탈, 40%는 셋업, 그리고 나머지 10%는 스윙이다"라는 말을 남겼다. 경기의 압박감 속에서도 흔들리지 않는 단단한 멘탈이야말로 승리를 거두는 데 있어서 가장 큰 비중을 차지한다는 것이다.

미국의 전설적인 골프선수 아널드 파머 역시 "골프에서의 승리는 체력보다 정신력과 강인한 인격에 있다"고 말했다.

멘탈의 중요성은 강조하지 않아도 누구나 익히 알고 있을 것이다. 골프는 물론 우리네 삶 또한 멘탈에 의해 좌우되는 부분이 절대적으로 많다. 그렇지만 이러한 멘탈을 어떻게 붙들고, 강화시키고, 조절해야 할지는 학교에서도 알려주지 않는다.

잭 니클라우스는 "볼을 어떻게 칠 것이냐"가 아닌 "홀을 어떻게 공략할 것이냐"가 이기는 조건이라는 말도 남겼다. 한 치 앞만 보고 당장 내 눈앞의 공만 바라볼 것이 아니라 경기 전체의 흐름을 파악하고 긴 호흡으로 치러내야 하는 것이 골프다. 최종 목표인 홀에 이르기까지 무너지지 않고 유지되는 강한 멘탈이 있어야 중간 중간 발생하는 작은 실수나 예상치 못한 상황에도 당황하지 않고 가장 효과적인 전략으로 대처할 수 있다.

이렇듯 홀에 이르기까지의 여정에서 멘탈을 온전히 지켜낼 수 있는 무기가 바로 호흡이다. 호흡을 간과하고 비거리를 늘리는 데만 집중하거나 바로 눈앞의 한 수만 생각한다면 언젠가 골프에 반드시 한계가 찾아온다. 멘탈을 다잡을 수 있는 호흡의 기술을 익히고, 나에게 맞는 호흡을 찾는 것이 우선이다.

초보자들 가운데는 호흡에 대해 아예 인지하지 못하고 있거나, 잘못된 방법으로 호흡하는 경우가 적지 않다. 또한 티박스 앞에만 서면 긴장해 자신도 모르게 가슴이 두근거리고 호흡이 불안정해진다고 토로하는 경우도 많다. 주변에서 자신을 지켜보는 시선에 부담이 느껴지기도 하고, 자칫 슬로우플레이를 한다는 말을 들을까봐 호흡을 안정시키고 긴장을 푸는 데 충분한 시간을 확보하지 못하기도 한다. 또한 다른 사람들의 플레이에 시선과 신경을 빼앗겨 정작 자신의 템포는 놓치기도 한다.

이럴 때 빠르게 자신만의 템포를 되찾을 수 있는 방법이 바로 호흡을 컨트롤하는 것이다. 평소 자신의 호흡 습관을 체크하고, 가장 안정적으로 플레이하던 그 순간의 호흡을 기억해 두었다가 그 상태로 돌아가는 것이다.

골프의 수행능력을 향상시켜줄 수 있는 다양한 호흡법들이 있다. 프로들에게 호흡을 어떻게 하느냐고 물으면 저마다 조금씩 다른 방법으로 자신만의 호흡을 컨트롤하는 것을 알 수 있다. 다양한 호흡 방법에 대해 알아보고, 주의할 점과 나에게 맞는 호흡을 찾아가는 방법을 알아보자.

프로는 호흡을 인지한다

구력이 오래된 뛰어난 프로들은 자신의 호흡에 대해 스스로 인지하고, 컨트롤할 수 있는 능력을 갖춘 경우가 대부분이다. 그러나 골프 초보들이나 아마추어들의 경우 호흡에 대해 미처 인지하지 못하고 있는 경우가 많다.

논문 '골프참여 그룹 간의 스윙 중 호흡패턴에 관한 연구'

를 살펴보면, 그룹별로 호흡패턴 인지 유무에 대해 조사한 결과 K(L)PGA 정회원 그룹의 인지가 83.6%로 가장 높았으며 그 다음으로는 K(L)PGA 준회원이었다. 호흡패턴 무인지의 경우는 '아마추어' 그룹이 45.7%로 가장 높았다.

K(L)PGA 정회원 자격을 획득할 정도의 실력을 갖춘 이들은 대부분 자신의 호흡 패턴을 인지하고 있으나, 아마추어의 경우 약 절반가량이 자신의 호흡을 인지하지 못하고 있었다는 것이다. 논문에서는 기술 수준이 높은 선수일수록 자신의 스윙에 대해 매우 미세한 부분까지 파악하고 있으며, 외부 환경이나 조건과 상관 없이 스윙이 이루어지는 상황에서는 항상 동일한 호흡 패턴을 유지할 수 있는 기본적인 조건을 갖추고 있다고 보았다.

호흡패턴의 노력 유무 또한 차이가 있었다. K(L)PGA 준회원 그룹이 75.0%로 가장 높았으며 다음으로 K(L)PGA 정회원 그룹이 그 다음을 차지했다. 아마추어 그룹은 무노력이 52.8%로 가장 높았다. 프로들은 호흡패턴을 단순히 인지하는데서 그치지 않고 직접 노력한다고 응답하는 비중이 매우 높게 나타난 반면, 아마추어들은 따로 호흡에 대한 노력을 하지 않는다는 경우가 절반이 넘은 것이다.

숨을 쉬는 것은 노력으로 되는 것이 아니라 저절로 이루어지는 부분이기 때문에 의식적으로 마음을 먹지 않으면 호흡을 인지하기 어렵다. 호흡을 인지할 수 있다는 것은 호흡에 신경 쓸 만큼 여유가 있다는 뜻이거나, 호흡이 자신의 경기력에 미치는 영향을 잘 알기 때문에 긴장되는 와중에도 그에 주의를 기울일 수 있다는 의미다.

골프와 마찬가지로 멘탈 스포츠라 불리는 양궁 역시 이러한 호흡의 중요성에 대해 많은 연구가 이루어지고 있다. 논문 '양궁 선수의 심폐기능 분석'에서는 규칙적인 호흡 훈련이 양궁 선수의 호흡능력 향상에 영향을 주었다는 연구 결과가 있으며, '호흡근 강화 훈련을 병행한 코어 안정화 운동이 양궁선수의 호흡능력과 정적균형능력에 미치는 영향'에서도 및 호흡근 강화 훈련을 병행한 코어 안정화 운동이 양궁선수의 호흡능력에 영향을 주었다는 결과를 확인했다.

따라서 아직까지 자신의 호흡에 대해 인지해본 적이 없다면, 혹은 그 인지가 미비하다고 생각된다면 조금 더 심도 있게 자신의 호흡을 살펴보는 것이 골프에 대한 새로운 시각을 갖는 계기가 될 수 있을 것이다. 또한 프로들은 과연 어떤 호흡 패턴을 선호하는지, 그 가운데 자신과 가장 잘 맞는 방법은 무엇인지 파악해 습득하는 것이 골프 실력 향상에 도움이 될 수 있을 것이다.

더불어, 이러한 연구 결과는 반대로 잘못 잡힌 호흡패턴 또는 코의 기능적, 구조적 이상으로 인한 호흡의 흔들림은 안정적인 스윙의 위협 요인이 될 수 있다는 의미라고도 볼 수 있을 것이다. 따라서 올바른 호흡을 완전히 습득해 어떤 환경에서도 흔들리지 않게끔 연습하고, 코의 기능적 또는 구조적 이상은 적절한 조치를 통해 바로잡는 것 또한 중요하다.

바람직한 호흡 패턴을 아는 것만큼이나 잘못된 호흡 패턴의 위험성을 알고, 리스크를 줄여가는 것 또한 필수적이다. 다음 장에서는 잘못된 호흡으로 인해 야기될 수 있는 부상에 대해 알아보고, 이를 예방할 수 있는 방법을 찾아보자.

호흡과 부상의 연관성

누워서 잠을 자고 있는 순간조차도 우리 몸은 호흡을 하며 쉼 없이 오르락 내리락 움직인다. 의식하지 않는 순간조차 지속되는 이러한 움직임은 미세한 차이만으로도 큰 결과의 차이를 가져올 수 있는 양궁이나 사격, 골프와 같은 운동에 있어서 변수로 작용할 수 있고, 더 나아가 부상의 원인이 되기도 한다.

부상으로 이어지는 가장 큰 이유 중 하나는 바로 슬로우플레이에 대한 두려움이다. 해외 골프장에서는 두 시간, 세 시간을 여유롭게 사용하며 마음껏 골프를 칠 수 있지만 우리나라 골프장은 사정이 다르다. 제한된 시간 안에 플레이를 진행시켜야 하기 때문에 마음이 조급해지고, 숨을 고를 틈도 없이 지속적으로 공을 쳐야 하는 상황에 놓이게 된다. 마음이 급해지면 호흡이 거칠어지고, 더불어 짧은 시간 안에 근육을 과사용하게 되면서 스트레스가 축적되어 자칫 근육이 파열에 이르기도 한다. 슬로우플레이를 해서는 안 된다는 강박관념, 여유롭게 칠 수 없는 상황이 부상에 노출될 위험을 크게 높이는 것이다.

아무리 슬로우 플레이가 민폐라 할지라도, 이를 의식해 스윙을 망친다면 골프를 제대로 즐길 수 없을 것이다. 스윙은 천천히, 이동은 빠르게 한다는 생각으로 스윙하는 순간에는 집중해야 한다. 정 플레이 속도가 부담스럽다면 '레디골프'를 하는 것도 방법이다. 시간을 절약하기 위해 플레이 순서와 상관없이 준비된 사람부터 치는 것이다.

적어도 3홀까지는 부상 예방에 각별히 신경을 써야 한다. 시작 전 몸을 충분히 풀고 시작한다면 가장 바람직하겠지만 오전 시간에 티업이 잡힌 경우 허둥지둥하느라 몸이 제대로 풀리지 않은 상태로 서는 경우가 상당수이기 때문이다. 골프는 야외 스포츠이기 때문에 고작 1~2분의 스트레칭으로 몸이 풀리지 않는다. 라운드 직전 살짝 땀이 나는 정도까지 스트레칭을 해야 하고, 카트에 탑승하지 않고 다소 빠른 걸음으로 걸으며 몸을 푸는 것이 좋다. 긴장으로 인해 두근거리던 심장, 얕고 불규칙했던 호흡이 몸이 점점 풀리면서 점차 안정화되고 부드러우며 규칙적으로 변하는 것을 체감할 수 있을 것이다.

호흡을 가다듬고 프리샷루틴을 지키는 것은 부상의 위험을 줄이는 데 일조한다. 골프는 채를 철저히 한 방향으로 지속적으로 때리는 운동이다 보니 동일한 부위에 피로가 축적되는 경향이 있다. 욕심이 앞서 충분한 휴식 및 가다듬는 시간 없이 골프채를 쉴 새 없이 휘두른다면 스트레스가 누적되어 힘줄이 붓고 찢어질 수 있다. 그러나 욕심을 내려놓고 호흡을 가다듬으면서 동시에 뚜렷한 목표를 가지고 공을 치는 체계적인 연습을 한다면 이러한 부상을 예방할 수 있다.

부상을 부르는 호흡을 피하는 것도 중요하다. 숨을 들이마시는 상태에서 갑자기 몸을 움직이거나 충격을 받았을 때 '헉!' 하고 갑자기 숨을 쉴 수 없게 된 경험이 한 번쯤 있을 것이다. 세게 치고 싶은 마음에 힘껏 숨을 들이마시는 도중에 스윙을 할 경우 과도한 충격이 가해지면서 부상을 입을 수 있다. 때문에 호흡법의 종류는 매우 다양하지만, 대부분 공통적으로 스윙을 하는 순간에는 숨을 멈추는 것을 권한다는 특징을 가지고 있다.

숨을 들이쉴 때 우리 몸의 근육은 흥분되며, 숨을 내쉴 때는 이완된다. 근육이 흥분하고 긴장해야 더 큰 힘이 나올 수 있다고 생각하기 쉽지만, 이러한 상태를 지속적으로 유지하는 것은 근육의 피로도를 높이고 스트레스를 가중시켜 부상에 쉽게 노출되게 만든다. 때문에 숨을 내쉬어 근육을 충분히 이완시켜 주고 부드럽게 스윙을 하는 습관을 만들어가는 것이 중요하다.

골프 부상 중 가장 흔한 것은 인대 및 힘줄의 손상이다. 이완이 아닌 긴장 상태에 돌입하게 만드는 호흡은 이러한 부상의 위험을 높인다. 통증이 느껴지는 상태에서는 자신도 모르게 호흡이 흐트러지고 가빠지며 몸이 긴장하게 되므로 그만큼 부상의 위험이 커지기 때문이다.

또한 동작과 호흡이 맞지 않을 경우 부상으로 이어지기 쉽다. 너무 열심히 연습을 해서 어깨와 팔을 다치거나 갈비뼈에 금이 갔다는 경우를 종종 볼 수 있는데, 좀 더 자세히 들여다보면 호흡을 제대로 쓰지 못해 부상으로 이어진 케이스가 상당수다. 같은 동작이라 하더라도 호흡이 어긋나는 순간 부상으로 이어질 수 있다. 긴장감으로 인해 얕고 빠르고 불규칙한 호흡을 하다 보면 어깨와 가슴 부위가 경직되고 움직임도 뻣뻣해지며 마음먹은 동작이 부드럽게 나오지 않아 소위 '뻑사리'가 난 경험이 누구나 있을 것이다.

연습 도중 작은 손상, 부상이 누적되어 통증이 느껴질 때 역시 깊은 호흡이 어렵고 얕은 호흡을 하게 된다. 때문에 정확한 어드레스가 어렵고 연습을 지속한다 하더라도 실력이 늘기도 어렵다. 만약 공을 칠 준비를 하고, 스윙을 하고, 임팩트 순간을 지나 팔로우 스루를 할 때 팔에 통증이 느껴진다면 골프를 지속할 것이 아니라 충분한 휴식과 치료가 필요하다.

골프는 척추를 중심으로 하체를 지속적으로 같은 방향으로 회전하는 운동이기 때문에 피로도가 쌓여 급성 요통이 오거나 자칫 갈비뼈 부상을 입기도 쉽다. 이러한 부상은 골프를 오랫동안 쉬게 만드는 요인이 된다. 만약 몸에서 보내는 통증이라는 신호를 무시하고 골프를 지속하다가 부상이 더욱 심해지면 치료기간이 더욱 길어질 수 있다.

지병이나 몸의 상태에 따라서도 주의가 필요할 수 있다. 만약 고혈압이 있거나 심장질환이 있는 경우라면 심장에 부담이 가는 운동은 자제할 필요가 있다. 스윙 시 욕심이 앞서 숨을 과도하게 참고 힘을 한껏 주는 경우, 복압이 올라가면서 혈압이 급상승해 뇌에 산소 공급이 일시적으로 차단되면서 의식을 잃을 수 있다. 골프는 20대부터 고령층까지 폭넓게 즐기는 운동인데다가 새벽 시간에 티 업을 하는 경우도 있다 보니 이러한 위험 요소를 간과할 수 없다.

특히 겨울철에는 추위로 인해 혈관과 근육이 수축하고 몸이 더욱 경직되어 있기 때문에 부상에 각별히 주의해야 한다. 라운딩은 야외에서 이뤄지다 보니 이러한 기온의 영향에 고스란히 노출될 수밖에 없어 부상 빈도가 훨씬 높게 나타난다. 충분한 스트레칭을 통해 몸을 풀고 골프에 임하는 것이 필수적이다.

골프는 있는 힘껏 숨차게 하는 운동이 아니다. 오히려 힘을 빼고 여유 있게, 그리고 편안하게 즐겨야 하는 운동이다. 올바른 호흡과 더불어 내 몸의 상태를 충분히 살피고 적절한 휴식과 치료를 병행할 때 보다 건강하고 안전하게, 오랫동안 골프를 즐길 수 있을 것이다.

프리샷 루틴과 호흡

골프 선수들의 연습량은 아마추어와 비교할 수 없을 정도로 압도적으로 많다. 하지만 연습의 양 이외에도 몇 가지 차이가 있다. 바로 구체적인 목표 설정, 그리고 연습도 실전처럼 임하는 자세다.

골프 연습을 하는 모습을 살펴보면, 초보 골퍼들은 연습을 할 때 뚜렷한 목표가 없이 공을 많이 치는 것에 중점을 두는 것을 발견할 수 있다. 무조건 멀리 치고 싶다는 생각으로 연습 시간 내내 별 생각 없이 드라이버를 힘껏 친다거나, '150개를 친다'와 같이 공의 개수에만 집착하는 것이 그 예다. 하지만 프로들은 그 날 그 날의 연습에 대한 기록을 남기며 기록의 추이를 파악하기도 하고, 그 날의 목표에 따른 연습 루틴을 구성해 매일의 목표를 달성하는 데 중점을 둔다.

연습을 실전처럼 임한다는 것은 어떤 의미일까? 열심히 연습해도 잘 늘지 않는다는 이들을 살펴보면 무조건 올라오는 공을 치는 데만 집중하는 경우가 많다. 하지만 그립, 에이밍, 어드레스, 호흡에 이르기까지의 과정, 즉 '프리샷 루틴'이 없이 공만 치는 것은 실력 향상에 큰 도움이 되지 않을뿐더러 조급함만 더한다.

프로 선수들은 저마다 자신만의 '프리샷 루틴'을 가지고 있다. 그립을 여러 번 고쳐 쥐기도 하고, 에이밍을 하며 마음을 가다듬고 목표를 명료하게 설정한다. 그리고 스탠스와 호흡을 가다듬으며 확신을 얻은 뒤 비로소 단 하나의 진짜 샷을 날린다. 이러한 '프리샷 루틴'은 긴장을 풀어주고, 성공적인 샷에 대한 확신을 스스로 확인하는 절차다. 설사 경기 도중 실망스러운 결과를 마주했다 하더라도 쉽게 흥분하거나 절망해 흔들리지 않도록 '마인드컨트롤'의 기능을 하기도 한다. 프리샷 루틴을 제대로 지키지 않으면 나만의 페이스를 찾을 수 없고 경기의 압박감에 휩쓸리기 쉽다.

연습할 때와 달리 실전에서는 온도, 습도, 바람, 그리고 예기치 못한 여러 변수들로 인해 평정을 잃게 될 때가 많다. 내가 통제할 수 없는 변수들이 존재한다는 사실만으로도 경직되고 멘탈이 무너질 수 있다. 프리샷 루틴은 이렇듯 통제할 수 없는 상황 가운데서 매 샷마다 같은 과정을 반복함으로써 평소 연습하던 때와 같은 컨디션, 멘탈을 유지하게끔 도와준다. 심호흡, 셋업, 웨글, 빈스윙, 에이밍 등의 절차로 구성된 프리샷루틴은 약 15-40초 내외의 짧은 시간 안에 빠르게 표류하는 정신과 흐트러진 마음을 다시금 단단히 붙들어 맬 수 있게 해준다.

프로들 가운데는 슬럼프가 길어져 좀처럼 헤어나기 어려울 때 프리샷 루틴을 바꿈으로써 리프레쉬를 하는 경우도 많다. 나에게 가장 잘 맞는 프리샷 루틴을 찾아내는 것은 오롯이 나의 몫이며, 중요한 것은 프리샷 루틴을 통해 '나의 스윙은 이제 완벽하다'는 자신감과 확신을 가질 수 있어야 한다.

프리샷 루틴에서 '호흡'은 매우 큰 비중을 차지한다. 프리샷 루틴에서 아주 찰나라도 숨을 들이마시는 타이밍을 놓치면 스윙이 완전히 망쳐질 수 있다. 그립과 스탠스를 가다듬는 것에만 집중해 호흡에는 미처 신경 쓰지 못하는 경우가 많은데, 의식적으로 호흡까지 프리샷 루틴의 중요한 과정으로 인식하고 자연스럽게 몸에 밸 수 있도록 연습하는 것이 좋다.

보통 스윙을 할 때 숨을 참는다는 것은 알지만 어드레스를 할 때는 어떻게 호흡해야 하는지 잘 모르는 경우가 많다. 이들 호흡법 중 하나는 바로 에이밍을 할 때 가장 크게 심호흡을 하고, 이후 호흡의 폭을 조금씩 줄여가며 어드레스를 하는 것이다. 숨을 깊게 쉴수록 몸에 힘이 들어가기 때문에 안정적으로 몸의 힘을 빼기 위해 호흡의 폭을 점점 줄이는 것이다. 긴장이 풀어지면서 보다 자연스럽고 불필요한 힘이 들어가지 않는 효율적인 스윙이 가능해진다.

초보일수록 연습을 할 때 올라오는 공을 무조건 쳐야 한다는 강박에 10초 남짓의 간격으로 올라오는 공을 놓치지 않으려고 지속적으로 샷만 날리는 경향이 있다. 이렇다 보면 호흡에 전혀 신경을 쓰지 못하는 것도 당연하다. 프로들은 그러한 연습이 실전에 전혀 도움이 되지 않는다고 말한다. 내 페이스를 이끌어가는 것은 나 자신이 되어야지, 공이 올라오는 간격이 아니다. 또한 내가 지금 올바른 방법으로 치고 있는지 확인하지 않고 무작정 샷만 날리는 것은 오히려 잘못된 습관이 몸에 배게끔 만드는 역효과를 낼 수 있다. 슬럼프에 빠지는 원인이 되기도 한다.

골프는 한 샷 한 샷마다 나만의 리듬과 동작을 실어야 하는 운동이다. 나만의 리듬이 무엇인지 아직 모르겠다면, 연습량에 비해 경기에 자신감이 없고 스코어가 들쭉날쭉해 고민이라면 나의 프리샷 루틴과 호흡을 점검해야 한다.

프리샷 루틴은 내가 지금 내 페이스대로 가고 있다는 것을 스스로에게 확인시켜주는 행위다. 프리샷 루틴에서의 호흡은 흔들리는 멘탈을 붙들어주고, 내가 연습으로 갈고 닦아 온 실력을 100% 발휘해낼 수 있도록 도와주는 디딤돌이다.

앞으로는 공 하나를 친 뒤 그 다음 공은 바로 치지 말고 내려놓아 시간을 번 뒤 다시 에이밍을 하고 그립과 스탠스, 호흡을 가다듬는 '프리샷 루틴'을 지키는 것을 추천한다. 너무 어렵게 느껴진다면 좋아하는 프로 선수의 프리샷 루틴을 따라해 보는 것도 좋은 방법이다. 실전 호흡법에 소개하는 다양한 호흡법

가운데 내 프리샷 루틴에 활용할 수 있는 호흡법을 찾아볼 수 있을 것이다.

07

골프 실력을 높여주는 실전 호흡법

좋은 자세를 위한 호흡법

호흡은 무의식중에도 저절로 이루어지며 신체적, 심리적 상태에 따라 호흡의 양상도 변화한다. 골프 스윙 시 긴장하거나 스트레스를 받는다면 호흡의 패턴이 변화하면서 목 주위의 근육, 외부 코어근육 등을 사용하게 된다. 이러한 상태로 계속해서 스윙을 한다면 근육통을 유발할 수 있으며 지구력과 스코어에도 영향을 미칠 수 있다. 반대로 처음에는 어렵더라도 바른 호흡법을 몸에 익히고 연습 때마다 반복한다면 장기적으로 보다 안정적인 스윙은 물론 스코어관리에도 도움이 될 수 있다.

그렇다면 골프를 칠 때 피해야 하는 호흡법과 바람직한 호흡법에는 어떤 것이 있을까?

피해야 할 호흡법 중 하나로 가슴호흡법을 꼽는 경우가 많다. 어린 아기들이 숨 쉬는 모습을 살펴보면 배가 오르락 내리락 하는 것을 볼 수 있는데, 이는 복식 호흡이다. 하지만 성인들의 경우 아이들과 달리 숨을 쉴 때 배가 아닌 가슴이 움직이는 경우가 많은데, 이러한 가슴호흡은 호흡량이 적고 짧으며 윗가슴과 어깨, 쇄골, 목 주변의 근육을 움직이게끔 만든다.

스트레스를 많이 받을수록 이러한 얕은 가슴호흡을 하는 경향이 나타나기도 한다. 호흡 패턴이 변경되면서 보조 호흡 근육인 목 주위의 사각근, 흉쇄유돌근, 상부승모근을 사용해 숨을 더 크게 들이마시게 되고, 외부 코어 근육인 외복사근, 요방형근을 사용해 강제로 숨을 과도하게 내쉬게 만들게 되는 것이다. 또한 폐에 잔기량이 많이 남거나 산소, 이산화탄소가 적절히 공급되지 않아 집중력을 흐트러지게 만들고 과호흡으로 이어지기도 한다. 얕은 가슴호흡은 골프에 있어서 긴장을 푸는 데 도움이 되지 않을뿐더러 상체의 움직임을 유발해 정확한 스윙에 방해 요인으로 작용할 수 있다.

또한 코가 아닌 입으로 호흡하는 구강호흡을 하는 습관이 있다면 교정이 필요할 수 있다. 구강호흡은 코로 호흡하는 것에 비해 이물질이 제대로 걸러지지 않기 때문에 폐에 좋지 않은 영향을 미칠 수 있으며, 더욱 적은 산소 호흡량으로 피로도를 높일 수 있다. 코로 하는 호흡에 비해 실질적으로 산소가 공급되는 양이 충분치 못하다 보니 상체를 훨씬 크게, 자주 들썩이게 되어 스윙을 방해하기도 한다. 골프는 장시간에 걸친 게임이기 때문에 구강호흡으로 인한 피로감과 체력 저하, 과도한 상체 등 근육 사용은 지구력을 저하시켜 플레이의 일관성을 유지하기 어렵게 만든다. 만약 코나 호흡기 관련 질환이 있어 불가피하게 구강호흡을 하는 경우라면 적극 치료하는 것이 바람직하다.

백스윙과 다운스윙을 할 때는 흔히 숨을 참으라고들 이야기한다. 하지만 일부러 힘을 주어 숨을 참는 호흡은 스윙에 좋지 않다. 숨을 가득 들이마신 뒤 참으면 그 순간 근육이 긴장하고 복압이 올라가며 더 힘이 생기는 것 같지만, 들이마신 공기로 인해 폐가 확장되면서 상체가 들리고 몸에 힘이 들어가 자연스러운 동작의 흐름을 막기 때문에 스윙이 부드럽지 못하게 된다. 어느 정도 숨을 참는 것은 필요할 수 있지만, 복부에 지나치게 힘을 주며 압력을 가하는 것은 좋은 방법이 아니다.

그렇다면 보다 좋은 자세를 위한 호흡법으로는 무엇이 있을까?

데이비드 라이트(David Wright)의 최적균형호흡법(Balance Optimization Move, BOM)을 참고할 수 있을 것이다. 이는 어드레스에서 어깨나 골반이 한쪽으로 지나치게 기울어지거나 체중 배분에 실패하는 것을 예방할 수 있도록 개발된 방법이다. 클럽을 잡은 채 평소처럼 어드레스 자세를 잡고, 숨을 들이쉬면서 어깨를 가슴 쪽으로 모아 어깨와 척추가 앞으로 말리는 듯한 느낌의 자세를 취한다. 이후 숨을 내쉬면서 양쪽 어깨를 원래 자리로 돌려놓고 긴장을 푼다. 이러한 호흡과 동작을 통해 각 관절이 하나로 연결되어 움직이며 균형을 잡아주고, 어깨 회전을 늘려주고, 다운스윙에서 클럽이 지나가는 길을 목표 방향으로 맞춰주며, 몸의 긴장이 풀리는 효과를 볼 수 있다. 흐트러졌던 자세가 다시금 정렬되면서 일관적인 어드레스를 가능하게 만들어 준다.

또한 4 : 4 : 4 : 4 호흡법을 기억한다면 골프에 필요한 호흡법을 쉽게 익힐 수 있을 것이다. 4초간 숨을 천천히 들이마시고, 4초간 숨을 참고, 4초간 내쉬고, 4초간 참는 방법이다. 호흡의 간격을 일정하게 만드는 데 도움이 되고, 속으로 숫자를 세면서 보다 집중할 수 있게 되며 불필요한 긴장을 풀 수 있다. 이때 흉곽식 호흡법이 도움이 되는데, 가슴이 아닌 갈비뼈가 움직이는 호흡법이다.

어드레스 시 흉곽호흡을 하면 프로들 특유의 등을 둥글게 만 자세가 가능해진다. 초보와 아마추어는 등을 둥글게 만 어드레스 자세가 익숙지 않아 허리가 경직되고 제대로 회전하지 않는 경우가 많다. 가슴과 배는 앞으로 당기고 양쪽 날개뼈를 양쪽으로 최대한 늘려주는 느낌으로 흉곽호흡을 하면 프로 같은 어드레스를 할 수 있다.

프리샷 루틴 시에는 뱃속 깊숙이 호흡하는 복식호흡과 흉곽호흡을 병행하는 것이 도움이 될 수 있다. 복식호흡을 통해 뱃속 깊이까지 심호흡을 하며 긴장을 푼 뒤, 흉곽식 호흡법으로 보다 안정적으로 코어를 지지하며 에너지를 불어넣는다. 이때 흉곽식 호흡은 목과 어깨에 긴장이 들어가지 않도록 하며 갈비뼈를 부풀리는 느낌으로 숨을 들이쉬고, 내쉬는 숨을 길게 한다. 흉곽식 호흡은 스트레스를 감소시키고 보다 침착하게 어드레스 할 수 있도록 돕는다. 횡격막을 충분히 사용한다는 느낌으로 몸통 전체 360도를 모두 사용해 호흡하는 느낌을 가지는 것이 좋다. 충분히 산소가 공급되면서 스윙이 원활해지는 경험을 할 수 있을 것이다.

골프 타수를 줄이는 호흡법

'만년 백돌이'라는 말이 있다. 골프 타수를 아무리 줄이려 노력해도 좀처럼 100타 아래로 내려가질 않아 나온 말이다. 타수를 줄이기 위해서는 탄탄한 기본기가 필수이며, 자신의 스윙과 코스를 분석해 전략적으로 공략해야 한다. 티샷에서부터 불안하고 흔들리기 시작한다면 타수가 훅 올라가기 때문에 안정적으로 티샷을 칠 수 있는 호흡법을 익혀둔다면 도움이 될 것이다.

티샷은 첫 번째 샷이기에 그 부담이 매우 크고 불안감과 긴장감도 막대하다. 이 때 부담을 덜기 위해서는 18홀 전체의 샷 중 하나의 샷일 뿐이라는 마음가짐을 가질 필요가 있다. 더불어 많은 선수들이 티샷을 치기 전 목표를 바라본 뒤 복식호흡으로 숨을 크게 들이마시고 완전히 내뱉는 것을 반복한다. 횡격막을 이용한다는 느낌으로 복부가 풍선처럼 부풀어 오르도록 깊고 느리게 숨을 들이마셨다가 천천히 내쉬며 복부를 수축한다. 이러한 심호흡은 부교감 신경의 활동을 촉진시켜 심박수를 저하시키고 정서적인 안정감을 주며 긴장을 가라앉히고 경직된 근육을 풀어주는 효과가 있다.

　시야가 잘 확보되어 있고 평평한 연습장과 달리 실제로 필드에 나가면 평소보다 마인드컨트롤이 쉽지 않다. 티샷을 치기 위해서는 순간 차원이 다른 시야와 해저드, 벙커 등이 보이는데다가 바람이 부는 등 기상조건까지 더해져 순식간에 긴장도가 높아지기 때문이다. 그러므로 티샷에 앞서 긴장도를 낮추고 몸의 힘을 빼는 데 더욱 신경을 써야 한다. 긴장된 상태에서의 스윙은 평소보다 더욱 경직되고 힘이 들어가기 때문에 정타 확률이 현저히 떨어진다.

　평소보다 힘을 빼고 싶지만 잘 되지 않는다면 날숨을 통해 조절할 수 있다. 특히 백스윙 때 힘이 지나치게 들어가는 경우가 있는데, 보통은 숨을 멈춘 상태에서 백스윙을 하라고 하지만 이 때 숨을 내쉬며 백스윙을 한다면 힘이 좀 더 빠지는 효과를 볼 수 있다. 자신의 컨디션과 긴장 상태에 따라 적절한 호흡법을 응용해 구사할 필요가 있다.

반면 임팩트 순간에는 파워가 필요하다. 때문에 백스윙에서는 숨을 내쉬더라도 임팩트 순간에는 숨을 잠시 멈출 필요가 있다. 1988년 PGA투어 장타 부분 우승자 스티브 토머스 또한 "임팩트에서 숨을 정지하는 것이 파워풀한 스윙의 요소다"라고 말한 바 있다.

중요한 것은 숨을 들이마셨다가 80% 정도 내쉰 상태에서 호흡을 멈추는 것이다. 만약 숨을 멈추지 않고 내쉬는 상태로 임팩트를 한다면 폐에서 공기가 빠지면서 상체가 움직여 일정한 임팩트가 나오지 않게 된다. 자신의 스윙이 매번 일정하지 않거나 뒷땅을 치는 경우가 많은 경우, 자신의 호흡법을 점검해 보면 호흡에 전혀 신경 쓰지 않거나 잘못된 호흡을 하고 있을 가능성이 크다.

올바른 호흡은 혈액 내 산소 공급을 도와 불필요한 긴장감을 줄여주고 뇌파를 안정시켜 멘탈 강화에도 도움을 준다. 또한 코어를 탄탄하게 만들어주어 임팩트 순간 큰 압력이 가해질 때도 중심축이 흔들리지 않고 유지되게끔 도와준다.

시원시원하고 멋진 드라이브샷은 모두의 탄성을 자아내지만, 정작 게임에서 승부를 좌우하는 것은 퍼팅이다. 드라이버를 아무리 멀리 날려도 쓰리퍼팅을 한다면 스코어는 줄일 수 없다. 퍼터에서 실수를 줄이고 정확도를 높이는 것이 곧 골프 타수를 줄이는 길이다.

퍼팅은 거리감과 정확도가 가장 핵심이다. 때문에 연습 스윙을 충분히 하고, 몸이 흔들리지 않도록 하체는 견고하게 유지하고 일정한 힘으로 스윙하는 것이 중요하다. 롱퍼팅의 경우는 넣고 싶은 욕심이 커서 스윙의 세기를 세밀하게 조절하지 못하고 넘치게 힘을 주는 경우가 많다. 꼭 넣는다는 생각 보다는 다음번에 넣는다는 생각으로 치는 것이 오히려 도움이 된다. 꼭 넣어야 한다는 강박은 몸을 긴장하게 만들고, 자신도 모르게 호흡이 얕아지면서 가슴호흡으로 인해 상체 근육이 들리면서 실수로 이어지는 경우가 많기 때문이다.

숏퍼팅에서 가장 많이 나오는 실수는 헤드업이다. 볼이 들어가는 순간을 빨리 확인하고픈 마음에 자신도 모르게 머리를 들게 되어 스윙의 정확도가 떨어지는 결과를 낳는다. 자신감 있게 퍼팅하는 것은 좋지만 들떠서 자세가 흐트러지는 것은 경계해야 한다.

연습장에서는 퍼팅을 꽤 잘 하는데 라운딩을 나가면 이상하게 잘 되지 않는다고 토로하는 분들이 많다. 연습장과 필드의 잔디, 지형 등이 다르기 때문에 당연한 결과다. 조금이라도 일찍 필드에 나가 연습 그린에서 잔디와 지형을 미리 파악해 보는 것이 도움이 된다. 연습 스윙과 달리 실제 스윙이 잘 되지 않는 것은 이러한 차이와 더불어 긴장감도 한 몫 한다. 긴장감을 덜어낼 수 있는 호흡으로 마음을 가다듬고 자신있게 퍼팅한다면 결과가 한결 나아질 수 있을 것이다.

가장 좋은 호흡은 말 그대로 평소처럼 하는 것이다. 중요한 퍼팅이라고 해서 뭔가 색다른 호흡을 시도하거나 독특한 어프로치를 할 필요는 없다. 오히려 역효과만 낼 수 있다. 평소의 루틴을 그대로 하면서 호흡도 평소처럼 고르게, 마음을 차분하게 유지하면 퍼팅에 대한 중압감도 줄어들고 긴장감도 덜해진다. 모든 퍼팅을 똑같이 대해야 한다.

스스로가 지나치게 긴장하고 있는지 확인하고 싶다면 혹시 어금니를 꽉 물고 있진 않은지 확인해 보자. 연습하는 이들을 자세히 살펴보면 자신도 모르게 잘 해야 한다는 의지로 가득한 나머지 어금니를 꽉 물고 쉴 새 없이 볼을 치는 경우가 상당히 많다. 이는 곧 몸이 긴장으로 굳어 있고 긴장과 불안이 과도하다는 의미다.

어드레스할 때 가슴을 펴고 숨을 뱃속 깊숙이 가득 들이마셨다가 천천히 내쉬어 80%까지 내뱉는다. 동시에 몸의 힘을 상체에서 하체 순으로 점점 빼며 발바닥을 통해 땅으로 내려 보낸다고 생각하면 중심이 보다 안정적으로 잡히고 불필요한 긴장도 함께 내려간다. 마지막으로 목표를 한 번 바라보고 편안한 마음으로 스윙을 한다. 실수도 스코어도 점차 줄어들게 될 것이다.

스윙에 힘을 실어 주는 호흡법

스윙에 힘을 보다 실어주고 싶다면 호흡을 조절해야 한다. 스윙의 파워는 복압과 관련이 깊다. 복압이 잘 유지되면 중심이 흔들리지 않고 정확하고 군더더기 없는 임팩트가 가능하지만 복압이 약하다면 몸이 흔들리고 샷의 정확도와 힘도 떨어지게 된다. 이러한 복압을 조절하는 것이 바로 호흡이다.

백스윙 시 지나치게 긴장하고 힘이 들어간다면 숨을 내쉬면서 백스윙을 하라고 하지만, 반대로 힘이 더욱 필요한 경우라면 백스윙 시에서는 숨을 들이쉬고 팔로스루에서는 내쉬는 방법이 더 적합할 수 있다. 흉추의 가동성이 증가하고 하체에 더욱 힘이 실리면서 보다 안정적이고 파워풀한 스윙이 가능해질 수 있기 때문이다.

정확히 말하자면 어드레스에서 백스윙 톱까지는 호흡을 들이마시고, 톱에서 다운스윙으로 바뀌어 임팩트 피니시까지는 숨을 내쉰다. 이 때 백스윙을 천천히 크게 하면 볼을 좀 더 정확히, 멀리 날릴 수 있다. 그러나 어떠한 방법이든 호흡을 실시하는 것이 부담스럽게 느껴지거나 오히려 몸이 더욱 경직되는 느낌이 든다면 무리하게 따르기 보다는 보다 편안한 호흡을 찾는 것이 더욱 바람직하다.

스윙은 편안하고 일정해야 한다. 매번 스윙이 들쭉날쭉하다면 일정한 스윙에 도움이 되는 호흡법을 기억해 두었다가 실천해 보는 것이 좋다. 프로들이 가장 많이 추천하는 방법은 숨을 약간 남긴 상태에서 멈추고 스윙하는 것이다.

먼저 어드레스 자세에서 숨을 100% 충분히 들이마시고, 들이마신 숨의 50%를 내뱉은 상태에서 숨을 가둔다는 느낌으로 멈춘다. 이 상태로 백스윙, 다운스윙, 피니시까지 스윙하면 몸의 움직임을 최소화할 수 있기 때문에 몸이 중간에 경직되거나 멈추거나 밀리는 동작이 줄어드는 효과를 볼 수 있다.

조금 더 깊이 들어가자면 호흡의 길이로 백스윙의 크기를 조정할 수도 있다. 짧은 퍼팅 때는 숨을 죽이고, 긴 퍼팅의 경우는 보다 긴 호흡으로 스윙을 조정한다. 선수들의 경기 영상을 보면 쉽게 이해할 수 있을 것이다.

'골프는 리듬'이라는 말이 있다. 음악의 리듬을 타듯 스윙도 리듬을 타고 해야 보다 효과적이다. 지나치게 세세한 것 하나하나 생각하며 스윙을 하다 보면 흔히 말하는 '몸치'가 되어버린다. 쇼트아이언이라면 빠른 리듬으로, 롱아이언이나 드라이버는 느린 리듬으로 하나~둘~셋~하는 리듬에 맞춰 치는 단순함이 답이 될 수 있다. 우스갯소리지만 지인 가운데 함께 치던 동료가 이른바 '수능금지송'이라는 독특한 리듬의 노래를 들려주었는데, 그 노래가 자꾸 생각나 골프를 망쳤다고 한탄한 적이 있다. 자꾸 떠오르는 그 노래의 리듬 때문에 스윙의 리듬이 꼬

여버렸다는 것이다.

머릿속을 맴도는 독특한 리듬의 노래를 듣지 않았더라도, 누구나 긴장한 상태에서는 혹은 초보라면 자신도 모르게 리듬이 빨라지거나 꼬여버리기 쉽다. 이럴 때 호흡을 통해 리듬을 조절하는 연습이 도움이 된다. 숨을 들이쉬고 내쉬는 시간을 일정하게 가지라는 말도 이러한 리듬을 타기 위해서라고 이해할 수 있다.

음악을 들을 때 긴장해 뻣뻣하게 리듬을 타는 사람은 없다. 느긋하게 하나 둘 박자에 몸을 맡기듯이, 타이밍이나 스윙이 잘 되지 않을 때는 빈 스윙을 시계추처럼 하며 적당한 리듬을 찾아보는 것이 도움이 된다. 독특하게 자신만의 리듬 문구를 마음속으로 반복하는 경우도 있다. '하나~둘~~~셋'이나 '나~이~~~스'처럼 어떤 상황에서도 쉽게 떠올릴 수 있는 리듬을 실은 단어가 좋을 것이다.

공을 멀리 보내야 하는 롱 퍼팅에서는 마음이 조급해지고 압박을 느끼는 경우가 많은데 그럴수록 그립은 부드럽게, 몸은 느슨하고 여유 있게 해야 오히려 파워풀한 스윙이 가능하다. 내 몸에 힘을 준다고 스윙도 더 힘이 실리는 것이 아니다. 호흡을 길게 들이마시고 천천히 내쉬면서 몸을 이완시켜 주고, 세게 친다거나 멀리 보낸다는 생각보다는 거리를 맞춘다는 느낌으로 편안하게 쳐야 한다.

필드에서는 매 홀, 매 샷을 칠 때마다 조건이 달라지기 때문에 가장 기본적인 호흡법을 숙지하고 상황에 따라 응용하는 지혜가 필요하다. 중요한 것은 호흡과 스윙의 연관성을 직접 체득해 이를 적절하게 활용하는 것이다.

몸의 긴장을 풀어주는 호흡법

첫 라운딩을 앞둔 A씨는 며칠 전부터 잠을 설쳤다. 초보라 잘 모르는데 함께 하는 사람들에게 피해가 되진 않을지, 아직 많이 부족한 것 같은데 정말 나가도 되는 건지, 실수라도 하면 어떻게 해야 할지, 연습장과 필드는 어떻게 다를지, 여러 생각에 생각이 꼬리를 문 탓이다. 급기야 전날에는 '차라리 비가 와서 취소되었으면 좋겠다'고 생각할 정도였다. 드디어 첫 라운딩 날이 밝고, 티박스 앞에 서자 손과 발이 차가워지며 식은땀이 나기 시작했다. 가슴이 두근두근 거리고 몸이 굳어 평소보다 더욱 뻣뻣해졌다.

첫 라운딩은 A씨처럼 누구나 극도로 긴장하기 마련이다. 하지만 구력이 오래되어도, 심지어 프로 선수들도 정도의 차이만 있을 뿐 누구나 긴장한다. 이러한 긴장감은 어느 정도 선에서는 도움이 되지만, 지나칠 경우 본연의 실력에 못 미치는 결과를 낳을 수 있어 컨트롤이 필요하다.

프로 선수들에게 있어서 지나친 긴장은 치명적 결과를 초래한다. 실패에 대한 불안감으로 발생하는 입스(Yips)에 빠지게 되면 손과 손목이 굳어지고 경련이 나 1m 퍼팅을 놓치거나 백스윙을 할 수 없게 되기도 하고, 어드레스를 하는 것조차 어려울 정도에 이르기도 한다. 어처구니없는 실수를 하기도 하고, 그로 인해 스트레스가 가중되는 악순환에 빠지기도 한다. 답답해 숨조차 쉴 수 없을 지경이지만 기술의 문제가 아닌 마음에서 오는 문제이다 보니 탈출하기가 쉽지 않다. 2021시즌 코오롱 한국오픈 우승자인 이준석 선수도 드라이버 입스로 무려 6년이나 고생한 것으로 알려져 있으며, 장타왕 김태훈 선수도 8년간 입스로 고생하며 은퇴까지 생각했다고 고백한 바 있다.

이러한 긴장과 불안감에서 벗어나기 위해서는 문제를 마주하고 끊임없이 부딪치며 극복해내는 수밖에 없다. 입스에서 겨우 벗어난 선수들도 멘탈 상담부터 하루 수 백 개의 샷 연습까지 끊임없는 노력을 통해 겨우 벗어났다고 이야기한다. 전문가들은 호흡을 조절하는 것이 이러한 입스를 벗어나는 데에도 도움을 준다고 이야기한다.

스윙만 생각하고 호흡을 신경 쓰지 않으면 긴장감이 퍼터에서 드러나게 된다. 이러한 긴장감과 부정적 에너지를 내보내지 않고 계속해서 스윙만 반복하다 보면 어느 순간 축적된 긴장이 극도에 달해 부상이나 입스, 슬럼프와 같은 형태로 나타난다. 때문에 라운드 중 수시로 깊은 호흡을 통해 부정적 에너지를 내보내고 긴장을 내려놓는 연습을 해야 한다는 것이다.

전설적인 골프선수 타이거우즈 또한 자신의 저서 '나는 어떻게 골프를 치는가'에서 "나는 중요한 샷을 하기 전에 길고 깊은 호흡으로 긴장을 푼다"라고 언급한 바 있다. KPGA 코리안 투어 선수 120명을 대상으로 '긴장을 푸는 방법'에 대해 설문 조사를 한 결과, 32.7%는 물마시기, 28.3%의 선수들은 호흡 가다듬기를 꼽았다는 결과도 있다. 호흡을 길게 들이마셨다 길게 내쉬면 분위기 전환과 함께 심리적 안정에 도움이 된다. 우리 뇌가 안정감을 느끼는 호흡은 1분에 6~7회 정도로 알려져 있다. 한 호흡 당 10초 가량을 쓰며 충분히 숨을 내보내고 새로운 숨을 받아들여야 한다.

프로든 아마추어든 타석에 올라가기 전부터 호흡을 통해 긴장감을 낮추고 자신감과 확신을 끌어올려야 한다. 이럴 때는 마음의 평정을 찾아주는 복식호흡이 적합하다. 숨을 들이쉬는 것이 더 중요하다고 생각하는 경우가 많지만, 사실은 내쉬는 것이 더 중요하다. 입을 벌리고 후~하면서 숨을 내뱉으며 가슴과 복부, 단전을 수축시키며 몸의 중심을 땅으로 내려놓는 느낌으로 몸의 힘을 충분히 뺀다. 긴장한 상태에서는 스스로 인지하지 못하더라도 몸에 힘이 들어가 있는 경우가 많으며 이로 인해 부상, 근육통을 유발할 수 있기 때문에 의식적으로 힘을 빼줄 필요가 있다.

하지만 복식호흡조차 잘 되지 않을 정도로 긴장감이 클 때도 있다. 이럴 때는 서서히 숨을 들이마신 뒤 10초간 숨을 멈춘다. 목과 가슴의 긴장감을 느껴보고, 이 긴장을 내보낸다는 생각으로 입으로 숨을 길게 내뱉는다. 이 호흡법은 몸의 긴장감은 물론 정신적인 긴장까지 완화하는 효과가 있다. 타석에 올라서기 전에, 혹은 매 샷마다 프리샷 루틴에 이러한 호흡법을 추가하는 것도 좋은 방법이다. 샷과 샷 사이는 골프에서 가장 중요한 시간이며, 이 때가 호흡에 집중할 시간이자 생리 반응에 대한 통제력을 획득하는 시간이다.

만약 근육이 지나치게 긴장해 편안한 스윙이 어렵다는 생각이 든다면 호흡과 함께 점진적 이완훈련을 병행하는 것이 도움이 될 수 있다. 점진적 이완훈련은 자신도 모르게 근육의 긴장이 찾아왔을 때 어느 근육이 긴장했는지 알아채고 찾아내 이완시킬 수 있는 방법이다. 먼저 근육의 팽팽한 긴장감을 확실히 느낄 수 있을 때까지 몸의 각 부위에 차례로 힘을 주며 긴장을 유발한다. 긴장감을 확실하게 느낀 상태에서 하나씩 근육의 힘을 빼며 이완시켜 준다. 목이나 어깨와 같은 특정 근육에만 실시할 수도 있고, 평소 쉽게 긴장하는 부위에만 실시할 수도 있다.

보통 하나의 근육이 긴장했다가 이것이 확대되어 전신의 긴장 및 근육통 등으로 이어지는 경우가 많은데, 점진적 이완훈련을 통해 평소 자주 긴장하는 근육을 자주 풀어준다면 근육통 예방 및 스트레스 완화에 도움이 될 수 있다.

긴장을 다스리는 것은 심리를 다스리는 일이다. '투어 골퍼의 심리 및 경기력 향상을 위한 심리기술훈련 효과'에 대한 논문에서는 점진적 이완훈련과 호흡법을 비롯한 다양한 심리기술훈련 프로그램을 선수에게 맞게 수정해 실시한 결과 투어골퍼의 실제 경기력 및 인지된 경기력을 향상시키는 결과를 낳았다고 소개하고 있다. 다양한 호흡법과 이완 방법을 접하고, 자신에게 맞게 수정해 이를 적용한다면 심리기술 및 경기력에 큰 도움이 될 수 있을 것이다.

골프에 도움이 되는 일상 호흡법

일상 속에서 호흡법을 훈련해두면 긴장되는 상황에서도 이를 수월하게 기억해낼 수 있다. 호흡법 훈련은 먼저 자신의 호흡을 인지해보고, 불편하거나 자연스럽지 못한 부분을 알아차리며, 바람직한 호흡으로 다듬어 나가는 순서로 진행된다.

먼저 편안하게 앉거나, 눕거나, 선 자세 가운데 가장 편안하게 느껴지는 자세를 찾는다. 몸의 어느 한 부분에 긴장이 들어가거나 불편하진 않은지 확인하고 힘을 모두 뺀다. 눈을 감고 숨을 천천히 쉬면서 호흡이 들어오고 나가는 것을 스스로 느껴본다. 눈을 감으면 좀 더 호흡에 쉽게 집중할 수 있다. 숨을 쉴 때 내 코가 막혀있지는 않은지, 입으로 숨쉬고 있지는 않은지도 확인한다. 비염 등의 문제로 인해 숨이 불편하다면 치료가 필요할 수 있다.

내 호흡을 인지하기 시작했다면 심호흡 단계로 들어간다. 10~20회 정도 숨을 깊게 들이쉬고 내쉰다. 가늘고 길게 숨을 쉰다는 느낌으로 하되, 긴장이 느껴진다면 잠시 멈췄다가 편안하게 호흡한다. 심호흡이 익숙해졌다면 숨을 들이쉬면서 기지개를 펴고 내쉬는 호흡에 긴장을 풀며 팔을 내리며 이완한다. 중요한 것은 인위적인 노력이 아닌 자연스러움이다.

평소 긴장을 많이 하는 사람이라면 어깨와 가슴, 등이 굽어 있고 웅크린 듯한 자세인 경우가 대부분이다. 이 경우 숨을 들이쉬면서 가슴을 펴고 양 팔을 만세하듯 들어올리며 가슴을 부풀리고, 내쉬면서 팔을 천천히 내리고 고개를 숙이며 몸을 가볍게 웅크리는 자세로 길게 숨을 뱉어내는 동작을 반복하면 척추의 긴장을 푸는 데 도움이 된다.

감이 잘 오지 않을 때는 숨을 들이마실 때 머릿속으로 '소~', 내쉴 때는 '함~'이라는 소리를 떠올려 본다. 실제로 호흡 소리를 확대해 들어보면 이와 비슷한 소리가 들린다. 소리를 떠올리며 호흡하면 좀 더 자연스럽게 호흡할 수 있다.

평소 긴장도가 높은 사람일수록 이러한 호흡 훈련을 할 때 답답함을 느끼는 경우가 많다. 하지만 4~5번 반복하다 보면 자신도 모르게 긴장이 풀리면서 나른해지고 잠이 오기도 한다. 호흡 훈련을 마치고 나면 1~2분간은 눈을 감고 잠을 자듯 편안히 휴식을 취한다. 전보다 긴장이 사라지고 개운해지는 것을 느낄 수 있다.

긴장을 푸는 호흡법이 익숙해졌다면 횡격막의 강화에 나설 차례다. 횡격막은 배와 가슴 사이를 분리하는 근육이자 척추의 안정성을 증가시키는 심부 코어 근육으로도 쓰인다. 숨을 쉴 때 사용하는 근육의 약 70%를 담당하기도 한다.

스트레스로 인해 얕은 호흡이 습관화된 사람들은 횡격막을 제대로 충분히 사용하지 않는 경우가 많다. 횡격막 역시 코어근육이며, 코어근육이 약해지면 척추에 가해지는 부담이 커지고 허리통증, 척추 불균형, 골반 불균형 등을 야기하며 골프에 있어서도 한계에 부딪칠 수밖에 없다. 자세의 안정성이 흔들리고 힘을 쓸 때 반드시 필요한 복압 형성도 어렵기 때문이다. 스윙이 정확하지 않거나 비거리가 잘 나오지 않고 부상도 쉽게 입는다.

횡격막도 근육이기에 단련하면 강화할 수 있다. 쉬운 방법부터 살펴보자면, 가슴이 아닌 흉곽으로 호흡하는 방법이 있다. 편안하게 앉아서 한 손은 가슴에, 한 손은 배에 올려두고 코를 통해 천천히 숨을 들이 마셔본다. 이 때 가슴이 아닌 배가 전, 후, 좌, 우로 팽창하는 것을 손으로 느껴본다. 3~5초간 숨을 멈추었다가 내쉴 때는 휘파람을 불 듯 입을 오므리고 천천히 길게 내쉰다. 주의할 점은 숨을 들이쉴 때 어깨가 올라갈 경우 주변 근육들이 긴장하게 되므로 어깨가 올라가지 않고 오직 배만 부풀도록 해야 한다. 이러한 횡격막 호흡은 폐의 하부엽이 충분히 활용되게끔 하고 횡격막 근육의 강화 및 다른 근육과의 조화 향상, 폐를 운동시키는 호흡근의 능력 향상, 지구력 및 전반적 호흡 기능 향상에 도움이 된다.

누워서 하는 방법도 있다. 바닥에 등을 대고 누운 상태에서 무릎은 편안히 구부려 세워준다. 3초간 숨을 깊이 들이쉬며 배를 부풀게 하고, 6초간 천천히 길게 숨을 내뱉는다. 중요한 점은 배꼽을 등에 붙인다는 느낌을 가지는 것이다. 상체는 바닥에 고정한 채 복부만 움직여 몸통 전체에 공기를 가득 채우는 느낌으로 깊이 호흡하는 것이 포인트다.

마음이 편안한 날, 자신의 호흡을 한 번 세어보자. 1분 타이머를 맞춰놓고 눈을 감고 숨을 들이쉬었다가 내쉴 때마다 하나, 둘 하고 호흡을 세어본다. 두세 번 시도해서 평균을 내면 그 숫자가 바로 내가 마음이 편안할 때의 호흡 스피드다. 이 숫자를 잘 기억해 둔다.

멘탈이 흐트러지고 마음이 급해질 때, 머리가 복잡하고 마음이 심난할 때 눈을 감고 그 숫자만큼 호흡을 세어본다. 숫자를 세면서 내 호흡에 집중하다 보면 현재의 긴장감과 걱정거리들로부터 잠시 벗어나 조금 떨어져서 바라볼 수 있게 된다. 불필요한 걱정과 불안들이 아닌 현재 내가 컨트롤 할 수 있는 것이 무엇인지 구분해내는 데도 도움이 된다. 라운딩에 앞서 긴장감이 너무 클 때, 중요한 샷이라는 생각에 중압감이 느껴질 때도 효과적이다.

08
골퍼들을 위한 올바른 호흡 훈련

상급자를 위한 호흡 훈련법

잘못된 호흡을 할 때 나타나는 신호들이 있다. 몸에 힘이 많이 들어가서 스윙이 뻣뻣해지거나 피니쉬 동작에서도 힘이 남아있어 어깨와 등 근육이 경직되어 있는 것이 그 예다. 또한 얼굴이 붉게 달아오르거나 몇 개의 볼을 쳤을 뿐인데 스윙이 힘겹게 느껴지는 것도 호흡이 불규칙하다는 신호일 수 있다.

일정하지 못한 호흡, 횡격막을 제대로 사용하지 않는 호흡은 기록에도 악영향을 미칠 뿐 아니라 옆구리, 허리, 골반 등의 통증을 야기한다. 횡격막을 충분히 사용하는 호흡을 통해 복압을 올리는 훈련이 충분히 되어있다면 이러한 통증을 예방하고 안정적인 스윙에 도움이 될 수 있다.

하나의 스윙을 끝냈다면 깊은 심호흡을 통해 횡격막의 수축과 이완을 자각해보는 것이 좋다. 이러한 심호흡을 통해 여유를 가질 수 있고, 스윙이 반복 노동이 아닌 한 샷 한 샷 정성이 담긴 스윙으로 업그레이드 될 수 있다. 연습장에서보다 필드에서 골프가 잘 되지 않는 이유는 여러 환경적 요인으로 호흡과 루틴이 흐트러지기 때문이다.

그렇다면 어떻게 해야 보다 안정적이고 깊은 호흡이 가능할까? 상급자를 위한 호흡 훈련 방법 가운데는 '풍선 불기'가 있다. 풍선 불기, 풍선 불며 스쿼트 하기, 풍선 불며 드라이버 스윙하기의 3단계로 구성되어 있다.

먼저 첫 단계인 풍선 불기는 누워서 입에 풍선을 물고 무릎을 90도로 접어 발을 든 상태에서 시작한다. 양 무릎은 주먹 두 개 들어갈 너비로 벌리고 골반은 감아서 허리가 바닥에 닿게 한다. 양손을 갈비뼈 위에 올려두고 풍선을 분다. 숨을 들이쉬는 것을 10회 1세트로 10회 반복한다.

두 번째 단계인 풍선 불며 스쿼트하기는 풍선을 불며 앉고, 불며 일어나는 스쿼트 동작을 10회 반복하는 것이다. 총 3세트를 실시한다.

세 번째 단계인 풍선 불며 드라이버 스윙하기는 풍선을 불면서 백스윙하고, 부푼 풍선을 유지하며 다운스윙과 피니시를 구사하는 것이다. 이를 20회 3세트 반복한다. 드라이버, 아이언, 웨지, 퍼터 순으로 스윙을 적용하며 풍선 불기 훈련을 실시한다.

이러한 풍선불기 훈련은 시력 회복, 목소리 안정, 신진대사 촉진에 의한 체온상승, 손발의 온도 상승, 말초신경 활성화, 차분하고 냉정한 사고력, 상체 및 목 주변 근골격 조직 이완 등의 효과를 기대할 수 있다.

더불어 골퍼들이 경계해야 하는 것은 템포가 빨라지는 것이다. 어떤 상황에서도 차분하게 흔들림 없이 경기에 임하는 프로 골퍼들은 절대 외부적 압박에 휩쓸려 자신의 템포를 잃지 않는다. 느린 듯 차분하게 자신만의 템포를 지켜야 실수 없는 플레이가 가능하다.

숨이 빨라지면 그만큼 마음도 조급해지고, 정성을 기울이기 보다는 대충 빠르게 끝내버리고픈 마음에 실수가 발생한다. 일상생활에서 쉽게 흥분하고, 쉽게 멘탈이 흔들리는 사람이 경기에서만 오롯이 자신의 템포를 유지할 수 있을까?

게리 플레이어는 시합 전 몇 주 동안 모든 행동을 천천히 했다고 알려져 있다. 밥을 먹을 때도, 면도를 할 때도, 심지어 집에 불이 나도 천천히 탈출할 것이라고 말할 정도로 천천히 행동하는 연습을 반복했다. 조니 밀러는 토너먼트 마지막 라운드인 일요일에는 면도에만 무려 20분을 사용한다고 한다.

잭 니클라우스 역시 "첫 샷의 긴장 상태에서 가장 경계해야 하는 것은 백스윙 템포가 빨라지는 것"이라고 말했다. 평소에도 깊고 느리게 호흡하는 연습을 반복하며 차분한 템포로 정서적 긴장과 근육의 긴장을 푸는 습관을 들인다면 경기에 임할 때도 환경에 상관없이 최적의 템포를 유지할 수 있을 것이다.

나만의 호흡 루틴 만들기

호흡의 중요성은 알지만, 호흡 훈련이 골프에 도움이 된다는 것도 알지만 일상생활에서 이를 반복적으로 훈련하지 않는다면 의미가 없다. 매일 자연스럽게 반복되는 루틴에 호흡 훈련을 더한다면 자연스럽게 깊고 안정적인 호흡으로의 개선이 가능한 것은 물론, 스트레스 감소 및 건강증진에도 도움이 될 수 있을 것이다.

먼저 아침에 눈을 뜨자마자 실시할 수 있는 호흡법부터 시작해 보는 것이 좋다. 신체에 산소를 풍부하게 공급해 보다 활기찬 하루를 시작할 수 있고 뇌 기능 개선 및 집중력, 기억력 향상, 혈압 및 심장 기능 개선 등 다양한 유익함이 있다. 아침의 호흡 훈련은 곧 명상이다. '사피엔스'의 저자 유발 하라리는 아침에 한 시간, 저녁에 한 시간 명상을 한다고 한다. 세계적인 농구선수 제임스 르브론 역시 매일 빼놓지 않고 명상을 하며, 세계적인 축구선수 모하메드 살라는 종종 명상 세레머니를 펼칠 정도로 명상 매니아로 알려져 있다.

잠에서 깬 뒤 먼저 편안한 자세를 취한다. 굽은 등, 긴장된 어깨, 굳은 자세가 아닌 편안히 앉는 자세를 취한다. 눈을 지그시 감고 몸에서 느껴지는 감각에 마음을 집중한다. 코로 깊게 숨을 들이마시며 몸 안에 공기가 흐르는 것을 느끼고, 천천히 숨을 내쉰다. 처음에는 여러 가지 해야 할 일들과 잡다한 생각들이 머릿속에 떠오를 것이다. 이 생각들이 공기 중으로 날아간다고 생각하며 호흡에 집중하다 보면 마음이 비워지고 평온해지는 순간을 느낄 수 있다. 이러한 아침 명상 호흡법은 하루의 시작을 보다 가볍고 개운하게 만들어주며 골프의 핵심인 멘탈 관리에도 큰 도움이 된다.

바쁜 업무와 일정으로 스트레스를 받는 오후 시간에는 가벼운 몸 풀기와 더불어 심호흡을 하는 것이 좋다. 평소 호흡 훈련이 되어 있지 않은 사람들은 조금만 운동해도 숨이 차지만, 가슴 주변의 호흡 근육을 단련시키면 호흡의 효율성을 늘려줄 수 있다. 사무실에서도 간단히 할 수 있는 운동과 호흡법을 실천해 보자.

먼저 의자에 앉아 등을 곧게 펴고 숨을 깊이 들이마시면서 양 팔을 위로 뻗어 가슴을 팽창시킨다. 이후 숨을 내쉬면서 양 손을 발목까지 내리며 천천히 숨을 끝까지 내쉰다. 어깨 운동을 이용한 가슴 운동 방법이다.

가슴근육 스트레칭을 이용한 호흡근 단련 운동도 간단하다. 의자에 앉아 양 팔을 올려 뒤통수에서 양 손을 깍지 낀다. 숨을 들이마시면서 가슴 근육을 넓게 편다. 이후 양 팔꿈치를 앞으로 끌어 모으면서 천천히 숨을 끝까지 내쉰다.

몸통 기울이기를 이용한 호흡근 운동도 도움이 된다. 양 손을 옆구리에 대고 가슴을 펴며 숨을 깊게 들이마신다. 동그랗게 입술을 모은 후 가슴을 안으로 움츠리면서 천천히 길게 내쉰다. 이러한 호흡법들은 횡격막을 충분히 활용하게 해 몸에 들어온 산소를 더욱 효율적으로 사용할 수 있게 한다. 복식호흡, 단전호흡 역시 실제로 배로 호흡을 하는 것이 아니라 횡격막을 유연하게 해 의도적으로 깊이 숨을 쉴 수 있게 하려는 의도를 가지고 있다.

숨을 천천히 들이마시고 멈췄다가 천천히 내뱉는 동작을 반복할수록 횡격막이 단련되며 폐에 고여있던 공기가 원활하게 드나들 수 있게 된다. 흔히 "폐활량이 좋아졌다"는 표현을 쓰기도 하는데, 폐활량은 폐가 다 성장하고 난 뒤에는 더 이상 늘어나지 않는다. 하지만 가슴 주변 호흡 근육을 단련시켜줌으로써 기존에 사용하지 않던 공간을 사용할 수 있게 되는 것처럼 호흡 능력이 좀 더 나아지는 것이다. 평소 충분한 걷기와 스트레칭 등의 전신 운동, 유산소 운동을 병행한다면 훨씬 도움이 될 수 있다.

가끔은 다양한 도구를 이용하는 것이 호흡 훈련에 도움이 될 수 있다. 일정한 박자로 딱 딱 소리를 내는 메트로놈, 맑은 종소리의 울림이 부드럽게 퍼지는 싱잉볼과 같은 도구는 소리에 귀를 기울임으로써 머릿속의 생각을 줄이고 몸을 편안하게 만들어준다. 또는 좋아하는 아로마 오일의 향을 맡으며, 자연스럽게 호흡과 향기에 집중해보는 방법도 있다. 향기가 진해졌다, 연해졌다, 코 아래서 느껴진다, 달콤하다, 상큼하다 등 있는 그대로의 감각을 받아들이며 집중해 본다. 평소 편안하게 느껴지는 향으로 이러한 훈련을 하고, 골프를 칠 때 그 향기를 주변에 둔다면 보다 쉽게 평정을 찾을 수 있을 것이다.

바쁜 일상을 마치고, 혹은 모처럼의 라운딩을 마치고 돌아온 저녁 시간이면 온 몸의 근육이 온전하지 않은 것이 느껴진다. 어깨가 뭉쳐있기도 하고, 갈비뼈와 등이 뻐근하기도 하다. 심지어 자려고 누워도 온 몸이 아직 긴장을 풀지 못해 각성해 있는 것이 느껴질 때도 있다. 하지만 충분히 편안하고 깊은 수면을 취하지 못한다면 일상은 물론 골프에도 좋은 영향을 미칠

리 없다.

운동을 끝내고 난 뒤 하는 호흡 고르기는 운동 후 남아있는 피로감을 풀어준다. 운동이 끝난 후 편안한 곳을 찾아 눕고 두 다리는 어깨 너비로 벌린다. 다리를 너무 벌리면 다리 외측 근육이 긴장되고 너무 좁으면 내측 근육이 긴장되기 때문에 어깨 너비가 가장 적절하다. 양 팔은 겨드랑이에 주먹이 하나 들어갈 너비로 벌리고 손바닥은 하늘을 향하게 한다. 몸 전체를 바닥에 체중을 맡긴다는 생각으로 편안히 눕고, 눈을 편히 감은 뒤 이마와 턱에 긴장을 푼다. 호흡이 편안해졌는지 체크해 보고, 편안해지면 자연스럽게 호흡에 따라 배가 움직이는 것을 관찰한다. 의식적으로 호흡을 조절하지 않고 관찰하는 것만으로도 충분하다. 시간이 흐를수록 점점 규칙적으로 안정되며 몸이 이완되는 것을 느낄 수 있을 것이다.

유독 골프를 열심히 친 날 또는 운동을 격하게 한 날은 애프터 버닝으로 인해 잠이 잘 오지 않을 때가 있다. 애프터 버닝이란 운동 후 과잉 산소 소비(Excess Post-Excercise Oxygen Consumption, EPOC)라고 불리며 강도 높은 활동을 한 뒤 산소 섭취율이 증가하는 것을 말한다.

심한 운동 강도로 인해 발생한 산소 부족을 상쇄하기 위해 몸이 더 많이 소비하게 하는 것으로, 그 과정에서 에너지를 계속 소비하기 때문에 다이어트의 치트키라고도 불린다. 하지만 이러한 애프터 버닝 상태에서는 몸이 계속 흥분해 있는 상태나 다름없기 때문에 충분한 휴식을 취하는 데는 방해가 될 수밖에 없다.

이럴 때는 바디 스캐닝과 호흡 조절로 편안한 몸과 마음의 상태를 되찾는 것이 좋다. 바디 스캐닝은 쉽게 잠들 수 없을 때 몸을 이완시켜 주어 나른하게 만들어준다.

먼저 몸을 편안한 자세로 눕히고, 바닥에 닿은 머리를 편안하게 만든다. 머리의 무게를 느껴보고 눌린 느낌, 면적도 느껴본다. 다음은 어깨 부위다. 닿은 면적과 온도감을 두루 느낀다. 다음은 등 부위를 편안히 만든다. 힘이 빠지고 이완되는 것을 충분히 느낀다. 이렇게 팔, 엉덩이, 허벅지, 종아리, 발뒤꿈치, 발가락 등 머리끝부터 발끝까지 구석구석 감각에 집중하며 한 부위씩 이동한다. 몸이 한 부위씩 이완되며 금세 잠에 빠질 수 있게 된다.

호흡 훈련은 한두 번으로 긍정적인 결과를 얻을 수 있는 것은 아니지만, 일상 속에서 충분히 반복하며 체득한다면 장기적으로 마인드컨트롤 및 심폐기능 향상, 라운딩에서의 긴장감 감소 및 경기 결과 향상에 충분히 도움이 될 수 있다. 다음 장에서는 원활한 호흡을 방해할 수 있는 질환 및 구조적 이상에 대해 알아보고 이를 개선할 수 있는 방법에 대해 보다 자세히 알아보자.

09
건강한 호흡을 위한 코 관리

좋은 호흡은 '코'에서 시작된다

종종 '코' 때문에 골프가 더 힘들다고 말하는 분들을 만난다. 알레르기 비염이 있어서 골프장의 잔디, 꽃가루의 영향으로 인해 라운딩을 나갈 때마다 고생한다는 분들도 많고, 코의 구조적 문제로 인한 만성적인 코막힘으로 호흡이 어려워 골프를 칠 때 세심한 호흡 조절이 어렵다고 토로하기도 한다. 탁 트인 야외 잔디 위에서 멋진 경치를 즐기며 칠 수 있다는 것이 골프의 장점이지만, 반대로 '코'에 어려움이 있는 분들에게는 그 장점이 곧 단점이 될 수도 있는 것이다.

굳이 골프 때문이 아니더라도 '코'를 바로잡으면 삶의 질이 크게 높아질 수 있다. 비염 수술을 받고 난 환자들은 "남들은 다 이렇게 숨을 쉬고 살고 있었느냐"며 깜짝 놀라는 경우가 대부분이다. 두통과 피로감이 사라지고 숨쉬기가 편해지니 날아갈 것 같다고 표현하기도 한다. 시원하게 숨 쉬는 것만큼 가슴이 뻥 뚫리는 행복은 없다.

아무리 좋다는 호흡법을 숙지하고 연습한다 할지라도 코가 기능을 제대로 하지 못하는 상태라면 그 효과를 거두는 데 한계가 있기 마련이다. 좋은 호흡을 위해, 더 나은 골프 스코어를 위해, 또한 더 나은 삶의 질을 위해서는 코에 대해 제대로 알고 제 기능을 할 수 있도록 바로잡아 줄 필요가 있다.

성경에서도 '하나님이 흙으로 사람을 지으시고 생기를 그 코에 불어넣으니 생명이 되었다'는 표현이 나온다. 코로 제대로 숨 쉴 수 있을 때 우리는 비로소 생명과 생기를 온전하게 유지할 수 있다. 코의 문제를 겪는 분들은 생명의 가장 기본적인 조건인 호흡이 원활하지 못해 고생하는 안타까운 경우가 참으로 많다. 고질적인 코의 문제로 집중력, 운동능력 등에 있어서 본래 자신의 컨디션의 50%도 채 발휘하지 못하는 안타까운 케이스도 많다. 또한 코의 모양에 대한 불만족으로 인해 심미적인 부분의 개선에 급급해 코의 기능적인 문제에 대해 깊이 생각해 보지 않고 병원을 찾는 분들도 있다.

20년이 훌쩍 넘는 세월을 이비인후과 의사로서 '건강한 코가 가장 아름다운 코'라는 신념으로 환자들에게 자신감을 부여하고자 애써 왔다. 코의 질환 치료는 물론, 심미적인 부분에 이르기까지 수많은 환자를 상담해 왔으며 코의 문제를 해결한 뒤 전보다 훨씬 활력 있는 삶을 살아가는 모습을 목도해 왔다. '코'를 알고 바로잡는 것은 건강하고 즐거운 삶, 행복한 골프의 시작이라는 사실을 더 많은 분들이 알기 바란다.

코의 역할과 기능

사람의 코는 얼굴의 가장 중앙 부분에 우뚝 솟아 있다. 동물의 코는 구멍만 뻥 뚫려 있는 경우도 많고 심지어 영장류 중에서도 고릴라와 침팬지의 코 역시 그러한데 유독 사람의 코는 눈에 띄게 튀어나온 모습이다.

두드러지는 모습만큼이나 우리 몸에서 코가 담당하는 기능도 두드러진다. 코는 냄새를 맡는 후각기관이자 공기가 드나드는 호흡 계통의 초입이다. 크게 바깥코(외비)와 안쪽의 코 안(비강)으로 구분되어지며, 코중격(코청)에 의해 좌우 공간으로 나눠진다. 주요 기능을 살펴보면 다음과 같다.

1) 호흡기능
코의 가장 중요한 기능은 단연 호흡기능이다. 코로 유입된

대기 중의 공기가 넓은 코 안에서 처음 지나게 되는 것은 세 개의 층으로 된 코 선반이다. 외부에서 들어온 차갑거나 건조한 공기는 허파의 점액을 마르고 얼어붙게 하기 때문에, 코 선반의 잘 발달된 모세혈관이 열과 수분을 내뿜어 지나는 공기를 따뜻하고 촉촉한 상태로 만들어 준다.

이 밖에도 코 안 주위에는 빈 동굴 같은 코 곁굴이 있어서 최대한 많은 공기가 모세혈관에 닿도록 해 주며, 코 안과 코 곁굴에서 습도 조절을 위해 내뿜는 수분의 양은 하루에 무려 1L 이상에 달한다고 알려져 있다.

코 점막의 상피에는 섬모가 깔려 있다. 섬모는 일정한 방향으로 운동하며 점액층에 포함된 작은 먼지나 세균을 인두로 운반하는 공기정화장치와도 같은 역할을 한다. 공기 중에 섞인 미세한 먼지, 티끌, 미생물 등을 붙잡아 가래로 내보내거나 위 속으로 흘려보내 살균하는 것이다.

만약 코에 이상이 생겨 호흡 작용에 문제가 생긴다면 코로 충분한 공기를 들이마시기 어렵고, 산소 공급이 충분히 이뤄지지 않아 두통, 집중력 저하, 수면의 질 저하 등을 초래할 수 있다. 또한 부족한 흡기량을 보충하기 위해 입으로 숨을 쉬는 구강호흡을 하게 된다. 코의 호흡 기능이 개선되지 않아 장기적으로 구강호흡을 하게 되면 코의 공기 정화 기능을 거치지 않은 상태에서 공기가 몸속으로 들어오게 되어 건강에 악영향을 미칠 수 있으며, 얼굴형까지 바뀌기도 한다.

2) 후각기능

코 천장의 후각점막은 공기 중에 섞여 들어오는 냄새를 맡는 역할을 수행한다. 음식 등에서 퍼져 나온 냄새 분자가 후각점막의 후각세포를 자극하면, 그 신호를 받은 뇌가 냄새를 느끼는 것이다.

후각은 오감 중 가장 예민하게 반응하는 감각으로, 사람은 약 500만 개의 후각세포를 통해 약 3천~1만 가지의 냄새를 감지할 수 있다. 하지만 후각세포는 쉽게 피로를 느껴서, 아무리 강한 냄새도 시간이 흐르면 감각이 무뎌져 느끼지 못하게 된다.

그러나 후각기능의 퇴화는 건강에 매우 위험한 신호이다. 후각기능이 저하된다는 생각이 들면 인근의 이비인후과에 내원하여 치료시기를 놓치지 않아야 한다.

반려동물인 개의 후각은 인간의 후각보다 무려 10만 배 이상 우월하다고 알려져 있다. 프랑스 렌대 연구진은 개들이 뇌전증(발작을 일으킬 만한 원인 인자가 없음에도 반복적으로 발작이 일어나는 만성질환) 징후를 보이는 환자를 냄새로 구분할 수 있다는 연구 결과를 발표하기도 했다. 연구진은 뇌전증 환자들의 몸 냄새와 숨을 쉴 때 나오는 냄새를 발작을 일으켰을 때, 평상시, 운동을 마쳤을 때 등 서로 다른 상황에서 채취해 이를 훈련받은 개 5마리에게 맡게 했다. 그 결과 개들은 발작이 있을 때 나는 냄새를 67%에서 100% 사이의 정확도로 찾아냈다. 발작이 일어났을 때 나는 특유의 냄새를 개들이 알아채는 것이다.

후각 기능은 단순한 냄새 감지를 넘어 위험 상황으로부터 미리 대피할 수 있도록 도와주는 중요한 역할도 담당한다. 화재가 발생했다거나 상한 음식을 감지해내는 것이 그 예다. 특히 요리를 하는 직업의 경우 후각 기능 이상은 식재료 및 향신료의 구분도 어려워질뿐더러 맛도 느낄 수 없게 되어 커리어에 치명적인 영향을 끼치기도 한다.

후각이 둔해지거나 없어지는 것을 후각장애라 하며, 장애 부위에 따라 전도성, 호흡성, 말초신경성, 혼합성, 중추성 등으로 분류한다. 전도성은 약 2%를 차지하며 코 안에 질병이 있거나 감기 후 코에 생긴 염증 또는 코 안의 점막이 부어 있어 냄새를 포함한 공기가 후각신경까지 접촉하지 못하는 상태를 말한다. 말초신경성은 약 50%를 차지하며 냄새를 맡는 부위의 점막이나 신경세포에 이상이 있어 장애가 생긴 상태를 말한다. 혼합성은 전도성과 말초신경성이 혼합된 경우로 45%를 차지하며, 중추성은 뇌의 후각자극 전달경로 또는 후각 중추신경계 이상에 의한 것으로 환자의 3%를 차지한다.

또한 후각장애는 특징에 따라 무후각증, 후각감퇴증, 후각과민증, 이상후각증, 후맹증, 환후각증 등으로 분류할 수 있다.

무후각증은 전혀 냄새를 맡지 못하는 경우로 후각상실증이라고도 한다. 강한 자극을 가진 냄새는 맡을 수 있지만 약한 자극을 가진 냄새는 맡지 못하는 경우가 후각감퇴증이고, 신경 쇠약, 임신, 월경 등에서 중추신경계의 이상 흥분으로 후각이 예민해진 경우 후각과민증 또는 고후각증이라 한다. 이상후각증은 어떤 냄새를 다른 냄새로 잘못 감지하는 경우이고, 후맹증은 어떤 특정한 냄새만 맡지 못하는 경우이며, 환후각증은 냄새가 나는 물질이 없는 데도 냄새를 호소하는 경우이다.

흔히 축농증이라 불리는 폐쇄성 비부비동 질환은 후각 장애를 유발하는 원인 중 가장 흔하며 후각 장애의 원인 중 약 30%를 차지한다. 부비동에 염증이 생기면서 코 점막이 부어올라 콧속 윗부분에 위치한 냄새물질이 전달되는 경로가 막혀버린다. 이로 인해 후각에 이상이 발생하는데, 이 경우 수술적 혹은 약물적 대증치료로 코를 통해 숨을 쉬게 해주면 후각 장애가 사라진다.

흔히 감기라 불리는 급성 상기도 감염에 의해 발생하는 후각 장애는 동반되는 급성 부비동염, 급성 비염 등으로 인해 코로 호흡을 못하게 됨으로써 일시적으로 발생하는 경우가 많다. 만약 급성기가 지나고도 후각장애가 계속되는 경우는 급성 상기도 감염의 원인인 바이러스가 후각 신경을 침범하여 후각 신경이 영구히 손상된 경우라고도 볼 수 있다. 이렇듯 후각 신경에 손상이 온 경우 급성 염증이 낫더라도 후각장애가 계속되는 경우가 많다.

머리에 외상을 받은 후 후각 장애가 발생하기도 한다. 섬세한 후각신경이 전두골의 바닥을 지나가기 때문에 외상으로 두개골의 골절이나, 혹은 골절이 없더라도 후각 신경이 손상 받아 후각 장애가 나타나게 된다.

특정 약물을 복용함으로 인해 미각(입맛)의 변화를 가져오게 되고 이로 인해 후각 장애를 느끼게 되는 경우도 있다. 또한 각종 산업성 유해물질 등을 흡입하는 것, 일상 속에서 흔히 접하게 되는 담배연기도 심각한 후각 장애를 유발할 수 있다. 이 외에도 당뇨, 후각신경세포 장애 등으로 인한 선천성, 호르몬 이상, 알츠하이머병, 파킨슨병, 뇌종양 등도 후각장애의 원인이 될 수 있으며 정신적 스트레스 등에 의해서도 후각장애가 유발될 수 있다. 후각장애의 약 10~25%는 아직 그 원인을 알 수 없는 경우로 분류된다.

3) 면역기능

코는 우리 몸의 1차 방어선이자 최전방의 면역기관이다. 코 점막과 콧털, 콧물 등을 통해 공기 중의 이물질, 유해물질을 걸러 우리 몸을 보호하는 기능을 하기 때문이다.

코에서 삐져나와 성가신 존재로 알려진 콧털은 의외로 외부에서 들어오는 먼지를 걸러 내는 필터 역할을 한다. 인체의 공기청정기라고 해도 과언이 아니다. 코 안의 점막은 항바이러스 성분과 살균 효소가 든 점액을 분비한다. 이런 과정을 통해 점액에 붙잡힌 세균과 먼지가 뭉쳐 마르면 코딱지가 만들어진다.

때로는 강력한 인플루엔자 바이러스에 의해 코점막이 상처를 입기도 하는데, 이런 경우 코점막은 바이러스와 독성, 죽은 세포들을 씻어 내기 위해 평소보다 훨씬 많은 점액을 분비하여 콧물이 흐르게 한다. 이처럼 콧물이 흐르는 것은 우리 몸의 면역기능이 잘 작동하고 있다는 청신호로, 코 안의 이물질을 모두 씻어 내면 저절로 멈추게 된다.

코 점액은 대부분 수분으로 구성되어 있으며 면역세포와 비반세포(히스타민 분비 세포) 등으로 이뤄져 있다. 박테리아나 곰팡이 같은 외부 이물질이 코를 통해 들어올 때 곧바로 콧물이나 재채기가 나는 이유는 이들 세포가 밖으로 이를 빼내기 때문이다.

환절기의 기온차, 꽃가루, 집먼지 진드기, 애완동물의 털 등 다양한 원인으로 인해 코 점막이 자극 받으면 코 면역과민반응이 일어나 지속적인 콧물, 재채기, 코 가려움 등의 증상이 나타난다. 환절기 골프장의 꽃가루, 잔디 알레르기 등으로 인해 이러한 코 면역과민반응을 겪는다는 분들도 많다. 심지어 박세리 선수도 선수생활 당시 비염이 심해 고생을 많이 했는데, 병원을 찾아 알레르기 검사를 받은 결과 잔디, 먼지, 햇빛 알레르기 진단을 받았다고 밝히기도 했다.

골프는 대부분 나무와 풀이 많은 야외에서 라운딩을 하기 때문에 꽃가루 알레르기를 비롯한 야외의 항원에 쉽게 노출될 수밖에 없는 스포츠다. 박세리 선수 역시 오랜 시간을 골프장에서 보내야 했던 만큼 알레르기 비염으로 인한 고충이 매우 심했을 것이다. 만약 라운딩을 할 때마다 코막힘, 콧물, 재채기, 가려움과 같은 비염 증상이 유독 악화된다면 알레르기가 있지는 않은지 확인해보는 것도 좋을 것이다.

4) 성대의 울림기능

목소리는 기본적으로 성대의 모양에 의해 결정되지만, 코 역시 목소리의 차이를 만드는 데 매우 지대한 역할을 한다. 성대의 진동으로 만들어진 목소리는 코 안과 코곁굴을 지나며 그 소리가 더욱 크게 울리는데, 이때 코의 구조와 두께에 따라 사람마다 다른 목소리가 나오게 된다. 사람마다 목소리가 다른 것은 성대의 모양뿐 아니라 코의 구조와 두께에도 기인하는 것이다.

이를 입증하는 대표적 사례로 우리가 감기에 걸리면 목소리가 맹맹하게 변하는데, 이는 코 안과 코곁굴의 점막이 부어올라 평소와 다른 울림이 생겼기 때문이다. 손으로 코를 막았을 때 목소리가 달라지는 것도 같은 원리다. 때문에 코곁굴의 만성 부비동염을 수술 등으로 치료하고 난 뒤 코에 변화가 생기면서 목소리까지 다소 변화하는 경우가 생기기도 한다.

5) 코 안(비강)의 구조 및 다양한 기능

비강이란 비중격에 의해 좌우로 구분되는 콧속의 공간을 지칭한다. 앞쪽의 입구를 앞 콧구멍(전비공) 혹은 콧구멍(외비공) 이라 하고 뒤쪽 코인두(비인두)로 통하는 부위를 뒤 콧구멍(후비공)이라고 한다. 위치는 얼굴의 정중앙에 위치하며 코(외비)의 안쪽 공간을 형성한다.

가장 바깥쪽의 전비공, 즉 콧구멍 바로 안쪽에 피부로 덮여 있는 부위를 코안뜰(비전정)이라 하며 다른 얼굴의 피부와 마찬가지로 피지선과 땀샘 등이 분포해 있다. 코안뜰의 안쪽부터 코 점막이 시작되며 이 부위를 고유비강이라 한다. 고유비강은 그 위치에 따라 바닥을 이루는 코 안 바닥(비강저), 천장을 이루는 코 안 천장(비강상벽), 안쪽벽을 형성하는 코 안 안쪽벽(비중격), 바깥벽을 형성하는 코 안 가쪽벽(비강측벽)으로 나뉘게 된다. 코 안 바닥은 좌우로 약간 오목한 형태를 이루며 앞뒤로 길게 위치하며 코중격연골을 지지하는 역할을 한다. 코 안 천장은 후각신경이 위치하며 후각점막으로 덮여 있다.

비중격을 한문을 풀어서 쓰면 코 비(鼻), 가운데 중(中), 가로막는 간격의 격(隔)이다. 즉 코의 가운데를 나누는 벽이란 의미이며, 양쪽 코 안을 나누고 콧등을 지지하는 역할을 한다. 코중격의 앞쪽에는 키셀바흐 얼기라 불리는 부위가 있다. 코 안 가쪽벽은 해부학적으로 구조가 가장 복잡한 부위로 위코선반(상비갑개), 중간코선반(중비갑개), 아래코선반(하비갑개)으로 구분되는 코선반(갑개)이 있다. 특히, 중간코선반과 가쪽벽 사이의 공간인 중간콧길은 주요 부비동과 연결되어 있어 이상이 생기는 경우 부비동염이 발생할 수 있어 임상적으로 중요한 부위이다.

코 안은 점막을 통해 폐로 유입되는 공기에 습도와 온도 조절을 할 뿐만 아니라 후각이라는 고유의 감각기능을 수행한다. 또한 점액 분비, 점액섬소 수송 등을 통해 독성물질과 감염원을 제거하며 점막하 분비선에서 분비되는 라이소자임, 락토페린 등의 항균물질을 분비함으로써 인체의 방어막 역할을 수행한다.

필자가 근무하는 병원에서 가장 흔한 질환이자 많은 환자들이 고통을 호소하는 알레르기 비염, 비알레르기성 비염, 비후성 비염, 위축성 비염, 혈관운동성 비염, 비출혈, 비강내 종양, 후각소실, 비중격만곡증, 비부비동염 등의 질병이 발생하는 곳도 바로 이곳 비강이다. 비강에 문제가 생긴 것을 확인하는 대표적인 검사방법으로는 일반적인 내시경 검사를 포함한 신체검진, 컴퓨터 단층촬영(CT), 음향비강통기도 검사, 비강통기도 검사, 후각 검사 등이 있다.

6) 코피의 원인

코는 가장 자주 출혈이 발생하는 인체 부위이다. 무릎이나 손가락 등은 물리적인 힘으로 인해 상처가 나서 피가 나지만 코는 다치지 않았을 때도 많은 양의 피가 난다. 왜 코에서만 유독 피가 빈번히 나는 것일까?

코피라 불리는 비(鼻)출혈은 대다수의 사람들이 살아가면서 한 번씩 겪는 일이다. 앞서 설명했지만 인체의 코는 외부의 공기가 폐로 들어가는 인체의 첫 관문으로 하루에도 많은 양의 공기가 코 점막을 통과하게 된다. 이때 인체 바깥의 공기는 호흡기 내부 공기보다 상대적으로 차갑고 건조하므로 코 점막의 점액량이 부족해질 경우 쉽게 점막이 건조해진다. 이렇게 되면 섬모 활동이 감소돼 딱지와 균열이 생기고 작은 혈관들이 노출돼 비출혈을 일으키게 되는 것이다.

잦은 코피로 내원한 어린이 환자의 경우 습관적으로 코를 후비면서 이 부위에 상처를 입혀 반복적으로 코피가 발생하는 경우가 많다. 어르신 환자의 경우에는 상대적으로 점액량이 적어지면서 점막이 쉽게 건조해지므로 비출혈 빈도가 증가하게 된다. 알레르기를 비롯한 각종 비염도 적절히 관리하지 않으면 점막염증과 함께 비출혈 빈도를 증가시키는 원인이 된다. 산모들은 엽산 감소로 인해, 간 질환·혈액투석 환자는 혈액응고장애로 인한 비출혈이 발생할 수 있다.

아스피린, 항응고제(와파린, 헤파린), 비스테로이드성 소염제(NSAID)등의 약물도 비출혈과 연관이 있으므로 복용하는 약도 면밀하게 잘 살펴야 한다. 코피가 자주 발생하는 사람들은 주변 공기 습도를 55% 정도로 적절히 조절하는 것이 좋은데, 코에 직접 수분을 공급하는 것은 더욱 효과적이다.

생리식염수나 동등한 염도를 가진 소금물을 사용해 잠자기 전과 아침에 일어난 후 코를 부드럽게 세척하는 것이 큰 도움이 된다. 수돗물이나 정수된 물과 같이 소금기가 없는 물은 적합하지 않다. 점막 건조가 심할 때는 코 안에 연고를 바르는 것이 좋다고 조언한다. 코는 매우 민감하고 예민한 부위라는 점을 잊어서는 안 된다.

코로 하는 호흡, 입으로 하는 호흡

미국 메이저리그 중계를 보다 보면 선수들이 코에 밴드를 붙인 모습을 자주 볼 수 있다. 코에 상처가 나서 붙인 밴드가 아니라 코의 호흡을 위한 보조기구인 '노이즈 밴드'다. 플라스틱으로 된 얇은 판이 들어있는 밴드로, 원래의 형태로 돌아가려는 성질이 있는 이 플라스틱의 원리를 이용해 양쪽 콧살을 들어 올려 콧구멍이 확장되도록 하는 효과가 있다.

운동을 하다가 숨이 가빠졌을 때 무의식적으로 입이 벌어질 수 있기 때문에 입이 아닌 코로 호흡하게끔 도와주는 기구다. 왜 밴드를 사용하면서까지 입으로 하는 호흡이 아닌 코로 하는 호흡을 하게끔 할까?

호흡은 크게 구강 호흡(입호흡)과 비강 호흡(코호흡)으로 나뉜다. 입호흡은 들이마시는 숨이나 내쉬는 숨의 통로가 입이 되는 호흡이며 주로 비염, 돌출입, 부정교합, 아데노이드 비대증이 있는 이들이 입호흡을 한다. 어린 아이들은 질환이 없더라도 입호흡을 하는 경우가 많다. 입으로 숨을 쉬면 공기의 흡입량이 많고 호흡이 쉬운 것처럼 느껴지기 때문이다.

하지만 이러한 입 호흡은 세균을 비롯한 외부 유해물질이 바로 우리 몸 안으로 들어오게 해 여러 질환을 유발하기 쉽다. 입으로 숨을 쉬면 차고 건조한 공기가 바로 목과 호흡기로 들어가 건조한 상태를 만들고, 이렇게 건조해진 호흡기는 바이러스나 세균이 침투하기 좋은 환경이 된다.

코가 막혀 입을 벌리고 잔 다음 날이면 목이 칼칼하고 아픈 것을 경험해 본 적이 있을 것이다. 건조하고 정화되지 않은 공기가 입으로 들어가면서 목을 건조하게 만들기 때문이다. 특히 목 안쪽의 편도는 면역 시스템의 핵심이 되는 림프 조직인데, 입으로 숨을 쉬면서 편도가 손상되면 기도에 염증이 생기고 기침, 천식 등이 나타나기 쉽다. 뿐만 아니라 입호흡은 입 속의 타액을 마르게 만드는데, 타액에는 바이러스 및 세균 증식을 막기 위한 면역 기능이 있기 때문에 입 호흡을 하면 타액이 부족해져 쉽게 감기에 걸리게 된다.

입으로 숨을 쉬면 얼핏 산소가 더 쉽게 많이 몸속으로 들어올 것 같지만 실제로는 그 반대다. 코 호흡에 비해 입 호흡은 얕은 호흡을 하게 되므로 전신의 세포에 산소가 부족한 상태가 되기 쉽다. 또한 체온 및 체력이 저하되고 쉽게 피로해지며, 세포의 신진대사가 제대로 이뤄지지 않아 만성적인 염증이 발생할 수 있다. 또한 산소 결핍으로 전두엽의 기능이 원활하지 못하게 되고, 입 주위 근육이 느슨해지면서 얼굴선이 무너지기도 한다.

어릴 때부터 입 호흡을 많이 한 아이들에게서는 공통된 얼굴의 특징이 나타난다. 이를 아데노이드 얼굴이라 하는데, 입으로 하는 호흡 탓에 골격과 치아가 정상적으로 발달하지 못해 부정교합 및 다양한 형태의 얼굴 불균형이 나타나는 것이다. 입안에서 입천장을 지탱해줘야 하는 혀가 입 호흡으로 인해 아래로 떨어지면서 입천장이 제대로 성장하지 못하고, 위턱에 있는 치아들은 볼 근육의 힘을 받아 입 안쪽으로 쓰러지는 듯한 형태로 변화한다. 구강호흡 시 입으로 들어온 공기에 의해 편도가 자극을 받고 점점 비대해지면서 발생하는 결과다.

구강호흡으로 인한 아데노이드 얼굴은 얼굴형이 길어지고 좁은 위턱, 뒤로 후퇴한 아래턱이 특징이며 치아가 앞으로 돌출되기도 한다. 이처럼 장기적으로 지속되는 구강호흡은 얼굴선의 변화를 초래할 수 있다.

반대로 코호흡을 하면 외부 유해물질이 우리 몸속으로 쉽게 침투하지 못한다. 중국 산동대학교 장허 박사는 수면무호흡증, 코골이 등으로 구강 호흡을 하는 50명과 그렇지 않은 이들 50명을 비교했다. 그 결과, 구강 호흡을 하는 이들의 면역 기능이 그렇지 않은 이들보다 크게 떨어진 것으로 나타났다.

국내에서도 호흡과 연관된 연구 결과가 발표되었는데 대한간호학회지에 실린 연구에 따르면, 암 수술과 항암 치료를 마친 30~60세 여성을 대상으로 4주간 복식호흡 훈련을 시켰더니 면역력과 관계있는 T세포 수치가 증가했다. 복식호흡은 코를 이용한 호흡으로 몸에 더 많은 양의 공기를 들이마시는 호흡법이다.

코 호흡은 차고 건조한 공기를 체온에 맞게 조절해서 우리 몸 안으로 들여 보내주기 때문에 외부 병원균으로부터는 몸을 지키고, 내부 면역 세포들을 깨워주는 워밍업 역할을 해준다. 그러나 의도적으로 코 호흡을 하고 싶더라도 비염 등 질환이 있거나 코의 구조적 이상으로 만성적인 코막힘이 있는 경우 등에는 쉽지 않은 것이 사실이다. 이러한 경우 수술 등으로 적극적으로 치료해 원활한 코 호흡을 회복하는 것이 중요하다.

동양인 코의 구조와 특징

서양인과 동양인은 서로 다른 문화만큼이나 코의 구조와 특징도 다르다. 한국인을 포함한 동양인의 코의 특징은 코의 생김새뿐만 아니라 기능에도 영향을 미친다.

선천적으로 서양인의 코는 비중격연골이 코 앞까지 길어 코 끝 연골을 지탱해준다. 때문에 오똑하고 아름다운 코를 가질 수 있는 것이다. 반면 동양인의 코는 비중격연골이 발달되지 않아 짧기 때문에 코 끝 연골을 지탱해주지 않아 코가 짧거나 뭉툭한 모습이다.

또한 동양인의 코는 코 끝 피부의 피하조직이 두꺼운 편이며, 모양이 퍼져 있어 흔히 말하는 '복코' 형태를 띠기도 한다. 이러한 형태가 세련됨과는 거리가 멀다고 생각해 개선하고 싶어하는 경우가 있다. 이러한 경우 본인의 비중격자가연골을 코 뒤쪽에서 채취해 코 앞의 연골이 없는 부위에 이식해주기도 한다. 이 경우 서양인의 코처럼 코 끝 연골을 비중격자가연골이 지탱해주므로 부작용 염려 없이 오똑한 코를 가질 수 있다.

또한 동양인의 코는 크기가 작은 편이다 보니 내부 공간이 좁은 경우가 많은데 이로 인해 공기의 흐름에 제한이 있어 입 호흡을 하는 경우가 많다고도 알려져 있다. 반면 서양인의 코는 높이가 높고 코 내부 공간이 상대적으로 넓어 코 호흡이 좀 더 원활할 수 있다.

우리나라 사람들을 포함한 동양인들 가운데 무턱, 돌출입 등으로 고민하는 이들이 많다. 물론 유전적인 요인이 가장 크겠지만, 이러한 고민을 가진 이들 가운데는 입 호흡을 하고 있는 경우가 상당수다. 코 호흡이 원활하지 않아 입 호흡을 하다 보니 혀가 아래 부근에 자리 잡으면서 위턱이 점점 좁아지고 치아가 배열될 공간이 좁아져 비뚤어지고 돌출되는 것이다. 구강호흡이 지속되면 턱이 아래로 더 처지면서 무턱이 더 심해지기도 한다.

동양인 특유의 코의 특징은 심미적인 부분은 물론 기능적인 부분에서도 차이를 가져오며, 이를 개선하기 위한 접근 방식 또한 다양하다. 우리나라에서 쌍꺼풀 수술 다음으로 많이 시행되는 미용수술이 융비술로 알려져 있다. 만약 미적인 부분뿐만 아니라 개개인 코의 기능적인 부분의 특징과 문제점까지 두루 파악해 함께 개선할 수 있는 방안을 찾는다면 수술에 대한 만족도도 더욱 높아질 수 있을 것이다.

무조건 더 높고 더 날렵한 코, 특정 라인이 더 아름답다는 편견보다는 자신의 코의 기능을 제대로 잘 살릴 수 있으면서도 얼굴 전체와 조화를 이룰 수 있는 코를 추구하는 것이 가장 바람직할 것이다. 이 책에서는 코의 기능적, 심미적 부분에 대한 고민들을 세부적으로 나누어 살펴보고 그에 대한 해결책들을 제시한다.

원활한 호흡을 위한 코 건강관리

 원활한 호흡을 위해서는 평소 바람직한 코 건강관리 습관을 유지하는 것이 중요하다. 급격한 온도차나 건조한 공기, 유해한 공기 노출 등 코 건강을 해칠 수 있는 요인으로부터 코를 건강하게 보호하기 위해 실천할 수 있는 방법들은 다음과 같다.

1) 코 세척
 비염이나 축농증으로 고생하는 이들 가운데는 코 세척에 대해 들어 보았거나 실천하고 있는 분들이 많을 것이다. 코 세척은 생리식염수와 같은 염도의 물로 코 안을 세척하는 것을 말한다. 이 때 온도는 체온과 비슷한 온도가 가장 좋다.

 시중에 다양한 코 세척 장치가 출시되어 있다. 코 세척 방법은 장치를 통해 한 쪽 코로 용액을 부드럽게 주입하면서 다른 쪽 코 또는 입으로 흘러나오도록 한다. 머리를 기울여 위쪽 코로 용액을 주입하고 아래쪽 코로 흘러나오게 해야 하며, 이 때 숨은 입으로 쉬도록 하며 입으로 아~소리를 내며 진행한다. 침을 삼킨다거나 아~소리를 내지 않으면 이관으로 식염수가 흘러 들어가 통증이 발생하거나 중이염이 발생할 수 있으므로 주의해야 한다.

또한 지나치게 힘을 주어 용액을 주입하거나 코세척 후 지나치게 세게 코를 풀 경우 귀 안쪽 압력이 올라갈 수 있으므로 조심스럽게 해야 한다. 만약 코세척 진행 중 귀가 아플 경우 정상적인 반응이 아니므로 멈춰야 한다. 이러한 코세척은 코 속의 점액과 세균을 청소해주고, 특히 건조한 환경에서 콧속을 보다 촉촉하게 만들어주며 숨 쉬기도 한결 수월해진다.

코세척을 마쳤다면 한 번 사용한 세척용액은 세균이 번식하므로 남은 것은 버리고 장치를 깨끗이 소독 및 건조해야 한다. 코막힘 등 질환이 없는 경우 하루 두 번 정도를 권장하며, 질환이 있다면 진료를 통해 횟수와 기간을 결정하는 것이 좋다.

2) 마스크 착용
미세먼지와 황사가 기승을 부릴 때, 혹은 실내와 실외의 온도차가 클 때는 마스크를 착용하는 것이 코 건강관리에 도움이 된다.

숨을 쉴 때 들어오는 먼지는 코털과 기관지에 있는 섬모에서 순차적으로 걸러지지만 이러한 방어막마저 통과한 미세 먼지는 허파 꽈리에 흡착돼 각종 호흡기 질환을 일으키며 몸의 면역 기능을 떨어뜨린다. 특히 고령자들에게는 심한 경우 심혈관 질환까지 유발할 수 있는 것으로 알려져 있다.

또한 급격한 온도차는 코 점막에 혈류가 몰리게 해 코막힘이 나타나게 만든다. 또한 코에 부담이 가해지면서 제대로 가온, 가습을 하지 못하고, 점막이 차가워지면서 면역력이 급격히 떨어지게 되어 알레르기 반응을 일으키기 쉽다. 이로 인해 세균에 쉽게 감염되어 염증을 일으키기도 한다.

마스크를 착용하면 황사나 미세먼지는 물론 이러한 급격한 온도차로부터 코를 보호해줄 수 있다. 마스크를 선택할 때는 미세한 먼지까지 걸러낼 수 있는 황사용 마스크를 착용하는 것이 좋다. 야외 라운딩을 나가는 경우, 코가 갑작스럽게 찬 공기나 알레르기 물질에 노출되는 것을 막기 위해 마스크를 준비하는 것도 권장한다.

만약 날씨가 괜찮거나 실내에만 있다면 굳이 마스크를 매일 착용할 필요는 없다. 자신도 모르게 마스크 안에서 입 호흡을 하는 것이 습관이 될 수 있고, 체내 흡입되는 산소량도 부족해질 수 있기 때문이다. 감염 위험이 있는 환경이라거나 날씨, 미세먼지 농도 등을 고려해 마스크 착용 여부를 결정해야 한다.

3) 금연

담배연기는 비염의 증상을 유발 및 악화시킬 수 있는 원인이 될 수 있다. 담배연기를 맡으면 코막힘이 과하게 나타나는 경우가 있는데, 이는 혈관운동성 비염의 증상일 수 있다. 혈관운동성 비염이란 담배연기, 급격한 온습도의 변화, 미세먼지, 매운 음식, 술, 향수, 스트레스 등 비특이적 외부 자극에 의해 코막힘과 콧물이 주로 발생하는 비알레르기성 비염의 대표적 질환이다.

직접흡연뿐만 아니라 간접흡연도 코에 악영향을 끼친다. 대기 중으로 직접 연소되는 담배 연기는 흡연으로 들이마시는 연기보다 독성이 강해 호흡기 점막을 자극한다. 또한 알레르기 비염의 증상을 유발 및 악화시킬 수 있다.

따라서 비염 증상이 있다면 금연을 하고 간접흡연을 최대한 회피하여 증상이 나타나는 것을 예방하는 것이 좋다. 코뿐만이 아니라 담배 연기는 기관지 섬모도 파괴하고, 섬모에 달라붙어 움직임을 방해해 호흡기의 청정 기능을 저해하므로 각종 화학물질이 몸속으로 걸러지지 않고 유입되게 된다. 또한 흡연자가 폐암에 걸릴 확률은 비흡연자보다 무려 10배 이상 높기 때문에 이러한 여러 이유로 금연하는 것이 바람직하다.

4) 공기청정기, 가습기의 사용

평소 공기청정기와 가습기를 통해 머무는 실내의 공기를 관리하는 것이 코 건강관리에 도움이 된다. 공기청정기는 공기 중의 꽃가루, 미세먼지, 곰팡이, 냄새 등을 흡입해 제거해주며 가습기는 공기 중 습도를 높여줌으로써 바이러스의 활동을 억제하고 코 점막을 건조하지 않게 유지할 수 있도록 도와준다. 특히 극도로 건조하고 추운 날씨 탓에 환기가 쉽지 않은 겨울철에는 이러한 가습기, 공기청정기 사용이 필수다.

그러나 공기청정기와 가습기를 동시에 한 공간에서 가동하는 것은 좋지 않다. 공기청정기와 가습기를 함께 켜 두면 공기청정기가 가습기에서 분사되는 수분입자를 미세먼지로 인식해 종합청정도 인식 기능이 저하될 수 있다. 또한 가습기의 수분입자가 커서 공기청정기의 먼지센서와 필터에 습기를 차게 해 곰팡이나 세균이 쉽게 번식할 수 있는 환경이 될 수 있으며, 필터의 수명이 더 빨리 단축되고 정화능력도 저하될 수 있다. 따라서 두 가전을 함께 사용할 때는 방, 거실에 각각 두는 등 공간을 분리해 사용하고 같은 공간에서 사용할 경우 2.5m 이상 떨어트려 사용하는 것이 좋다. 또한 밀폐된 공간에서는 두 가전을 함께 켜 두지 않는 것이 좋다.

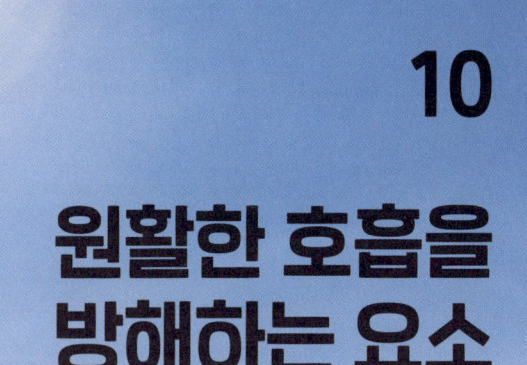

10
원활한 호흡을 방해하는 요소

비염

비염은 큰 의미로는 코에 생기는 염증성 질환의 전체를 지칭하는 의미의 병명이고, 작은 의미로는 코 내부의 하비갑개의 비후를 지칭한다. 여기서는 큰 의미로 '비염'을 사용하기로 한다.

비염은 존재만으로 심한 통증을 유발하는 질환은 아니지만 일상생활 여러 군데에서 불편함을 일으키는 질병 중 하나다. 흔하게 겪을 수 있는 질환인 만큼 대수롭지 않게 여기고 방치해 두는 경우도 많다. 실제로 코감기가 아니더라도 코막힘을 호소하는 환자들이 점차 늘어나면서 비염이라는 질환에 대한 관심은 높아지고 있다. 해결책과 원인을 찾을 수 있도록 다양하게 연구가 진행되고 있고 또 비염으로 인한 답답함을 해소할 수 있는 방법이 없을까, 많은 사람들이 고민한 끝에 다양한 약품을 비롯한 해결책이 등장하고 있다.

비염은 단순히 코막힘만을 이야기하는 질병은 아니다. 코 내부에 생기는 물혹과 같은 제거가 필요한 질환부터 가볍게는 코막힘까지 코와 연결된 부분에 생기는 염증과 같은 질환들을 모두 통틀어 비염이라고 일컫는다. 비염이 생기게 되면 대체적으로 호흡이 불편하게 되고, 콧물을 비롯한 코막힘 증상이 생기기 때문에 부가적으로 답답함을 유발하는 굉장히 까다롭고도, 스트레스를 유발하는 질환이다. 이러한 비염은 다양한 원인에 의해서 발생한다. 비염의 원인은 어떤 것들이 있을까?

1) 비염의 원인

아마 가장 많은 분들이 '비염'이라면 떠올리는 것, 또 많이 겪는 비염 증상이라면 역시 꽃가루나 미세먼지 등과 같은 외부의 원인에 의한 알레르기 비염을 꼽을 수 있다. 특히 평소에는 비염에서 자유로운 편이고 심한 코막힘 없이 일상적인 생활을 하는데, 봄이나 미세먼지가 심한 날에 코막힘이 심해지고 재채기를 비롯한 콧물이 흐르는 증상이 발생해 답답함이 지속된다. 이러한 경우라면 '외부 요인이 문제구나'라고 생각할 수 있다.

알레르기 비염이 있는 경우에는 자주 코를 헹궈 주거나 마스크 등을 착용하면서 호흡기로 먼지나 꽃가루가 들어가는 방지해 주는 것이 좋다. 증상이 심한 경우에는 의료기관에서 증상을 진단받은 후 약물이나 주사를 통해서 증상을 완화시키는 방법을 활용하면 된다. 이러한 알레르기 비염은 외부물질 유입 차단이나 관리만 해 주어도 어느 정도 코막힘 증상을 줄여 줄 수 있기 때문에, 환절기나 자신의 알레르기 항원이 발생할 수 있는 상황을 파악해 평소에 대비와 관리를 해두는 것이 좋다.

일교차가 심해지는 환절기에 특히 코막힘이 심해지는 경우라면 혈관성 비염을 의심해 보는 것이 좋다. 외부의 알레르기물질에 반응하는 것이 아닌, 건조한 날씨나 심한 온도차에 의해 코점막이 자극을 받아 코막힘이 생기고 콧물이 생기는 증상이 생기는 경우가 이에 해당될 수 있다.

혈관성 비염은 대체적으로 환절기같이 일교차가 심한 날이나 가을, 겨울과 같은 건조한 날씨에 발생하기 쉽기 때문에 코감기로 오인해 감기약만 먹고 방치해 두는 경우가 많다. 과거에는 환절기에 주로 일어나는 증상이었다면, 최근에는 에어컨을 통한 강한 냉방 때문에 건물 안팎으로 온도차가 심해져서 여름에도 비염 증상이 생기는 경우가 많은데 가벼운 냉방병이라고 생각해서 '곧 나을거야' 하면서 무심코 지나치는 경우가 많다. 하지만 꼭 의료기관에서 면밀한 검진을 통해 비염 증상이 아닌지 확인해 본 다음 그에 따른 적절한 약물이나 주사 치료를 진행하는 것이 좋다.

2) 수술이 필요한 비염은

앞서 기술한 두 가지 경우와 달리, 비염 수술이 필요한 경우가 있다. 바로 코의 구조상의 문제로 인해 코막힘 증상이 일어나게 되는 경우다. 약물로는 근본적인 치료가 불가능하기 때문에 코의 모양과 기능을 바로 잡아 주는 수술이 필요하다.

코 천장이 너무 낮아 코에서 공기가 통하는 길인 비밸브가 좁아져 있는 경우, 그리고 콧대 옆에서 코의 전반적인 모양을 지탱해 주고 있는 연골인 비중격연골이 휘어 있는 경우는 외부의 문제가 아닌 코 내부의 구조적인 문제가 코의 호흡이라는 기능을 떨어뜨리고 있는 것이기 때문에 제 기능을 할 수 있도록 바로 잡아 주는 수술이 필요하다. 이는 적극적 치료방법으로 널리 통용되고 있다.

요즘에는 코막힘을 해결할 수 있는 방법들도 많고, 코에 직접 분사해서 일시적으로 코막힘을 해결해 주는 스프레이처럼 활용이 가능한 약품들도 다양하게 나와 활용할 수 있으니 '특별히 통증이 있지 않은데 꼭 비중격만곡증수술이나 비밸브수술과 같은 비염수술이 필요한가?'라고 의구심이 들 수도 있다. 하지만 생각보다 코막힘으로 인해 생기는 문제점들은 우리 일상생활을 크게 저해하고 불편함을 준다는 사실을 잊지 말자.

코막힘이 지속되고 코에 콧물이 차 목뒤로 넘어가는 '후비루' 증상이 생기게 되면 기관지에까지 나쁜 영향을 끼칠 뿐만 아니라 심한 입 냄새를 유발하는 편도 결석의 원인이 되기도 한다. 코로 호흡을 편하게 하지 못하면 뇌로 통하는 산소의 양이 현저하게 줄어들기 때문에 멍한 상태가 지속되거나 두통을 유발하는 경우도 많다.

특히 취업을 준비하는 수험생이나 학생들 중에 만성적인 코막힘 때문에 학습의 집중력이 떨어지는 분들이라면 꼭 나의 코막힘의 원인이 무엇인지 체크한 다음에 그에 따라서 적절한 치료방법을 찾는 것이 좋다. 불규칙한 수면패턴을 만들어 바이오리듬을 망치고, 늘 몸을 피곤한 상태가 되도록 만들어 학업에도 큰 지장을 미치는 코막힘 증상이 만약 코의 구조적인 문제에 의한 것이라면, 적극적 치료방법인 비염수술을 통해서 시의성 있게 질환을 해결하는 것이 유용하다.

코수술이라고 지레 겁을 먹을 필요는 없다. 먼저 코막힘의 이유를 꼼꼼히 알아보고 그에 따른 해결책을 제시할 수 있도록, 3D CT촬영과 내시경촬영을 통해 눈으로 확인할 수 없는 코의 구조적인 문제가 있진 않은지, 또 어떤 부분의 구조적인 문제가 생겼는지 확인하는 과정을 거친다.

실제로 코의 구조적인 문제는 외부에서 큰 충격이나 압력을 받은 경험이 있는 경우라든지, 태어날 때부터 선천적으로 코의 모양에 문제가 있어 외부적으로 드러나는 경우가 아닌 이상 쉽게 발견하기가 힘들다. 특히 구조적인 문제에 의한 비염의 경우에는 그 원인도 다양하다. 콧속에 염증이 생겨 비중격을 휘게 만들어 구조적으로 변형이 일어나게 하는 경우도 있다. 비중격의 휘어짐이 발생한 위치에 따라서 그에 따라 진행되는 수술이 달라지기 때문에 문제점을 다방면에서 면밀히 관찰하는 것이 좋다.

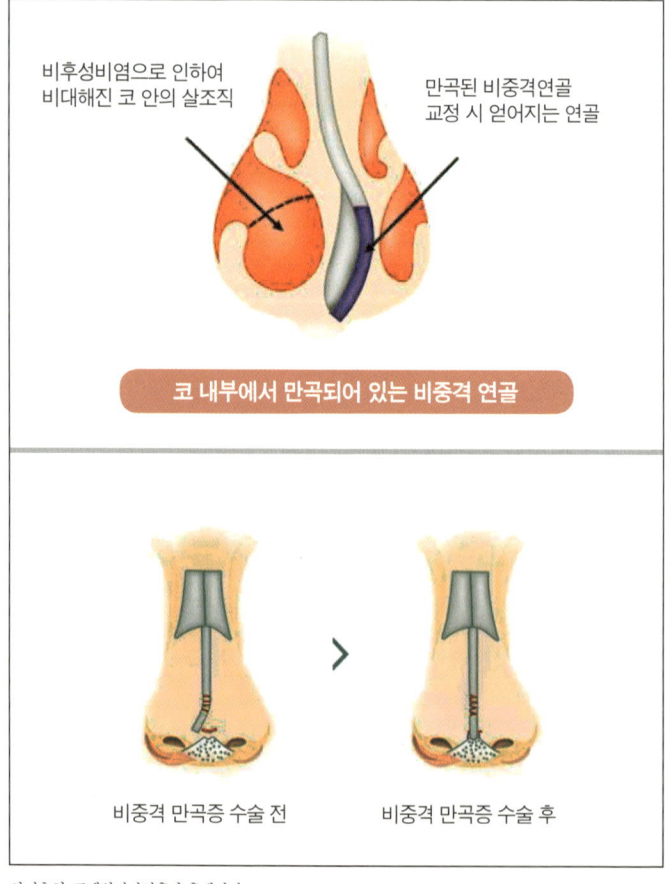

사진출처: 프레쉬이비인후과 홈페이지

대체적으로 중간이나 하부의 비중격이 휘어진 코의 호흡을 방해하고 있는 경우에는 비중격의 휘어짐을 바로 잡아 주는 비염수술만으로도 코막힘이 호전되는 경우가 많다.

비중격의 상부가 휘어진 경우, 코로 호흡할 때 가장 공기저항을 많이 받게 되는 위치인 비(鼻)밸브가 좁아진 것까지 함께 해결하는 비밸브수술까지 함께 진행되어야 하는 경우도 있다. 이는 본인이 판단하는 것이 아닌 의료기관과의 검진과 상담을 거쳐 결정하게 된다. 보형물 같은 것들을 넣어 코의 모양을 변형시키는 것이 아닌, 구조적인 문제가 있는 부분들을 바로잡아 주고 공기의 흐름을 막는 콧대의 부분을 재건해 기능적인 면에서 임무를 다할 수 있도록 도와주는 수술이 진행돠다.

수술은 이비인후과적으로 발생한 문제를 고치고, 재건하여 기능을 회복시켜 주는 것과 더불어 미용적으로도 모양을 바르게 잡아 주는 역할을 해 준다. 기능적인 부분과 함께 얼굴의 비율까지 고려해서 진행되는 수술은 고난도의 수술이기 때문에 다양한 임상경험을 거친 곳에서 수술을 하는 것이 좋다. 코의 모양이 사람이 가진 이미지에서 얼마나 큰 비율을 차지하는가 생각했을 때 '그냥 평범한 정도지'라고 생각하는 분들도 많다. 하지만 얼굴의 중심부에 위치해서 얼굴의 인상을 결정하는 부분이 바로 코이기도 하고 또 코의 전반적인 모양이 얼굴의 전체적인 밸런스를 결정하기 때문에 비율을 고려하지 않고 수술이 진행된다면 오히려 결과적으로는 만족스럽지 못하게 되는 경우가 많다.

결론부터 말하자면 이러한 고민들까지 고려해서 수술은 가능하다. 더불어서 이비인후과적인 질환에 의한 비염수술이 진행되면 환자의 실비보험을 통해 본인 부담을 줄여 줄 수도 있다. 기능적인 문제점을 개선해 줌은 물론, 적은 부담으로 미용적인 부분까지 함께 잡아 줄 수 있는 해결책이 가능하다. 당면한 질환에 대한 막연한 걱정보다는 적극적 문제해결을 위해 가까운 병원을 찾아 상담해 보는 것이 좋다.

모든 병원이 그러하듯 환자의 고민에 대해 언제든 상담할 수 있는 통로가 준비되어 있으니, 본격적으로 코막힘이 심각해지는 환절기가 다가오기 전이라면 답답한 코막힘에서 해방되길 기원한다.

3) 비염의 다양한 치료 방법

날씨가 아침에는 쌀쌀하고 오후에는 기온이 올라가는 일교차가 큰 날씨가 계속되고 있다. 이럴 때에는 비염 증상으로 고생하시는 분들이 점차적으로 늘어나게 되는 시기이다.

비염은 정확한 진단과 적절한 치료가 필요한 질병으로 치료하면 증상이 많이 호전되며 정상적인 생활을 할 수 있다. 비염은 낫지 않는다는 통설에 그냥 치료를 포기하시는 분들이 많지만 이는 옳은 방법이 아니고 정확한 진단 후 치료를 받아야 한다. 비염은 병력 조사, 내시경 및 방사선 검사, 콧물 검사, 혈액 및 면역 검사, 피부 반응 검사, 음향통기도 검사 등을 통해 진단할 수 있고 증상의 정도와 개인차에 따라 치료법도 여러 가지이다.

① 환경요법

비염은 원인 물질과의 접촉을 줄이는 것만으로도 증상은 호전될 수 있다. 가장 흔한 원인 물질인 집먼지 진드기의 경우 사람의 비듬을 먹고 살며 섭씨 25℃, 습도 70%의 따뜻하고 습한 곳에서 잘 번식한다. 그러므로 실내 온도는 섭씨 22℃, 습도는 50% 정도로 유지하는 것이 좋다.

침구는 담요나 오리털 이불보다는 물세탁이 가능한 얇은 특수 폴리에스터나 면 종류가 좋다. 침대 매트리스는 가능한 피하는 것이 좋은데 부득이한 경우 특수 커버나 비닐로 덧씌우는 것이 좋다. 침구류는 자주 햇빛에 말리고 섭씨 55℃ 이상의 뜨거운 물로 2주에 1회 이상 세탁하는 것을 추천한다.

② 약물요법

원인 물질을 완전히 회피하기 불가능한 경우 항히스타민제, 코점막 수축제, 스테로이드, 항염증제, 비스테로이드 항염증제를 사용한다. 이들 약제는 먹는 형태, 코에 뿌리는 형태의 두 가지 종류가 있다.

코에 뿌리는 약은 몸 전체에 흡수되지 않아 부작용이 거의 없고 효과도 먹는 약과 비슷하거나 더 좋은 경우도 있다. 그러나 5일 이상 계속 사용하면 코가 더 막히는 부작용이 초래될 수 있으므로 단기간 사용해야 한다. 콧물을 동반할 때에는 에어로졸 타입이 적당하고 겨울에는 비액스프레이 타입이 편리하다. 뿌리는 약은 사용 전에 먼저 코를 풀어 콧속을 깨끗이 해야 한다. 약을 충분히 흔들어 반대쪽 코를 막고 코뼈에 평행하게 또는 약간 바깥쪽을 향해서 뿌린다.

그리고 보조 치료로써 코 내부를 생리 식염수로 세척해 주기도 한다. 이때 생리 식염수를 체온과 비슷하게 데워서 사용하면 끈끈한 점액을 묽게 만들어 코딱지를 적게 하고 점막을 적셔주어 코막힘 증상을 완화시킬 수 있다.

③ 면역주사

환경요법이 불가능하거나 약물 치료로 증상이 호전되지 않을 때에 시도한다. 이는 원인 물질을 주사해서 체질을 개선하는 방법이다. 장기간 주사를 맞아야 하나 효과가 좋아 최근에는 세계적으로 재조명되는 추세이다.

비염 면역주사의 원래 명칭은 히스토불린 주사다. 사람의 면역글로불린G, 히스타민 염산염으로 구성되어 있으며 과민반응을 유발하는 히스타민에 대한 항체를 만들기 위해 일부러 히스타민 항원을 주입시켜 면역시키는 원리다. 성인의 경우 4~7

일 간격으로 3회 주사를 맞는 것이 1회 치료주기다. 한 달 휴식 후 1~2회 치료주기를 반복하는 것이 일반적이다. 항원과 상관없이 알레르기 증상인 기관지 천식, 만성 두드러기 등에도 도움을 주는 것으로 알려져 있다.

개인의 알레르겐에 따라 맞춤 조제가 가능하며 그 효과가 오랫동안 지속되는 것으로 알려져 있다.

④ **설하요법**

설하요법은 집먼지진드기 알레르기에 효과적인 방법이다. 알레르기 원인 물질을 약화시킨 필름 형태의 항원을 혀 밑에 2분가량 머금고 삼킴으로써 항체 생성으로 증상을 완화시키는 요법이다. 병원에 꼭 통원하지 않더라도 치료가 가능하다는 장점이 있다. 주사를 무서워하는 어린 아이들에게도 보다 부담 없이 적용이 가능하다.

⑤ **수술요법**

코막힘이 심한 경우 레이저나 고주파 등을 이용하여 간단하게 시술하며 탁월한 효과가 있다. 특히 축농증(만성부비동염)과 물혹이 동반된 경우 수술을 함으로써 증상의 호전과 천식을 예방할 수 있다. 고주파는 저온의 열을 발생시켜 조직을 수축시키는데, 이 원리를 이용해 콧살이 만성적으로 커지는 비후성비염을 치료하는 것이다. 수술 시간이 약 10분 내외로 짧고 과거의 레이저 수술에 비해 점막 손상이 거의 없기 때문에 회복도 빠르다.

치료방법이나 약제는 환자의 상태와 알레르기의 정도에 따라 선택하며 꾸준히 치료하면 정상인과 같은 생활을 영위할 수 있다.

4) 비염수술의 효과

환절기 알레르기 질환의 치료는 민간요법보다는 과학적으로 검증된 치료방법으로 치료해야 안전한 치료 효과를 볼 수 있다. 이러한 비염의 대표적인 증상에는 코막힘이 있으며 비염 환자의 대부분은 비중격만곡증과 비밸브 협착 등을 동반하고 있는 경우가 많다. 비염이 있다고 생각되는 환자분들은 꼭 의료기관에 내원해 정확한 검사와 진단을 받아 봐야 한다.

비염을 치료하는 수술과 함께 비중격 교정술과 비밸브 재건술 등을 같이 시행받을 수 있고 비중격연골을 바르게 펴 주는 수술 시 채취되는 비중격연골을 사용하여 아름다운 코 성형까지 동시에 가능하다.

5) 비염 비중격만곡증 수술

비염 비중격만곡증수술은 대략 30분 안쪽으로 수면마취하에 비교적 짧게 진행이 된다. 동시에 비중격연골을 사용하여 코 성형을 할 경우 안정적으로 이식된 연골의 수명은 계속 지속이 되며 또한 비중격연골을 채취해 비염코 성형을 할 경우 귀나 가슴 부위를 따로 절개하지 않아도 되기 때문에 적은 부위에 흉터를 남기는 수술이 가능하다. 매우 획기적이며 효과적이다.

비염수술 후에는 반드시 주치의의 설명에 따라 그에 해당하는 조치를 취해야 한다. 음주나 흡연을 삼가는 것은 물론이고, 당분간은 과도한 운동 또한 하지 않는 것이 좋다. 아스피린 등의 지혈을 방해하는 약물 또한 복용하지 않는 것이 중요하며, 코세척 또한 자주 시행을 해 주는 것이 중요하다.

비중격만곡증

보통 일반인들은 코가 막히고 콧물이 나오고 두통이나 후비루가 있는 경우 내가 비염이 있다고 생각을 하게 된다. 그러나 코막힘이나 콧물, 후비루(콧물이 코 뒤로 넘어가는 것) 등의 증상이 점점 심해지거나 혹은 나아질 기미가 보이지 않는다면 다른 질병이 동반되어 있을 가능성이 높다. 이런 경우 코 안의 기둥 연골인 비중격연골이 휘어서 비염증상이 심해지는 비중격만곡증을 의심해 볼 수가 있다.

비중격만곡증은 계절에 관계없이 콧물, 코막힘, 두중감, 수면장애 등의 증상이 지속되는 것을 말한다. 생소하기만 한 비중격만곡증! 도대체 무엇인지 자세히 살펴보기로 하자.

1) 비중격만곡증이란

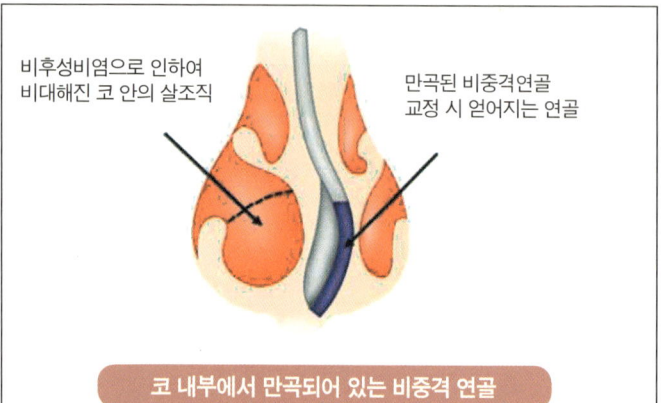

코 내부에서 만곡되어 있는 비중격 연골

코를 외부에서 봤을 때 가운데 축을 이루고 있는 콧날이 있고 콧날 양쪽에 지붕 형태의 콧등이 있다. 코의 내부를 보면 양쪽의 지붕 모양의 콧등을 중앙에서 받치고 있는 벽이 있는데 이를 비중격이라고 한다.

이 비중격 연골이 휘어져 있거나 비틀린 상태를 비중격 만곡증이라고 한다.

사진출처: 프레쉬이비인후과 홈페이지

비중격만곡증이란 코 안의 중심을 잡아 주는 기둥 역할을 하는 비중격연골이 한쪽으로 휘어져 있거나 비틀린 상태여서 심한 코막힘을 유발하는 것을 말한다. 비중격만곡증의 원인은 외상이나 압박, 선천성 문제 혹은 발육 이상으로 나타날 수 있다. 비염 증상과 비슷하지만 비중격만곡증은 더욱 심한 증상과 오랜 지속 기간 때문에 약물 치료가 아닌 정확한 진단 이후 수술적 치료가 필요하다.

2) 비중격만곡증의 증상

비중격만곡증의 증상은 매우 다양하지만, 주된 증상으로 코막힘이 있다. 좁아진 쪽의 코가 막히는 경우가 많지만 만곡된 쪽과 코막힘을 느끼는 쪽이 항상 일치하지는 않으며 오히려 넓은 쪽의 코가 막힌다고 느끼는 경우도 있다.

또한 비중격만곡증의 증상으로는 코막힘뿐만 아니라 구강호흡, 후비루(콧물이 코 뒤로 넘어가는 것), 두중감(머리가 무거운 것), 수면장애, 후각장애, 비성, 기억력 감퇴, 주의산만 등 다양한 증상이 있어서 일상생활 하는 데 불편함을 안긴다. 때문에 정확한 진단에 의해 체계적인 수술 계획을 세우는 것이 무엇보다 중요하다.

3) 비중격만곡증의 치료방법

대한민국 성인의 약 70%는 비중격만곡증 질환을 갖고 있다. 만약 앞서 기술했던 증상이 의심이 된다면 이비인후과에서 3D CT촬영을 통해 정확한 진단을 받아 보는 것을 권장한다.

비중격 만곡증 진단 환자의 내시경 촬영 모습

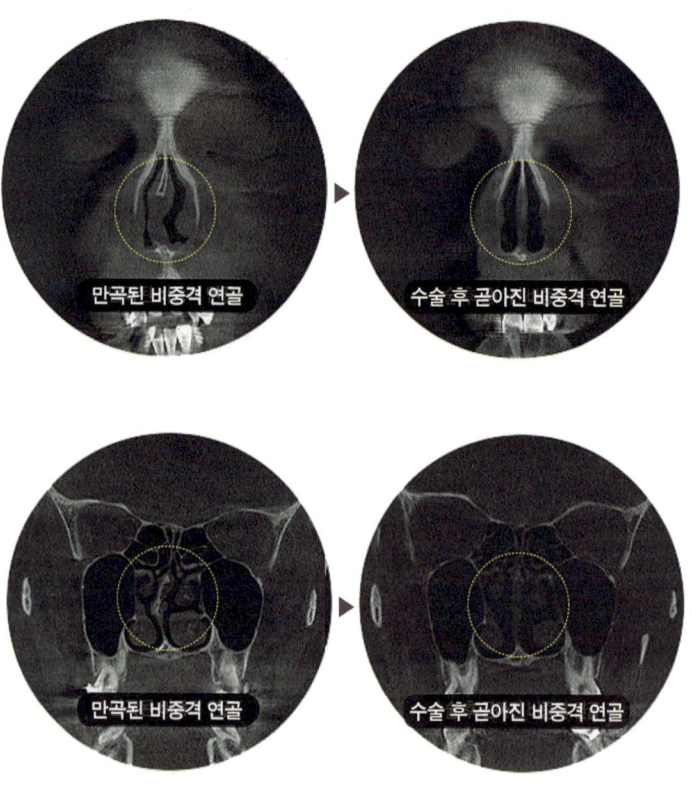

사진출처: 프레쉬비비인후과 홈페이지

비중격만곡증수술은 비중격연골을 똑바로 펴 주는 수술로 비강을 넓게 만들어 비강호흡을 원활히 만들어 주기 때문에 코막힘, 콧물, 비염, 축농증 등의 합병증 증상 완화 효과를 기대할 수 있다.

비중격만곡증수술과 동시에 자가비중격연골을 사용하여 코 성형도 같이 진행할 수 있다. 자가연골을 사용하기 때문에 외부 이물질로 인한 부작용의 걱정을 덜고 튼튼하고 아름다운 코끝을 만들 수 있다.

코막힘 증상과 휘어진 코 모양 때문에 스트레스를 받았던 분들은 3D CT촬영을 통해 정확한 진단을 받은 후 불편한 코의 기능은 수술을 통해 치료를 받고 콤플렉스였던 휘어진 코 모양도 오똑하고 아름답게 만들 수 있다.

심한 비중격만곡증의 경우 비밸브라는 코 천장 부위의 협착이 동반된 경우가 많다. 비밸브 협착증이 진단되는 경우 더욱 상쾌한 호흡을 위해서는 비밸브 재건술 치료도 같이해야 한다.

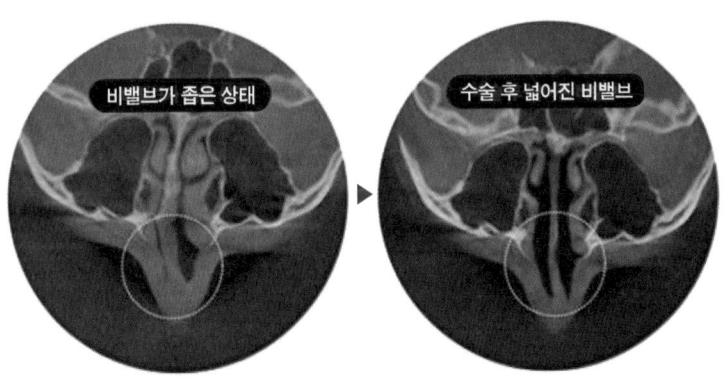

사진출처: 프래쉬이비인후과 홈페이지

코 관련 질환을 치료하기 위해 기존대로 비염수술과 비중격 교정술을 시행했을 시 치료 효과가 50%였다면, 비밸브 재건술을 함께 시행했을 때는 90%까지 치료 효과를 볼 수 있다. 또한 협착된 비밸브 부위의 단면적을 넓히는 부분에서 코의 모양이 변화될 수도 있다.

기존의 비염수술과 비중격 교정술이 코 내부에서 이루어져 코의 외관에는 변화가 없었다면, 비밸브 재건술은 코의 지붕을 고치는 것이기에 외부에도 영향을 주어 휜 코 모양의 개선에도 효과를 볼 수 있다. 하지만 모든 환자가 비밸브 재건술의 대상이 아닐 수도 있기 때문에 수술 전 CT촬영 검사와 내시경 검사를 통해 확인해 보아야 한다.

비중격만곡증수술은 치료적인 수술로 보험 혜택을 받을 수 있고 비밸브 협착을 치료하는 비밸브 재건수술은 2016년 5월 1일자로 법정비급여(치료인데 비급여)로 고시가 된 항목이라서 실비보험 혜택을 받을 수도 있다. 개인마다 가입한 보험의 종류가 다르므로 가입한 보험 회사에 문의해 확인해야 한다.

비중격만곡증수술은 환자 개인이 가입한 개인 보험에 따라서 의료실비 혜택을 받을 수가 있다. 그간 비용에 부담을 느껴 그동안 수술을 미뤄 왔던 환자들에게는 희소식임이 분명하다. 수술 비용도 절감하고, 예쁘고 건강한 코를 가질 수 있으니 더 이상 스트레스 받지 말고 비중격만곡증수술로 답답한 코막힘 증상을 해결해 보는 것도 좋을 것 같다.

부비동염

부비동염은 흔히 '축농증'이라고 부르는 코 질환의 정식 명칭이다. 코 주위에 위치해 내부에 공기가 차 있는 부비동은 코의 습도를 유지하고 이물질을 제거하는 기능을 하는 공간인 동시에 외부 충격으로부터 뇌를 보호하는 역할을 한다. 이 부비동에 세균이 침범해 염증을 일으켜 탁하고 노란 분비물이 고이게 되는 것을 부비동염이라고 한다.

1) 부비동염 증상

부비동염의 대표적인 증상으로는 코막힘과 콧물이 있다. 누런 콧물이 배출이 되지 않아 코가 꽉 막히는 것은 물론 코가 목 뒤로 넘어가 숨 쉴 때 답답함을 느낀다. 또한 두통부터 눈, 뺨 등 안면부 압박감과 통증이 발생하며 심하면 몸살이나 고열, 치통을 유발한다.

부비동염의 증상인 코막힘. 후비루, 두통. 집중력 저하, 입 냄새, 학습장애 등이 계속되면 환자가 매우 고통스러운 것은 기본이고 밤에 숙면을 취하지 못해 일상생활을 하는 낮 동안의 삶의 질을 저하시킬 수 있다.

이를 방치하거나 제대로 치료하지 않아 3개월 이상 재발이 반복되면 만성 축농증이 된다. 주 증상은 급성과 동일하다. 코가 넘어가 가래를 유발하고 분비물에서 악취를 풍긴다. 또 후각이 떨어져 냄새를 잘 못 맡게 되거나 집중력 장애, 인지장애, 수면장애 등으로 이어진다. 계속 방치하면 각종 합병증을 유발하기 때문에 매우 주의해야 한다. 귀로 염증이 전이되면 중이염, 눈으로 퍼지면 안와종양, 뇌로 가면 뇌막염, 뇌농양이 된다. 또 가래가 기관지 쪽으로 들어가면 기관지염 또는 폐렴으로, 코 막힘이 지속되면 코골이의 주원인이 되기도 한다.

건양대학교 이비인후과 김종엽 교수 연구팀이 국민건강보험공단의 표본코호트 데이터베이스를 분석한 결과, 만성 부비동염을 진단받은 환자의 천식, 급성심근경색, 뇌졸중 발생 위험이 만성 부비동염을 진단받지 않은 환자에 비해 각각 2.06배, 1.29배, 1.16배로 높았고, 불안장애와 우울증의 발생 위험에서도 각각 1.54배, 1.5배 증가했다. 삶의 질을 크게 저하시키는 질환이 아닐 수 없다.

2) 부비동염의 원인

부비동염의 경우 크게 급성과 만성으로 나눌 수 있다. 급성 축농증의 경우 주요 원인이 감기 합병증이다. 코와 후두, 인두 등 상기도에 감기 바이러스에 감염되면 점막에 염증이 생기는데 이 염증이 부비동까지 번지면 급성 부비동염에 걸린다. 염증이 생기면 코 점막이 부어 통로가 좁아지고 세균이 번식하기 쉬운 환경으로 악화된다. 이 경우 안와농양, 뇌농양 등의 심각한 급성 합병증이 발생하는 경우를 제외하고는 보통 수술은 따로 필요치 않고 적절하고 지속적인 약물 치료로 대부분 호전된다.

만성부비동염의 경우 부비동안의 고름이 만성적으로 지속되어 불편한 증상이 지속되며 부비동 환경이 악화되고, 점막이 물혹으로 변하면서 부비동 입구를 막는 상황이 악순환하며 발생한다. 급성부비동염을 치료하지 않아서 방치하여 만성으로 진행되는 경우도 있다.

만성부비동염의 원인을 살펴보면, 환자의 몸이 알레르기성 체질인 경우 코 안의 점막이 알레르기의 원인 물질인 집먼지 진드기나 꽃가루 등에 반복적으로 노출됨으로 인해 병적인 변화를 통해 점막이 물혹으로 바뀌는 현상이 생길 수 있다. 이러한 경우 새로 발생된 물혹이 부비동의 입구를 막아서 농이 배출될 수 없게 되어 농이 고이는 만성부비동염으로 진행되는 경우가 많다.

다른 원인은 코 안의 중앙에 위치하는 비중격연골이 한쪽으로 휘는 질병인 비중격만곡증 때문에 발생하게 된다. 이 역시 한쪽으로 좁아진 코 안의 공간으로 인하여 부비동 입구부가 막혀서 얼굴뼈 안에 농이 배출되지 못하여 농이 고이는 만성부비동염으로 발전할 수 있다.

비밸브협착도 원인이 될 수 있다. 코의 천장 부위의 좁은 부위를 비밸브라고 하는데, 이 비밸브 부위의 협착이 있는 경우도 만성부비동염으로 발전할 가능성이 더욱 높다. 이럴 경우는 전자의 경우는 얼굴뼈의 부비동을 막고 있는 물혹을 제거하는 수술을 받아야 하고 부비동 입구부를 넓혀 분비물의 배출을 원활하게 하고 공기의 흐름을 정상적으로 만드는 내시경 부비동염수술을 받아야한다.

3) 부비동염의 치료방법

비중격만곡증으로 인한 부비동염이라면 부비동의 입구부를 막는 원인이 비중격연골이라는 코 안 구조물의 질병 상태이기에 비중격만곡증 교정수술만으로도 부비동 입구부가 열려서 만성부비동염이 호전될 수 있다. 특히 코의 천장 부분의 비밸브의 협착이 동반된 경우는 비밸브 재건술을 같이 받아야 치료 효과를 높일 수 있다.

환자의 병의 진행 상태에 따라서 치료와 수술범위가 결정되며, 질병이 많이 진행된 경우는 비중격만곡증 교정수술과 비밸브 재건술을 받으면서 내시경 부비동염수술을 같이 받아야 하는 경우도 있을 수 있다. 의료기관에 내원하여 3D CT촬영, 내시경 검사, 알레르기 반응 검사 등을 통하여 정확한 진단 후에 치료를 받으면 만족할 만한 결과를 얻을 수 있다. 비중격만곡증의 교정의 경우 교정 시, 자가연골인 비중격연골을 얻을 수 있기에 자가연골을 이용하여 코 성형수술 등을 같이 받을 수도 있다.

수술이라고 해서 대다수의 환자들은 부담스럽게 생각하지만 몸에 부담이 적은 수면마취를 통해 진행돼 안전하며 환자는 자고나면 모두 치료가 끝나기에 통증이 거의 없다. 수술시간은 부비동염이 정도에 따라서 30분 내외이며 당일 검사부터 당일 수술이 가능하고 쾌적한 입원실에서 1박 2일이나 2박 3일 입원 후 퇴원까지 가능하기 때문에 주말을 이용하면 시간적 부담을 덜 수 있다.

부비동염 최소 침습 수술인 '풍선카테터 부비동 확장술'도 있다. 가느다란 줄 형태의 카테터(의료용 풍선)를 염증이 있는 부비동에 삽입하고, 카테터와 연결된 주사기로 생리식염수를 밀어넣으면 풍선이 팽창하면서 좁아진 부비동 입구의 자연공을 확장시키는 원리다.

풍선이 커지면서 그 압력으로 부비동 입구 주변 미세 뼈가 골절되어 내시경 수술과도 같은 효과를 내지만 출혈 및 통증은 적다. 식염수로 오염된 부비동을 세척하고 고름을 제거하며, 수술이 끝난 뒤에도 넓어진 상태로 자연공을 유지하게 되어 분비물이 정상 배설되고 부비동염의 증상이 개선된다.

풍선카테터 부비동 확장술은 전신마취나 수면마취가 필요 없어 노인이나 만성질환자도 보다 부담 없이 받을 수 있다. 또한 어린 아이들의 경우 수술이 비강 구조 발육에 영향을 줄 수 있어 조심스러운데, 풍선카테터 부비동 확장술은 그러한 염려가 없다. 다만 시술에 사용되는 기구 및 재료가 건강보험이 적용되지 않아 비용 부담이 큰 편이다.

비밸브 협착증

코가 막히면 자꾸 신경 쓰게 되고 그로 인해 입으로 호흡을 해야 하는 불편함을 호소하게 된다. 자꾸 입으로 호흡을 하게 되면 입 안이 마르고, 대기오염 물질인 미세먼지와 나쁜 세균들이 많은 요즘과 같은 시기에는 이러한 물질들이 구강으로 들어가 구강 건강에도 악영향을 미친다. 그에 따라 다른 질병 등도 함께 동반되어 전신의 건강이 악화될 수 있다. 결국은 코막힘 증상을 오랫동안 방치하게 되어 다양한 합병증까지 만들어 내기도 하는 것이다.

어떤 질환이든 마찬가지이겠지만 자신의 몸 상태가 안 좋다고 판단되는 때에는 귀찮다고 미룰 것이 아니라 빠르게 병원을 방문해서 충분한 상담을 통해서 원인과 증상을 알고 바른 치료나 시술을 통해 증상을 해결하는 것이 현명한 방안이다.

코가 막히는 원인 중 하나로 비밸브 협착증이 있다. 비밸브는 공기가 통과하는 코 내부의 가장 좁은 부위로 호흡을 원활하게 할 수 있도록 조정하는 핵심기관이다.

이 비밸브가 점점 좁아지는 상태를 협착증이라고 한다. 비밸브 재건술이란 좁아진 코의 천장으로 인한 코막힘 증상을 해결하기 위한 치료방법이다. 때로는 어느 한쪽만 좁아져서 코가 막히는 현상이 나타나기도 하는데 한쪽만 코가 막힐 때 아무래

내(內)비밸브

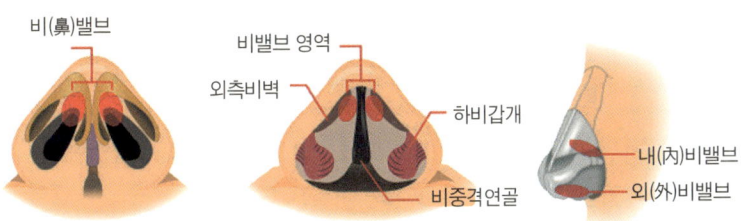

사진출처: 프레쉬이비인후과 홈페이지

도 숨을 쉬는 동안 조금 더 넓은 부위로 공기가 지나가는 숨길을 만들어 주게 되어 건조하게 되며 마르게 되면서 이것 때문에 답답함을 느낄 수도 있다. 그래서 양쪽 콧속 양쪽에 공기의 흐름이 잘 이루어지게 균형을 맞추어 주는 비밸브 재건술을 이용해 숨을 잘 쉴 수 있게 하여 코막힘으로부터 자유로울 수 있게 도와주는 것이 필요하다.

그럼 협소되는 증상의 원인에 대하여 살펴보면 서양인처럼 코 내부가 오똑하여 좁은 비밸브를 형성하기도 하고, 잘못된 코 수술이나 외상, 골절 등으로 코 천장이 꺼져서 협착증이 발생하기도 한다. 또한 상부 비중격만곡증이 있는 경우 대부분 비밸브 협착증이 동반된다.

여기서 비밸브가 좁아지는 걸 어떻게 확인할 수가 있을까? 본인이 직접 확인할 수는 없다. 이비인후과에서 전문 의료진에게 검진받는 방법이 제일 좋다. 보편적으로 취할 수 있는 게 CT 검사와 코내시경 검사를 통해서 코 안쪽의 깊은 상층 범위를 확인하여 알 수 있다. 다른 방법으로 내시경을 통해서도 들여다보아서 좁아졌는지 분석할 수도 있다. 그렇다면 이러한 비밸브가 협착되었을 때의 치료방법인 비밸브 재건술에 대하여 알아보겠다.

비밸브 재건술을 시행받았을 때의 느낌을 알고 싶다면 양손 엄지와 검지로 콧구멍의 상부를 잡은 후 위로 들어보면 된다. 공기가 편하게 들어가는 것을 느낄 수 있는데, 이 형태가 비밸브 재건술 중 외비밸브 재건술을 받은 효과이다.

비밸브 재건술의 종류는 크게 아래와 같은 4가지 방법이 있으며 대체로 펼침연골이식이 휜 코 성형수술과 같이 진행할 때 사용하는 방법으로 널리 알려져 있지만 방법의 선택은 환자의 코 구조와 상태에 따라 결정되어야 한다.

펼침이식
(SPREADER GRAFT)

비밸부 비중격 양측에 연골을 이식   이식된 연골이 펼쳐지게 비밸브를 확보

상부벌림이식
(UPPER LATERAL SPLAY GRAFT)

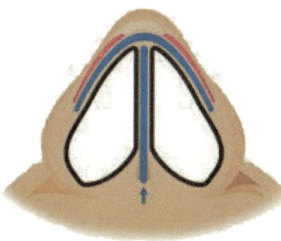 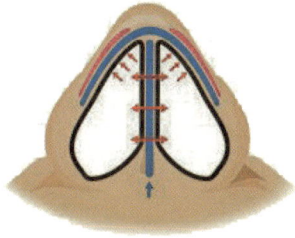

비강 점막 사이를 분리해
그 사이에 연골을 샌드위치처럼 넣는다.

이식된 연골이 비강 점막 사이를
벌려주며 비밸브를 확보

나비이식
(BUTTERFLY GRAFT)

 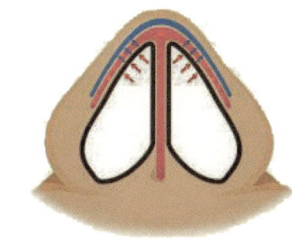

상외측 연골을 덮는 중첩 형태로
연골을 이식

이식된 연골이 비강 상부를 넓혀주고
지지력을 강화시켜 비밸브를 확보

사진출처: 프레쉬이비인후과 홈페이지

현수봉합
(LATERAL SUSPENSION SUTURE)

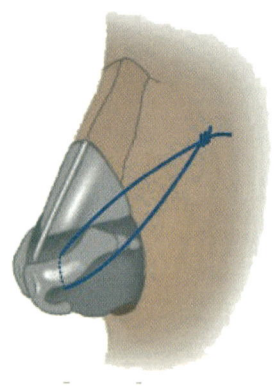 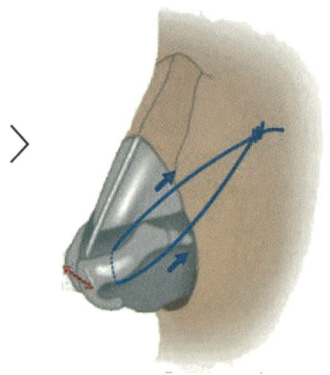

비흡수성 봉합사를 코 안으로 진입시킨 후 당겨 묶는다

이를 통해 외측벽 지지력을 보강하여 외측벽의 함몰을 막으며 간접적으로 비밸브를 확보

사진출처: 프레쉬비인후과 홈페이지

코뼈 골절

코는 얼굴 중심에서 외부로 돌출되어 있으며 약한 뼈와 연골로 구성되어 있는 신체 기관이기 때문에 작은 충격에도 흔하게 골절이 발생할 수 있다. 그러나 코뼈의 골절이 일어났다고 하더라도 지속적인 통증이 발생하지 않기 때문에 치료를 받지 않고 방치하는 경우가 많다.

하지만 코 뼈 골절을 방치할 경우 틀어진 상태로 코뼈가 붙어 버릴 수 있기 때문에 치료가 더 어려워진다. 또한 코뼈 골절로 인하여 코뼈와 콧속의 연골이 주저앉게 되면 비중격이 자연스럽게 휘어지게 되는 등 코 내부 구조에 영향을 주어 코막힘, 비염 등 다양한 코 질환이 발생할 수 있다. 또한 매부리코, 안장코, 휜 코 등 코 모양의 변화를 줄 수 있고 특히 어린이는 성장함에 따른 변형이 발생될 수 있기에 더욱 주의를 필요로 한다.

코뼈 골절이 의심될 경우 X- ray 검사만으로는 정확한 검사가 제한되기에 CT 검사가 동반되어야 정확한 상태 확인이 가능하며, 정복술을 통하여 코뼈 골절에 대한 치료가 가능하다. 정복술은 크게 비관혈적 정복술과 관혈적 정복술로 나뉘며 전자는 절개 없이 겸자 기구를 이용하여 코 내부의 뼈를 고정하는 방법이고 후자는 절개를 하여 인위적으로 다시 골절시킨 후 어긋난 뼈를 교정하는 방법으로 내부 구조, 디자인 등 복합적으로 고려해야 하는 난해한 수술방법이다.

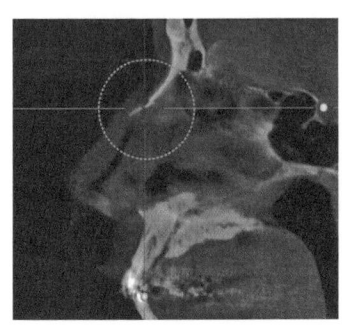
내부 수술 전 CT 사진

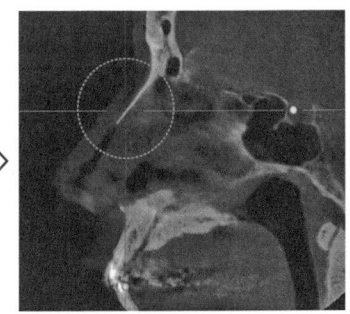
내부 수술 후 CT 사진

골절된 코뼈를 정복술로 바로 잡으면서 질환적 수술을 함께 시행해야
기능적으로 완벽한 코를 만들 수 있습니다.

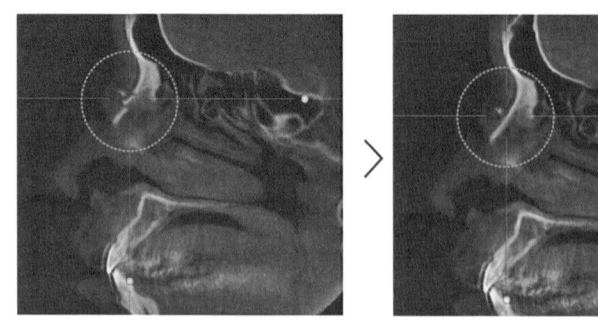

내부 수술 전 CT 사진   내부 수술 후 CT 사진

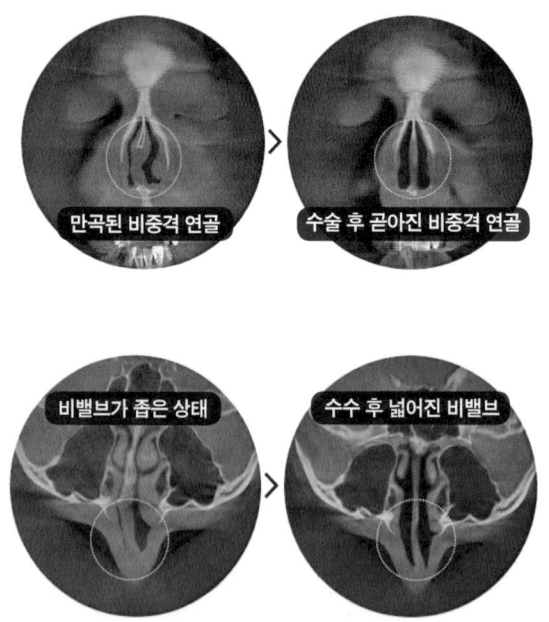

만곡된 비중격 연골   수술 후 곧아진 비중격 연골

비밸브가 좁은 상태   수수 후 넓어진 비밸브

사진출처: 프레쉬이비인후과 홈페이지

 코뼈 골절 후 일정 기간 이상 방치하면 코 내부 구조 변형 가능성이 증가해서 질환적 수술도 필요한 경우가 있다. 그리고

코 외부 모양에 대해서도 변형 가능성이 증가하여 질환수술뿐 아니라 미용 목적의 코 성형 역시 필요할 수 있다. 일반적으로 코뼈 골절 이후 치료 시기와 방법은 일반적으로 대략 2~3주 정도를 기점으로 분류하며 2~3주 이내일 경우는 비관혈적 정복술을, 2~3주 기간 이상 경과하였을 경우 관혈적 정복술과 질환수술, 코 성형수술을 병행하여 복원하게 된다.

코골이, 수면 무호흡증

수면시간이 부족한 편이 아닌데 자고 일어나도 개운치 않고 낮에 졸리니 집중력이 떨어지는 이들이 있다. 자면서 많이 움직이기도 하고, 심한 코골이를 하기도 하며, 아침에 일어나면 입이 바싹 말라 있는 경우가 많다. 수면무호흡증을 의심해볼 수 있는 경우다.

수면무호흡증은 본인보다 주변에서 먼저 알아차리고 걱정하는 경우가 많다. 밤새 심하게 코를 골아 가족들이 불편을 겪기도 하고, 그러다 갑자기 한동안 숨을 쉬지 않아 지켜보는 이들을 마음 졸이게 만든다. 코골이는 수면 무호흡으로 이어지며 수면의 질을 크게 떨어트리는 것은 물론 장기적으로 수면 시 산소 공급 저하로 인한 다양한 합병증을 유발한다.

수면 무호흡증이 있는 경우 몸속의 산소 공급이 저하되면서 각종 장기에 산소를 나르는 혈액을 더 많이 공급해주기 위해 심장과 혈관이 무리하게 움직인다. 때문에 녹내장, 뇌경색, 뇌졸중, 치매, 부정맥, 심근경색, 심부전, 폐질환, 폐동맥, 고혈압, 호흡부전, 당뇨 등 전신에 걸친 합병증 위험을 증가시킨다.

이러한 코골이, 수면 무호흡증의 원인은 매우 다양하다. 코막힘이 있으면 비강호흡으로 충분히 공기가 들어오지 못해 구강호흡을 하게 되며 아래턱이 밑으로 처지면서 숨길을 좁게 만들어 코골이와 수면무호흡증을 유발 및 악화시킨다.

따라서 코막힘의 원인이 될 수 있는 비염, 비중격만곡증, 비밸브협착증, 부비동염과 같은 질환을 찾아내어 빨리 치료를 시작하는 것이 급선무다. 비염, 비중격만곡증, 비밸브협착증, 부비동염 모두 3D CT를 통해 보험 청구 여부를 확인해볼 수 있으며 수면무호흡증의 경우 수면다원검사를 통해 확인 후 수술비에 보험을 적용 받을 수 있다. 이는 보험사마다 다를 수 있으므로 가입된 보험을 확인해보는 것이 좋다.

비수술적 치료방법으로는 양압기 사용이 있다. 양압기는 공기의 압력을 이용하는 원리로, 양압기 모터를 통해 만들어진 공기가 양압기 마스크를 통해 사용자의 입과 코를 통해 적절한 압력으로 들어가면서 막힌 상기도를 열어준다. 사전에 수면다원검사를 통해 수면무호흡지수 및 체중, 무호흡증 심각도 및 사전 양압기 적정압력 검사 등을 통해 환자에게 맞는 공기 압력을 찾아내 설정한다. 마스크를 끼고 자면 밤새도록 환자의 기도로 공기 압력을 불어넣어 기도가 막히지 않게 해준다.

고령이라 수술이 부담스러운 경우, 수술에 실패한 경우, 합병증이 있거나 졸음이 심한 경우 양압기 사용이 도움이 될 수 있다. 양압기를 렌탈해 사용하는 것도 가능하며, 건강보험 적용이 가능해 경제적 부담도 덜 수 있다.

· 부록 ·

코 기능 개선과 성형

휜 코

휜 코는 말 그대로 선천적으로 혹은 후천적으로 코가 휘어져 보이는 것을 말한다. 코가 휘는 가장 많은 이유는 운동이나 코의 외상의 경우가 많다. 콧대가 휘어져 있으면 얼굴 전체의 조화와 균형이 깨지고 바른 인상을 주기 힘들다. 이마부터 콧대, 인중, 입술에 이르기까지 연결된 선을 그었을 때 라인이 튀어나온 곳이 있다면 휜 코라고 볼 수 있다. 겉으로 보기에 C형이나 S형으로 휘어진 경우가 일반적이다.

휜 코란?

휜 코는 말 그대로 선천적으로 혹은 후천적으로 코가 휘어져 보이는 것을 말한다. 코가 휘는 가장 많은 이유는 후천적으로 발생하는 외상이다.

정상 코　　　　C형 비중격만곡증　　　　S형 비중격만곡증

휜코는 외관상 보기 안좋아 보일 뿐만 아니라 대부분 코안의 변형을 같이 동반하는 경우가 많다. 이러한 휜코는 코뼈와 비중격을 똑바로 펴주는 수술인 비중격만곡증과 비밸브협착 치료를 하여야 완벽하게 휜코 교정이 된다.

코의 내부 연골뼈가 휘어져 휜 코를 가진 분이라면 내부의 비중격이 휘어져 있는 비중격만곡증이 동반되는 경우가 많다. 비중격이 휘어져 있는 비중격만곡증이 있다면 코막힘과 만성부비동염, 만성비염등의 코질환이 유발되기도 한다. 이러한 휜 코는 코뼈와 비중격을 똑바로 펴 주는 비중격만곡증과 비밸브협착을 치료하여야 완벽하게 휜 코 교정이 가능하다.

휜 코를 수술하는 방법에는 크게 2가지가 있다. 첫 번째는 휜 코의 근본 원인인 코 안의 비중격만곡증과 비밸브 협착 등의 질병을 치료하면서 휜 코의 변형을 교정하는 방법이다. 두 번째는 코 안의 원인 질환은 손대지 않고 코 외부의 변형된 코 모양 부위를 보고 휘어서 꺼진 부위에 연골이나 진피지방 등을 삽입하여 휜 코를 직선 코로 보이게 하는 방법이다.

휜 코, 비중격만곡증으로 인한 코막힘의 경우에는 코의 구조적 문제이므로 수술적 치료가 필요하다. 비중격만곡증수술은 비중격연골의 교정으로 비강을 넓게 만들어 주어서 비강호흡을 원활히 만들어 주기 때문에 코막힘, 콧물, 비염, 축농증 등의 합병증 증상 완화 효과를 기대할 수 있다.

비중격교정술은 비중격의 남는 부분을 잘라내어 바르게 펴주는 방법이다. 연골에는 복원력이 있기 때문에 바로잡아준 뒤 고정을 하지 않으면 다시 휠 수 있다. 비중격의 남는 부분을 잘라낼 때 코 끝에 이식할 비중격을 얻을 수 있다. 비중격 연골을 잘못 채취할 경우 코 끝을 받치는 역할을 하는 비중격 연골이 제 역할을 하지 못하게 되어 코가 주저앉을 수 있다. 때문에 경험이 많은 의료진에게 수술 받아야 한다.

콧대의 위쪽 3분의2지점까지는 뼈로 되어 있다. 이 지점이 휘어진 것을 바로잡기 위해서는 절골술이 필요하다. 코가 작고 미세하게 휘어진 경우라면 절골술을 하지 않고 보형물을 넣어 교정하기도 하지만 근본적으로는 절골술을 통해 바로잡아야 한다.

이러한 휜 코 수술은 휜 코를 세워주어 심미적, 기능적 문제를 해결해주며 보다 매끄러운 콧대를 가질 수 있게 해준다. 코막힘, 수면장애 등 기능적인 문제도 개선된다.

휜 코(1)

코는 얼굴 중앙에 위치하고 있기 때문에 콧대가 휘어져 있는 경우 전체적인 인상에 큰 영향을 미치게 됩니다.

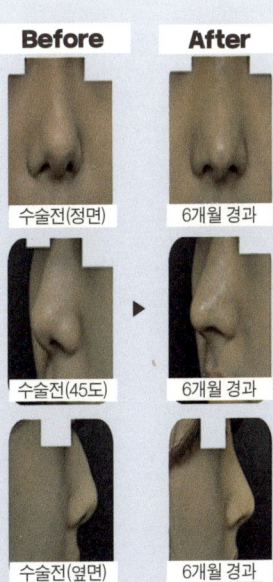

휜 코(2)

코는 얼굴 중앙에 위치하고 있기 때문에 콧대가 휘어져 있는 경우 전체적인 인상에 큰 영향을 미치게 됩니다.

Before	After
 수술전(정면)	 6개월 경과
 수술전(45도)	 6개월 경과
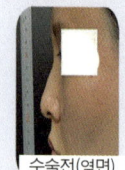 수술전(옆면)	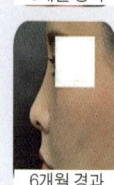 6개월 경과

휜 코(3)

코는 얼굴 중앙에 위치하고 있기 때문에 콧대가 휘어져 있는 경우 전체적인 인상에 큰 영향을 미치게 됩니다.

Before	After
 수술전(정면)	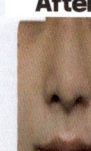 6개월 경과
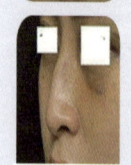 수술전(45도)	 6개월 경과
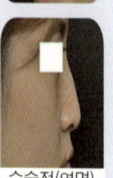 수술전(옆면)	 6개월 경과

매부리코

매부리코는 정면에서는 잘 나타나지 않지만 측면에서 보면 콧등 중간 부분이 튀어나오면서 코끝이 아래로 처져 있다. 이런 매부리코를 가지고 있는 경우 고집이 세 보이고 강한 인상을 주기 쉽다는 일반적 인식이 있다. 보통 매부리코의 원인으로는 코뼈와 연골 중앙 부분이 지나치게 성장했거나 또는 사고나 외상 등으로 매부리코 증상이 나타날 수 있다.

매부리 코란?

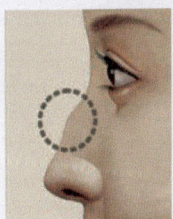

매부리코는 정면에서는 잘 나타나지 않지만 측면에서 보면 콧등 중간 부분이 튀어나오면서 코끝은 아래로 처져 있는 모습을 말합니다.
매부리코는 코뼈와 연골 중앙 부분이 지나치게 성장한 것이 원인이 되며 사고 등으로 매부리코 증상이 나타날 수 있습니다.

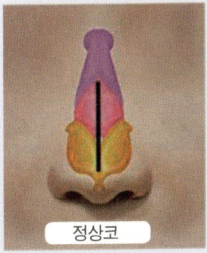
정상코

C형 비중격만곡증

S형 비중격만곡증

" 매부리코의 경우 코외부의 변형만 있는 것이 아니라 대부분 코안의 변형이 같이 동반되는 경우가 많습니다. 코안의 변형은 비중격만곡증과 비밸브협착이라는 질환으로 발생되며 코막힘과 같은 코질환을 유발할 수 있습니다.
때문에 매부리코는 외적인 문제를 해결하면서 코뼈와 비중격을 똑바로 펴주는 수술인 비중격만곡증과 비밸브협착 치료를 같이해야 완벽하게 매부리코 교정이 됩니다. "

사진출처: 프레쉬이비인후과 홈페이지

매부리코 성형은 굉장히 난이도가 높은 수술이다. 그 이유는 매부리코의 경우 코의 외부의 변형만 있는 것이 아니라 대부분 코 안의 변형을 같이 동반하고 있기 때문이다. 코 안의 변형은 비중격만곡증과 비밸브 협착이란 질환으로 발생되며 코막힘이나 만성부비동염, 만성비염등의 질병이 동반되어서 몸의 건강에 적신호를 만들기도 한다. 때문에 매부리코는 외적인 문제를 개선하면서 코뼈와 비중격을 똑바로 잡아 주는 비중격만곡증수술과 비밸브 협착수술을 같이 진행해야 완벽하게 매부리코 교정이 가능하다.

매부리코를 수술하는 방법은 크게 2가지 방법이 있다. 첫 번째는 매부리코의 근본적인 원인인 코 안의 비중격만곡증과 비밸브 협착 등의 질병을 치료하면서 튀어나온 뼈를 갈고 낮은 부분은 자가연골이나 진피지방을 삽입하여 코 모양을 올바르게 바로 잡아 주는 방법이다. 두 번째는 코 안의 원인 질환은 손대지 않고 미적인 부분만 개선하는 방법이다.

하지만 코는 미용적 측면뿐만 아니라 호흡이라는 중요한 기능을 담당하는 기관이므로 매부리코 성형을 할 때에는 코 질환이 동반되는지 정확히 3D CT촬영을 통해 세밀한 사전 검사를 한 후 근본적인 코 질환을 고치면서 미용적 측면과 동시에 기능적 부분까지 개선하는 것이 가장 효율적인 방법이다.

앞서 기술했지만 매부리코를 가진 분들 중에는 대부분 코막힘, 콧물, 비염, 축농증 등 비중격만곡증 증상을 함께 겪는 분들이 많다. 이런 경우에는 코의 구조적 문제이므로 수술을 통해서만 치료가 가능하다.

비중격만곡증수술은 비중격연골의 교정으로 비강을 넓게 만들어 주어서 비강호흡을 원활히 만들어 주기 때문에 코막힘, 콧물, 비염, 축농증 등의 합병증 증상 완화 효과를 기대할 수 있다.

코 관련 질환을 치료하기 위해 기존대로 매부리코 성형과 비중격 교정술을 시행했을 시 치료 효과가 50%였다면, 비밸브 재건술을 함께 시행했을 때는 90%까지 치료 효과를 기대해 볼 수 있다. 그 이유는 비밸브 재건술은 코의 지붕을 고치는 것이기에 코 외부에도 영향을 주어서 매부리코 성형, 비중격만곡증수술과 같이 진행한다면 코 모양의 미적인 개선에도 큰 효과를 볼 수 있기 때문이다.

매부리코를 개선하려면 매부리코의 원인이 되는 부분의 뼈나 코 연골 부위를 제거해주어야 한다. 심지 않은 경우라면 절골도를 이용해 돌출된 부위를 갈아주는 것만으로도 충분하지만, 매부리가 심하다면 절골도를 이용해 돌출 부위를 갈아준 뒤 비콧대를 융비술을 사용해 개선해야 한다.

기존 매부리코 성형수술

기존 매부리코 성형수술은 어떻게 할까요?

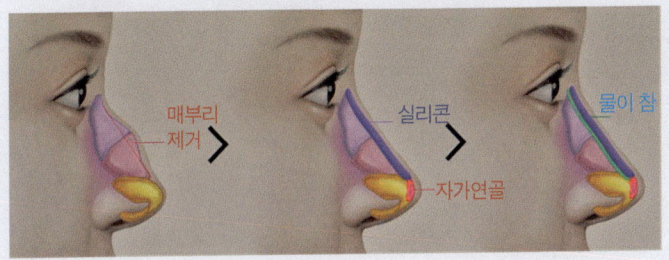

무보형물 매부리코 성형수술

무보형물 매부리코 성형수술은 어떻게 할까요?

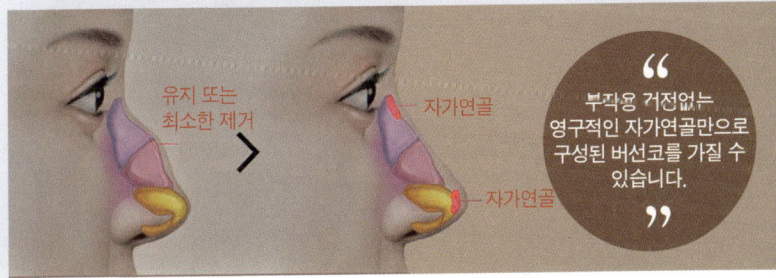

사진출처: 프레쉬이비인후과 홈페이지

만약 매부리 부분을 제거한 뒤 실리콘을 삽입하면 콧대에서 실리콘이 비치고 염증이 발생할 가능성이 다른 코 성형보다 더욱 높게 나타날 수 있다. 이는 매부리를 깎아낸 표면이 균일하지 않을 경우 콧대에 물이 차는 염증이 쉽게 발생하기 때문이다.

때문에 무보형물 매부리코 성형수술을 통해 부작용 우려를 해소할 수 있다. 매부리를 유지하거나 약간만 제거하고 미간과 코 끝을 자가연골로 융비술을 시행하는 것이다.

기존의 매부리코 성형보다 높은 안정성은 물론 부작용 걱정 없이 영구적인 자가연골만으로 구성된 버선코를 가질 수 있으며 원하는 만큼 코 높이 조절도 가능하다.

매부리코(1)

콧등이 튀어나와 미간이 낮아 보이거나 코 끝이 처져 있어 인중의 각도가 좁고 화살코 처럼 보여 고집스럽고 나이 들어보이는 인상을 줄 수 있습니다.

Before / **After**

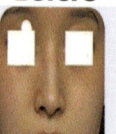 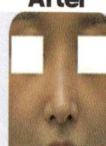
수술전(정면) / 6개월 경과

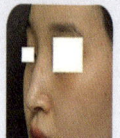 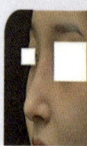
수술전(45도) / 6개월 경과

수술전(옆면) / 6개월 경과

매부리코(2)

콧등이 튀어나와 미간이 낮아 보이거나 코 끝이 처져 있어 인중의 각도가 좁고 화살코 처럼 보여 고집스럽고 나이 들어보이는 인상을 줄 수 있습니다.

Before / **After**

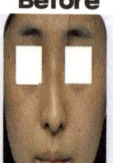 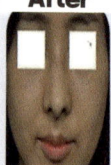
수술전(정면) / 6개월 경과

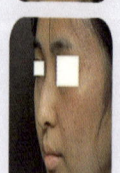 
수술전(45도) / 6개월 경과

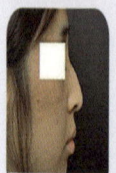 
수술전(옆면) / 6개월 경과

매부리코(3)

콧등이 튀어나와 미간이 낮아보이거나 코 끝이 처져있어
인중의 각도가 좁고 화살코 처럼 보여 고집스럽고 나이 들어
보이는 인상을 줄 수 있습니다.

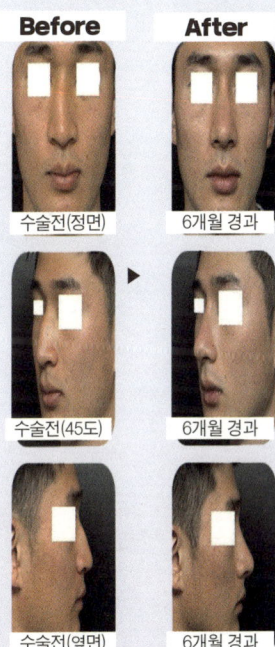

복코

코가 낮고 뭉툭하거나 코끝에 지방이 많고 퍼져 있으면 흔히 "복코"라고 부른다. 코가 복코일 때에는 얼굴에 비해서 코가 커 보이고 얼굴 전체적인 느낌이 둔탁해 보이면서 답답해 보이기도 한다. 이럴 때는 복코 수술을 통해 코를 날렵하고 세련되게 만들어서 시원한 인상을 줄 수가 있다. 실제로 수술 후 인상이 많이 변했다는 평가가 주를 이룬다.

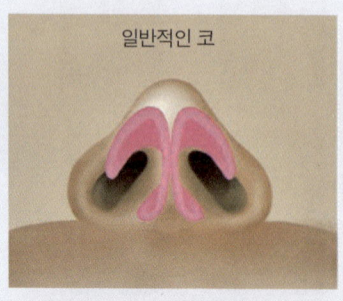

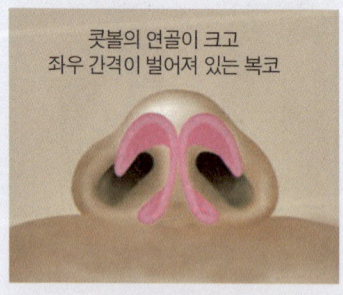

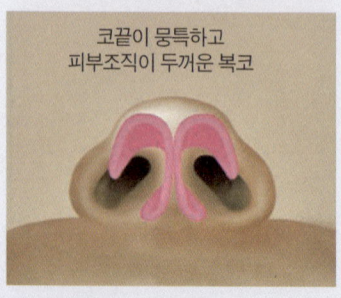

사진출처: 프레쉬비인후과 홈페이지

1) 날개연골이 벌어져 있는 유형

일반적인 코와 다르게 복코는 비익연골(콧구멍을 이루는 날개 모양의 연골)이 옆으로 퍼져 있거나, 코끝에 지방이 많이 있고 두꺼워서 코끝이 뭉뚝해 보이고 연골에 힘이 없는 경우가 많다. 이렇듯 복코에도 다양한 유형이 있는데 복코를 수술하는 유형은 다음과 같다.

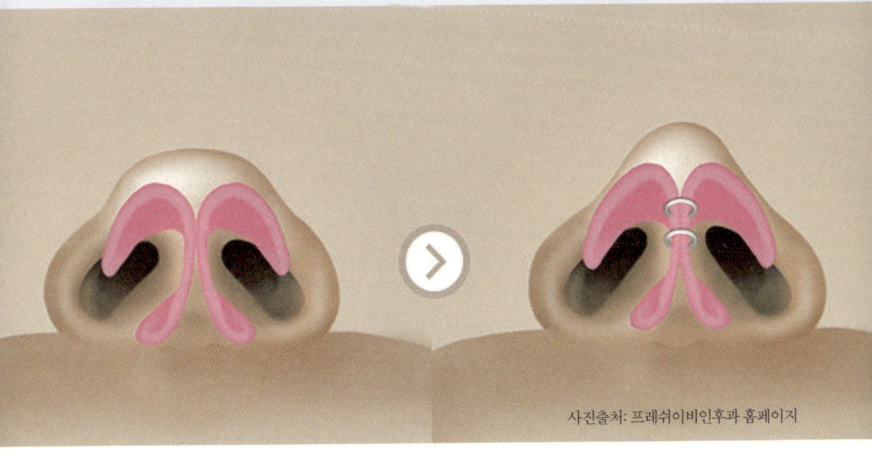

사진출처: 프레쉬이비인후과 홈페이지

날개연골은 한 쌍의 날개 모양의 연골로 이루어져 있다. 이러한 연골들을 실을 이용하여 묶어 주면 연골의 아래쪽은 비중격에 연결되어 있기 때문에 위쪽으로 올라가게 되어 뭉툭했던 코끝이 날렵하게 변화할 수 있다. 그러나 너무 조일 경우 코 모양이 찝힌 것처럼 될 수 있고 숨쉬기가 어려워질 수도 있기 때문에 매우 조심스럽게 조절해야 한다.

2) 피하지방이 두꺼운 유형

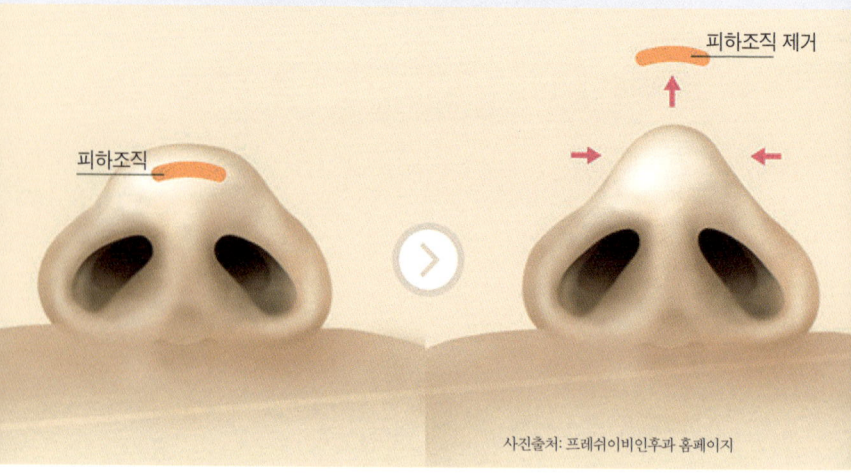

사진출처: 프레쉬이비인후과 홈페이지

　피하지방이 두꺼운 경우의 복코의 유형이 있다. 코끝에 피하조직 혹은 지방이 과도하게 발달하여 과하게 코끝이 두꺼운 경우에는 이를 제거하는 수술방법이 있다. 코 끝의 혈액순환을 최대한 보존하면서 안전하게 적절한 양의 지방을 제거하는 것이 관건이다.

3) 날개연골이 큰 유형

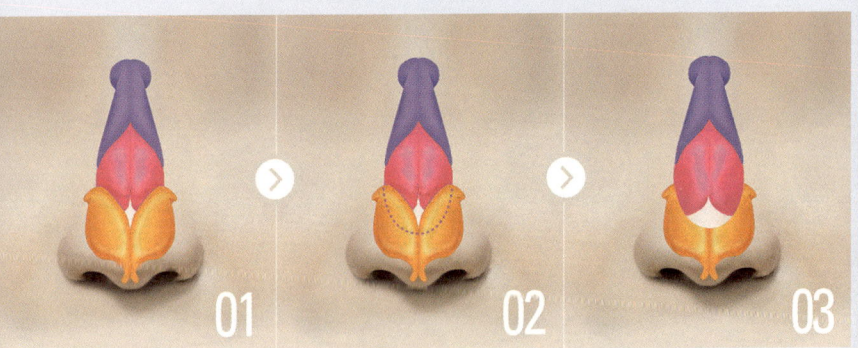

사진출처: 프레쉬이비인후과 홈페이지

만약 날개연골이 큰 경우의 복코는 날개연골의 끝부분을 코의 전체적인 모양과 어울리게 절제하여 퍼져 보이는 코를 날렵하고 오뚝한 코로 개선할 수 있다. 날개연골의 크기는 줄이고 그 자체를 모아 묶어주거나 비중격연골 또는 귀연골 등으로 코끝을 높여주면 보다 세련된 코로 교정할 수 있다.

복코는 개인마다 코끝의 모양과 크기, 피부 두께가 모두 다르기 때문에 수술 전 정확한 검사와 상담을 통해서 환자 개개인에 맞는 복코 교정이 이루어져야 만족스러운 결과를 얻을 수 있다.

안전한 수술이 되려면 수술 전 정확한 진단과 검사가 이루어져야 한다. 만약 복코를 가지고 있는데 코막힘, 콧물, 비염, 축농등 증 비중격만곡증 증상이 의심된다면 수술에 앞서 3D CT 검사를 통해 상담을 받아 보는 것이 좋다. 비중격만곡증 증상을 그대로 방치하고 미적 개선만을 위해 복코 수술만 진행한다면 더 심한 코 질환과 질병이 동반되어 몸의 건강에 적신호를 만들 수 있다.

코는 미용적 측면뿐만 아니라 호흡이라는 중요한 기능을 담당하는 기관이므로 코질환이 동반되는 경우라면 복코 교정과 동시에 비중격만곡증, 비밸브수술 등 근본적인 코 질환을 고치면서 미적인 측면과 동시에 기능적인 부분까지 개선하는 것이 좋다.

따라서 단순히 미적인 부분만 개선하려는 병원보다는 정밀한 진단 장비인 3D CT촬영을 통해 수술 전 상담을 진행하는지, 수많은 복코수술 경험과 코 질환까지 치료가 가능한지, 또한 상담부터 수술, 관리까지 진료받을 수 있는지 등을 살펴봐야 안전한 수술이 가능하다.

복코(1)

코끝이 뭉툭하고 콧볼이 퍼져있어 전체적으로 두리뭉실한 이미지의 코를 말함으로 뭉툭하고 넓게 퍼진 주먹코를 개선

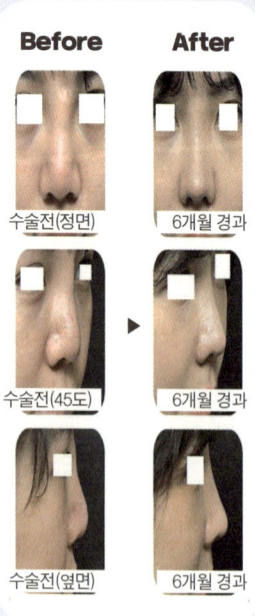

복코(2)

코끝이 뭉툭하고 콧볼이 퍼져있어 전체적으로 두리뭉실한 이미지의 코를 말함으로 뭉툭하고 넓게 퍼진 주먹코를 개선

복코(3)

코끝이 뭉툭하고 콧볼이 퍼져있어 전체적으로 두리뭉실한 이미지의 코를 말함으로 뭉툭하고 넓게 퍼진 주먹코를 개선

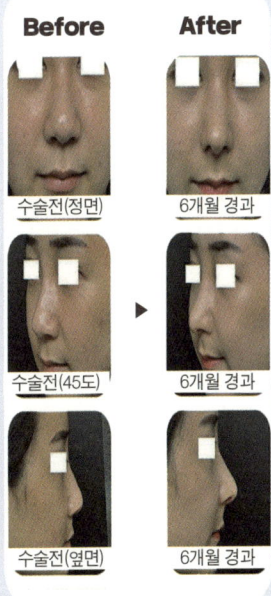

들창코

주위 사람들과 비교해 보았을 때 자신의 코가 유독 짧아 보이고 코끝이 들려 있다면 들창코를 의심해 볼 수 있다. 짧고 들려 있는 코끝은 인상이 둔해 보이고 촌스러운 이미지를 줄 수 있다. 이러한 콤플렉스를 극복하기 위한 방법 중 하나가 바로 들창코 성형이다.

들창코 원인

코의 길이가 짧고 얼굴을 정면으로 봤을 때 코끝이 위로 솟구쳐 콧구멍이 많이 보이는 코를 흔히 들창코, 짧은 코라고 부른다.

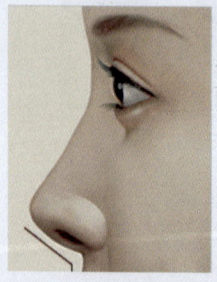

들창코의 원인은 코의 피부가 짧거나, 코의 골격을 이루는 연골이 약하고 부족하면 코끝이 들려보이게 된다.

즉, 이 두 가지 원인을 모두 해결해야 들창코 교정을 완벽하게 할 수 있다.

피부가 부족한 상태인데 아무리 코안의 연골을 늘려서 코의 골격을 크게 해놓은 상태라고 해도 결국은 피부가 견디지 못하기에 코끝이 빨개지면서 피부 밖으로 돌출되어버리는 부작용이 생길 수도 있다.

먼저 들창코의 발생 원인에 대해서 정확히 진단하고 치료를 받아야 완벽하게 들창코의 문제점을 해결할 수 있다. 들창코의 원인은 크게 2가지이다.

첫 번째 원인은 코의 피부가 짧은 경우다. 피부가 부족하니 코가 짧아질 수밖에 없는 것이다. 두 번째 원인은 코의 골격을 이루는 연골이 약하고 부족하여 코를 만드는 형태가 짧게 형성된 것이다. 즉, 이 2가지 원인을 모두 해결해야 들창코 교정을 완벽하게 할 수 있다. 피부가 부족한 상태인데 아무리 코 안의 연골을 늘려서 코의 골격을 크게 해 놓아도 결국은 피부가 견디지 못하기에 코끝이 빨개지면서 피부 밖으로 돌출되어 버리는 부작용이 생길 수도 있기 때문이다.

연골성형술

**코끝을 이루는 날개 연골이 위로 올라가 있으면
코끝도 들려보입니다.**

이러한 경우 날개연골의 위쪽은 잘라주고 아래쪽은 밑으로 내려 고정하면 연골이 아래로 길어 보이게 됩니다.

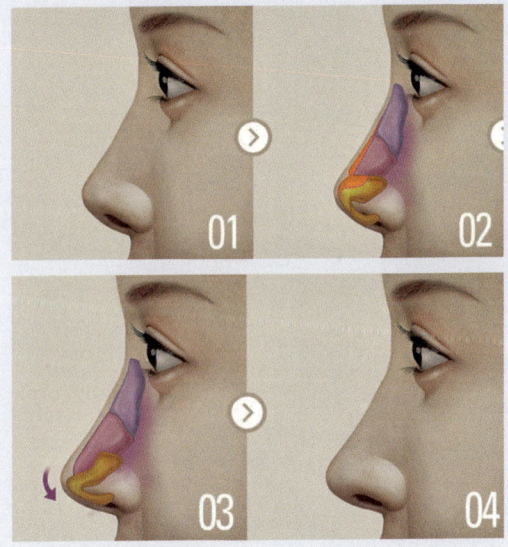

들창코를 개선하기 위해서는 들창코의 원인인 부족한 피부를 늘려 주는 수술을 받아야 한다. 피부는 코뼈의 내부에서 서로 늘어나지 못하게 고정하고 있는 단단한 인대 같은 조직들이 있다. 그런 조직들을 다 풀어 줘서 피부가 늘어날 수 있게 해 주어야 하며, 그 다음으로 가장 중요한 것은 연골의 박리이다.

코는 코뼈가 코에서 1/3을 차지하고 코연골 부위가 2/3를 차지한다. 연골은 상외측 연골과 하외측 연골로 구성되어 있는데 상외측연골과 하외측연골 혹은 날개연골이라고 부르는 구조는 서로 막으로 연결되어 있기 때문에 이를 박리해주면 날개연골의 움직임이 자유롭게 되면서 코의 골격 구조물인 연골 부분의 길이가 연장된다. 날개연골을 자유롭게 만들어서 길이 연장을 시행한 이후에 다시 원래 위치로 돌아가지 않도록 고정을 해 주는 수술기법을 이용하여 들창코수술을 마무리하는 순서로 진행한다.

연골이식술

연골성형술로 코끝의 길이를 늘려주어도 부족한 경우에는 비중격 연골과 날개연골 사이에 추가적으로 연골이식을 하여 코끝의 길이를 확실하게 늘려줄 수 있습니다.

이식에 주로 사용되는 연골은 비중격 연골입니다.

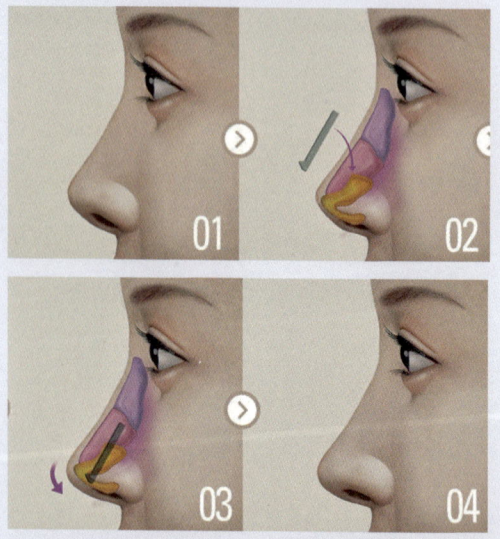

코가 짧은 사람들은 코가 작은 경우가 대부분인데 그런 분들은 비중격연골이 매우 작다. 비중격연골은 코의 기둥이라고 할 수 있는데, 자칫 적정량을 남겨 두지 않으면 콧등이 무너지는 결과를 초래하기도 한다. 따라서 늑연골을 사용하거나 귀연골을 사용하는데, 코가 작은 사람들은 귀도 작은 경우가 많다. 때문에 비중격과 연결된 단단한 뼈를 같이 채취해서 사용하는 경우도 있다. 일반적으로 코 길이 연장에 사용하는 연골은 보통 귀연골과 비중격연골을 사용하지만 부족하거나 힘이 약할 경우 늑연골을 사용할 수도 있다.

코의 구조물을 튼튼히 만들고 구조물을 연장해서 코 길이를 연장하고 정면에서 보이는 콧구멍을 아래로 하향회전 하는 방법으로 콧구멍이 덜 보이게 교정하고 연장 후 피부를 봉합해 주면 들창코의 교정이 비로소 완성된다.

연골이식술 + 보형물

비중격연골과 날개연골 사이에 연골이식 후 들창코, 짧은코가
덜 개선 되었다면 코 끝에 자가조직을 추가로 넣어주어
코끝을 더 내려줄 수 있고 콧대가 낮은 경우 실리콘을
이용하여 콧대도 같이 높여줄 수 있습니다.

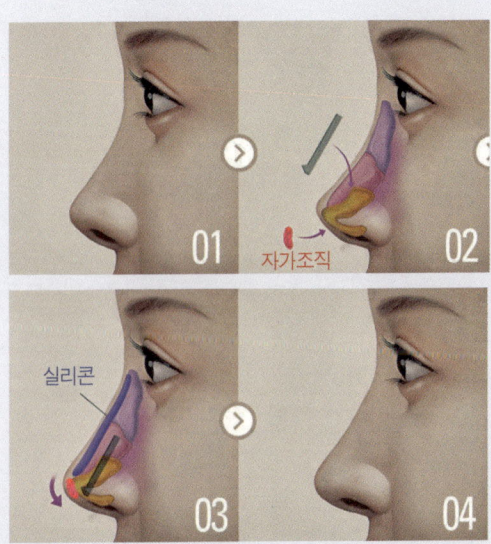

    비중격연골과 날개연골 사이에 연골 이식 후 들창코, 짧은 코가 덜 개선되었다면 코끝에 자가조직을 추가로 넣어 코끝을 더 내려 줄 수 있고 콧대가 낮은 경우라면 보형물을 이용하여 콧대도 같이 높여 주어 들창코 교정을 할 수 있다. 들창코 성형의 경우 기능적인 측면 또한 고려해야 하므로 코 성형 중에서도 난이도가 있는 수술이다. 따라서 안전한 들창코 성형을 위해서는 코수술 경험이 풍부한 이비인후과 의료진과의 충분한 사전 상담 후 수술이 진행되어야 성공적이고 만족스러운 들창코 교정을 받을 수 있다.

    들창코를 가지고 있으면서 코막힘, 콧물, 비염, 축농증 등 비중격만곡증 증상이 있다면 수술 전 3D CT촬영을 통해 정확한 진단을 받아 보는 것이 좋다. 비중격만곡증 증상을 그대로 방치하고 미적 개선만을 위해 들창코 성형만 진행할 경우 디욱 심한 코 질환과 질병이 동반되어 몸의 건강에 적신호가 켜질 수 있다.

코는 우리의 호흡을 담당하는 중요한 기관이면서 얼굴의 중심에서 미적인 부분을 담당하는 역할을 하고 있다. 코의 구조나 기능적인 문제를 정확히 확인하지 않고 심미적 개선만을 위해 코 성형을 한다면 코 구조가 변형되고 코 질환이 더 심해져서 부작용을 초래할 수 있다. 때문에 코 성형 전에는 코막힘이나 비중격만곡증 같은 구조적인 문제를 가지고 있는지 정밀한 진단을 통해 확인하는 것이 좋다. 코의 기능적인 부분을 정확하게 알고 해부학적 구조를 정확하게 이해하고 있는 기능적 코 성형의 경험이 많은 이비인후과 전문의에게 받는 것이 코 성형 부작용을 줄일 수 있는 가장 정확한 방법이라고 할 수 있다.

들창코(1)

코끝이 들려 정면에서 콧구멍이 보이는 선천적으로 혹은
코재수술 후 구축 부작용으로 생길 수 있는 교정이 매우 어려운 변형

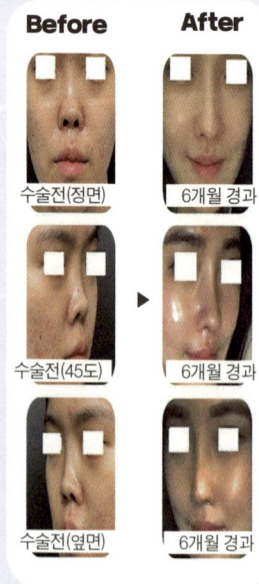

들창코(2)

코끝이 들려 정면에서 콧구멍이
보이는 선천적으로 혹은 코재수술 후
구축 부작용으로 생길 수 있는
교정이 매우 어려운 변형

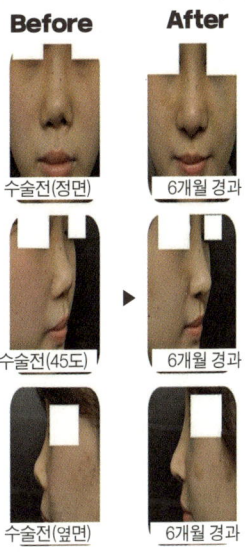

들창코(3)

코끝이 들려 정면에서 콧구멍이
보이는 선천적으로 혹은 코재수술 후
구축 부작용으로 생길 수 있는
교정이 매우 어려운 변형

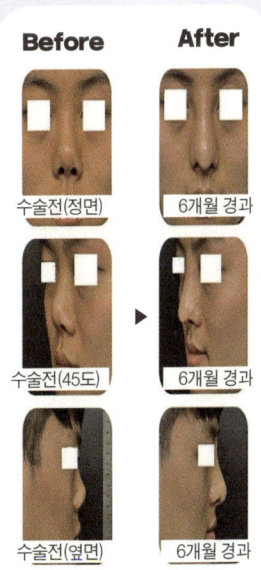

구축코

코 성형은 요즘 들어 눈 성형만큼이나 많이 하는 성형수술 중 하나이다. 하지만 빈번하게 코 성형이 진행되면서 수술 후 변형 등 부작용으로 인한 불만족으로 재수술을 하는 사례도 적지 않게 발생하고 있다.

코는 얼굴 중심 부위이면서 호흡을 하고 후각을 인지하는 중요한 기능적인 역할을 하는 부위이기 때문에 또 한 번의 부작용을 겪지 않으려면 재수술 병원 선택을 신중하게 해야 한다. 특히 재수술 시 무조건 늑연골을 사용해야 한다는 병원이 많다.

코 재수술을 결심했다면 가장 먼저 해야 할 일은 현재 코 상태와 1차 수술이 실패하게 된 원인 및 문제점을 명확하게 진단해야 한다. 때문에 코 재수술 병원을 선택할 때에는 재수술 경험이 많고 실력 있는 의사의 상담·수술·관리까지 직접 집도하는지와 1차 수술의 실패 원인을 명확히 진단할 수 있는 시스템이 잘 갖추어진 병원인지 살펴봐야 한다.

코 재수술 시에는 심미적인 부분뿐만 아니라 기능적인 부분까지 개선되어야 하기 때문에 보다 검증되고 실력 있는 병원의 선택이 수술 결과를 좌우한다.

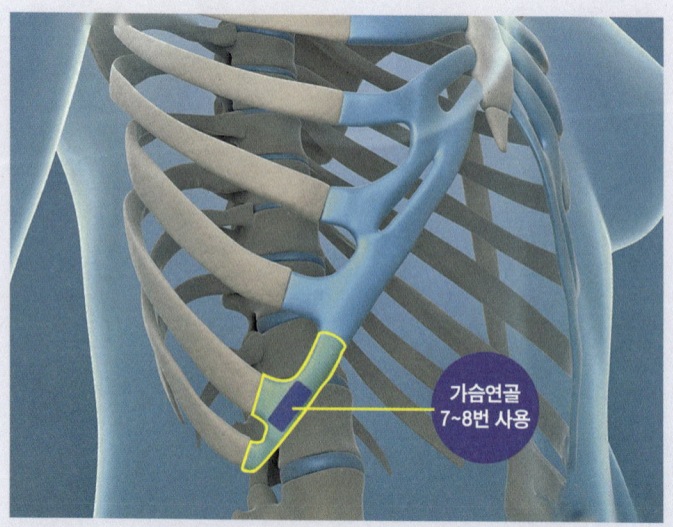

가슴연골 7~8번 사용

필자 스스로도 의료현장에서 늘 다짐하는 각오이지만 좋은 의사는 환자의 의견을 먼저 수렴한다. 일반적으로 코 재수술을 여러 번 하게 되면 더 이상 쓸 수 있는 연골이 없기 때문에 환자들은 꼭 늑연골을 사용해야 한다는 말을 많이 듣는다.

코 수술에 사용되는 늑연골은 우리 몸의 갈비뼈 중 가장 부드러운 물렁뼈 부위로, 갈비뼈의 모양 자체가 둥근 곡선 형태이기 때문에 이를 다듬어 코 성형에 사용한다. 하지만 인간의 뼈는 항상성이 있어 원래의 형태로 돌아가려는 특성이 있으므로 뼈가 휘어지는 '와핑 현상'의 우려가 있으며 이를 예방하기 위해서는 집도 경험이 풍부한 의료진을 선택해야 한다.

그렇다면 이러한 늑연골의 사용은 불가피한 것일까? 꼭 늑연골을 사용하지 않고도 효과적인 수술이 가능하다. 자가늑연골 사용 없이 코 재수술, 구형구축, 들창코 개선이 가능한 것이다.

필자의 경우, 환자에게 필요한 양의 연골만 채취를 하며 한 가지의 연골로 많은 앵글 쓰지 않고 복합적으로 연골을 쓰면서 케이스마다 환자에게 최적화된 연골로 수술을 진행한다. 그것이 환자에게 최적의 방법임을 오랜 임상경험을 통해 통찰했기 때문이다.

재수술을 여러 번 하게 되는 원인은 사실 잘못된 코끝수술에서부터 시작된다. 마지막 수술이 되기 위해서는 의료진의 코에 해부학적인 이해와 코끝수술의 노하우, 플랜이 절대적으로 필요하다.

심한 구축코, 코괴사, 심한 들창코 등의 수술 후 필자를 찾아와 재수술을 문의하는 환자들에게 필자 스스로 세워 둔 5가지 원칙이 있다.

1. 수술 20년 후에도 변함없는 결과를 유지하자. 이를 위해 수술 후 환자와의 정기적 상담을 진행하며 경과를 관찰한다.

2. 환자의 의견 존중, 환자가 직접 늑연골 사용을 선택할 수 있게 선택권을 제시하자.

3. 구축이 된 정확한 이유를 분석해 다시 그 원인이 오지 않게 철저히 분석하자.

4. 개인별 차별화된 1:1 맞춤 수술 계획으로 환자의 수술 후 만족도를 확인하자.

5. 직접 수술을 집도하자.

　　나름의 헌신과 열정으로 최선을 다해 환자들을 대해 왔고 늘 초심을 잃지 않는, 반듯한 의사로서의 사명감으로 수술을 집도한다는 철칙은 환자의 만족감을 가져온다.

코 재수술

코 재수술이란 이전에 받은 코 수술에 대해 불만이 있거나 또는 부작용 등이 발생한 경우에 다시 수술을 하게 되는 것을 말한다. 재수술의 경우는 일차 수술보다 더 신중을 기해야하기 때문에 경험이 많은 성형외과 전문의에게 재수술에 대한 충분한 상담과 검사, 그리고 실패원인을 분석하여 시술해야 한다.

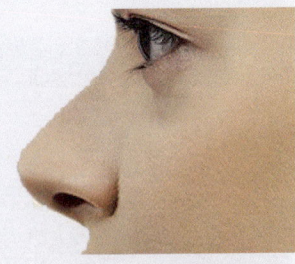

콧등이 너무 높아 어색한 경우

보형물이 움직이는 경우

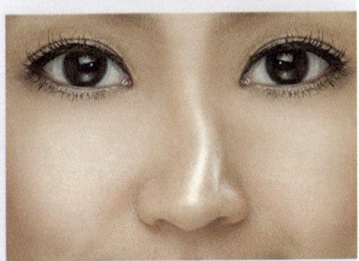

코가 삐뚤어져 보일 때

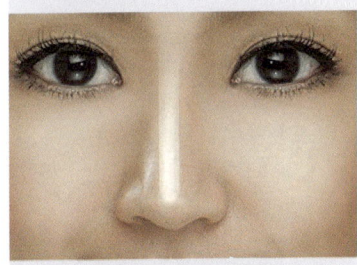

보형물이 비춰 보이는 경우

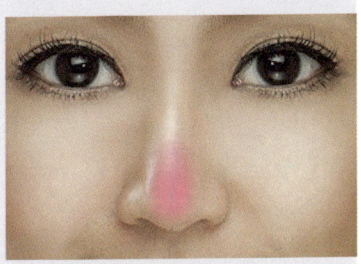

염증이 생긴 경우

사진출처: 프레쉬이비인후과 홈페이지

코 재수술이 필요한 케이스는 다양하다. 예를 들어 코가 삐뚤어져 있는 경우, 코 부위에 적색이나 청색 등의 색깔 변화로 표시가 나는 경우, 과거 수술 후 코의 모양에 만족하지 못하는 경우 등 다양한 케이스가 있을 수 있다. 특히 보형물에 문제가 생긴 경우라면 우선 보형물 위치 이상인지 연골이나 코뼈의 문제인지를 명확히 파악해서 그에 맞는 수술방법을 선택해야 한다.

이렇듯 코 재수술은 1차 수술이 실패한 원인을 해부학적으로 정확히 파악하고, 그에 알맞은 재수술 계획을 세워야 하기 때문에 코에 대한 해부학적 구조를 정확히 이해하고 있고 재수술 경험이 많은 의사에게 수술을 받아야 한다.

코 재수술 시 체크 포인트

1. 코 재수술 경험이 많고 실력있는 전문의가 직접 집도하는가?
2. 1차 수술의 실패원인을 명확히 진단할 수 있는 시스템이 갖추어져 있는가?
3. 환자별 맞춤 재수술 솔루션을 제공하는가?
4. 수술에 따른 보험 전문지식 상담원이 상주하는가?
5. 수술결과는 어떠한가?

코 재수술은 유형별로 수술방법이 다 다르다. 첫 수술 후 콧대가 너무 높아 보이거나, 보형물이 움직이거나 또는 피부가 얇아지면서 보형물이 비치는 경우에는 기존의 보형물을 빼고 새로운 보형물로 교체를 할 수 있다. 하지만 염증이 생겨 통증이 동반된다면 항생제 주사로 염증을 제거하고 재수술을 받아야 한다.

또한 반복된 코 성형과 수술 후 외상 등으로 인해 비중격 변형이 올 수도 있다. 코 안의 변형이 생기면 비중격만곡증과 비밸브협착이라는 질환이 발생되어 만성부비동염, 만성비염 등의 질병이 동반될 수 있다. 이때는 휘어진 비중격연골을 바로잡는 비중격만곡증수술을 같이 진행해야 한다.

코막힘, 콧물, 비염, 축녹증 등 비중격만곡증이 의심되는 분들은 이비인후과에서 정확하게 진단을 받고 수술을 하는 것이 좋다. 수술 전 3D CT촬영을 통해 상담을 진행하고 비중격만곡증수술을 통해 휘어진 비중격연골을 바로잡아 비강을 넓게 만들어 주어 비강 호흡을 원활하게 만들어 코막힘, 콧물, 비염, 축농증 증상 완화 효과를 기대할 수 있다.

비중격만곡증수술 시 얻어지는 연골을 이용해서 코끝을 아름답게 높일 수도 있다. 만약 1차 수술 때 비중격연골과 귀연골을 이미 다 사용한 경우라면 자가늑연골을 채취하여 재수술을 진행할 수 있다. 이비인후과에서는 코 내부의 구조, 기능에 대한 지식을 갖추고 수술을 진행하기 때문에 기능적, 미적 부분이 동시에 개선 가능하다.

비중격만곡증등의 해부학적 선·후천적 이상으로 인해 비밸브가 협착되는 경우에는 코막힘 등의 호흡개선 및 증상 해결을 위해 비밸브 재건술이 필요하다. 코 재수술과 비중격수술을 시행했을 시 치료 효과가 50%였다면, 비밸브 재건술을 함께 시행했을 때는 최대 90%까지 치료 효과를 기대할 수 있기 때문이다. 비밸브 재건술은 코의 지붕을 고치는 것이기에 코 외부에도 미학적 영향을 주어서 코 모양의 미용적 개선에도 효과를 볼 수 있는 장점이 있다.

코 재수술은 첫 수술보다 더욱 까다로운 수술 방법과 고난이도의 숙련도가 요구되는 만큼 재수술 비용이 부담될 수 있다. 상담을 하다 보면 많은 환자들의 공통적 고민이기도 하다. 그러나 코 재수술과 코 질환수술을 동시에 받을 경우에는 수술비용을 효율적으로 줄일 수 있으며 재수술에 따른 기대 효과도 증대될 수 있다.

비중격만곡증수술은 치료적인 수술이기 때문에 국민 대부분이 가입한 의료실비 보험을 통해서 보험 혜택을 보장받을 수 있다. 비밸느 협착을 치료하는 비밸브 재건술은 지난 2016년 5월 1일자로 법정비급여로 고시가 된 항목이라 실비보험 혜택을 받을 수 있기 때문에 환자의 입장에서 비용적인 부담은 크게 들지 않는 장점이 있다. 코 재수술을 염두에 두고 있고 평소 비염, 축농증과 같은 코 질환을 앓고 계신 분이라면 일석이조로 더욱 만족스러운 결과를 얻을 수 있다는 점에 주목하자.

줄기세포 코 수술

성형수술 중 수술 후 또렷한 인상을 줄 수 있어 남녀 모두 선호하는 수술이 '코 수술'이다. 그러나 수술이 제대로 되지 않아 다시 재수술을 알아보는 이들도 많아지고 있다. 코 성형의 수요가 증가함에 따라서 재수술 역시 점점 늘어나고 있는 것이 사실이다. 코 재수술은 결국 안전성이 가장 중요한 요소인데 줄기세포는 자신의 조직이기 때문에 치료 시 부작용의 우려가 적은 재료이므로 구축코 치료 시 가장 적합한 재료이다. 피부를 재생시켜 원활한 수술이 가능하기 때문이다.

줄기세포의 기능

FUNCTION 01 조직재생
손상된 조직세포를 재상시키는 역할

FUNCTION 02 분화기능
손상된 세포를 분화하여 정상세포로 재생

FUNCTION 03 주변 분비물 촉진
콜라겐 호르몬 등의 성장인자 촉진으로 인체 내 조직개선

FUNCTION 04 면역조절
면역세포(림프구, 백혈구)의 기능 정상화하여 면역조절

FUNCTION 05 사멸세포 지연 및 방지
노화를 촉진시키는 세포의 손상과 사멸을 지연 or 방지하여 안티에이징 효과

FUNCTION 06 혈관재생 및 신생
손상된 혈관, 좁아진 혈관, 약해진 혈관을 재생하여 혈액순환을 원활하게 함으로써 정상적인 혈액 공급과 말초혈관 재생

하지만 이러한 줄기세포는 지방분리 시 높은 기술을 요하고 오염을 발생시킬 수 있기 때문에 지방이식의 오랜 기술과 더불어 위생시설을 갖춘 연구소, 그리고 전문성을 가지고 경험 있는 병원에서 치료를 받는 것이 중요하다.

재수술을 필요로 하는 코 성형 부작용은 생각했던 모양과 다르거나 성형 티가 너무 많이 날 경우, 수술 후 구축코나 짧은 코 증상이 나타나는 경우, 콧대가 휘거나 보형물이 잘못되어 염증이 생기고 비치는 경우 등 다양하다.

이중에도 가장 흔한 부작용으로 알려진 구축코는 미관상 부자연스러운 인상을 주기 때문에 많은 이들이 재수술을 위해 다시 병원을 찾는다. 수술 시 품질이 나쁘고 적합하지 않은 보형물을 사용했거나 콧대를 과하게 높였을 때 보형물이 비치며 구축코가 된다. 심한 경우 짧은 코 현상도 나타난다.

구축코 재수술은 까다로운 수술이기 때문에, 자체 경력이 많은 의료진과 상담 후 진행해야 한다. 만약 구축코 현상이 발생해 재수술하고자 한다면, 자가적으로 추출한 줄기세포를 이용하여 코 조직과 피부, 흉살 등의 문제를 회복할 수 있다. 줄기세포를 이용한 구축코 재수술은 첫 수술 후 1~3개월 안으로 바로 가능하다.

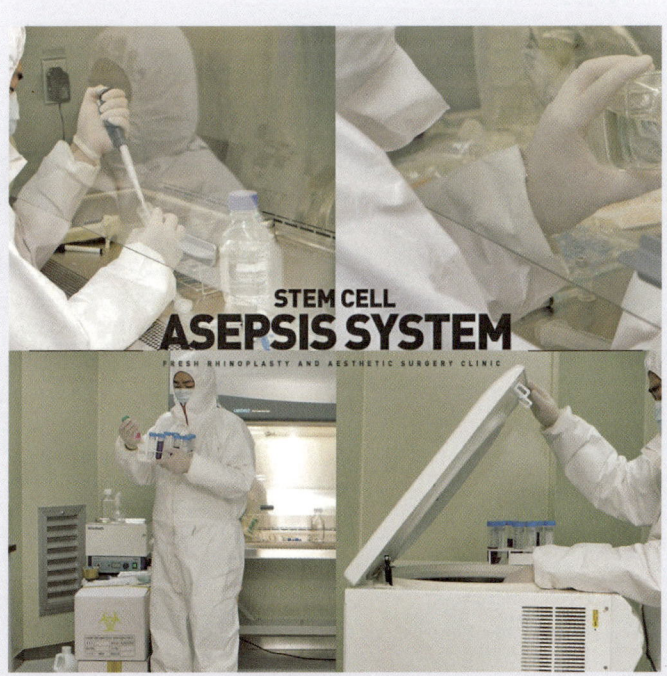

프레쉬이비인후과 줄기세포 연구소

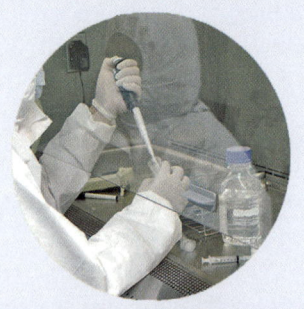

**원내 무균 상태의
안전한 줄기세포 사용**

지방 추출 후 원내에서 즉시 추출 및 배양하기 때문에 감염, 변이 없이 안전한 줄기세포 시술이 가능합니다.

**가장 활발한 줄기세포를
사용하기 때문에 빠르게 재생**

채취한 세포를 냉동하는 것 없이 현장에서 바로 분리, 농축, 증폭 하여 15분 이내 바로 사용하기 때문에 재생속도가 빠릅니다.

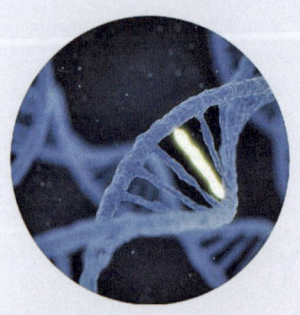

감염 유전자 변이 위험없음

줄기세포를 별도로 외부에서 배양하거나 조작하지 않기 때문에 감염, 유전자 변이 위험이 없습니다.

**FDA, KFDA 승인 받은
안전한 장비 사용**

프레쉬 줄기세포 치료는 안전성을 검증받은 장비만 사용합니다.

사진출처: 프레쉬이비인후과 홈페이지

줄기세포는 투여하는 줄기세포의 양이 기본적으로 수억 셀 이상이다. 투여되는 줄기세포의 양이 많을수록 그 역할을 100% 이상 발휘하게 되는데, 전문성이 요구되는 수술방법이다. 다행히도 필자는 오랜 기간 운영하는 병원 내에 줄기세포 연구소를 설립하고 환자의 줄기세포를 이용한 수술법으로 매우 큰 임상 효과를 거두고 있다.

줄기세포를 이용한 재수술을 도입하면서 수술 과정도 체계화되었다. 오랜 기간 염증으로 코가 구축된 환자들을 보아 왔기에 수술방법을 다양하게 개발하게 된 것이다. 세계적인 성형외과 학회지인 〈PRS(Plastic Reconstructive Surgery)〉 2018년 1월호에 이 기술을 세계 최초로 발표했고, 이를 본 미국 의사들은 기적이라는 반응을 보이기도 했다.

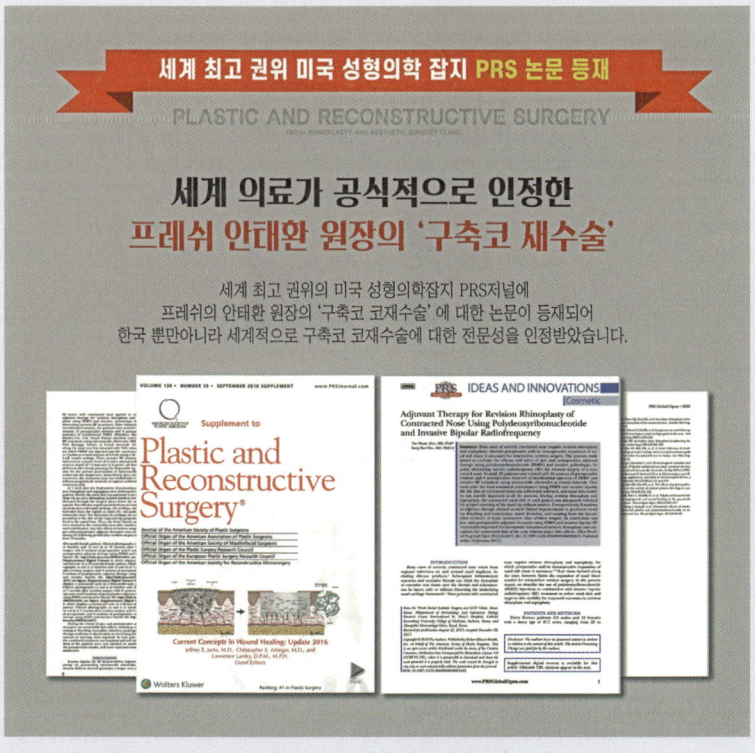

사진출처: 프레쉬이비인후과 홈페이지

환자의 줄기세포를 이용한 구축코 재수술은 자신의 지방에서 줄기세포를 추출하기 때문에 안전성이 높다. 또한 원내에서 줄기세포 연구소를 운영하기 때문에 최소한의 조작으로 분리 및 보관하여 빠른 추출이 가능하고 감염될 위험도 적기에 이른바 꿈의 수술법이라 평가될 만하다.

구축코(1)

코 수술을 여러번 받거나, 보형물의 부작용인 이물 반응, 감염 등과 같은 염증의 결과로 코가 딱딱해지고 코끝이 들리거나 뒤틀리는 증상

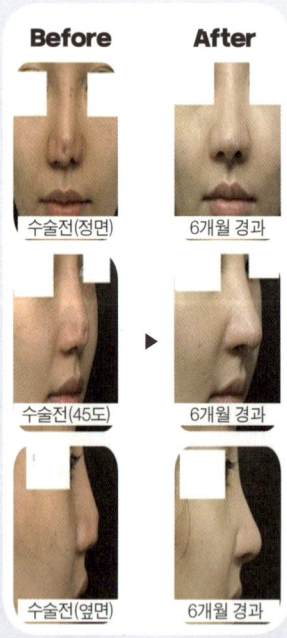

구축코(2)

코 수술을 여러번 받거나, 보형물의 부작용인 이물 반응, 감염 등과 같은 염증의 결과로 코가 딱딱해지고 코끝이 들리거나 뒤틀리는 증상

Before
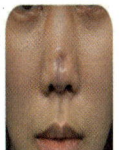
수술전(정면)

After
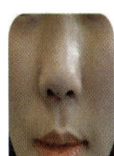
6개월 경과

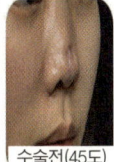
수술전(45도)

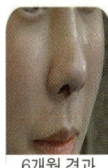
6개월 경과

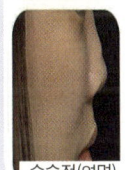
수술전(옆면)

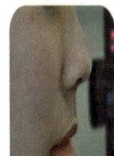
6개월 경과

구축코(3)

코 수술을 여러번 받거나, 보형물의 부작용인 이물 반응, 감염 등과 같은 염증의 결과로 코가 딱딱해지고 코끝이 들리거나 뒤틀리는 증상

Before
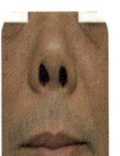
수술전(정면)

After
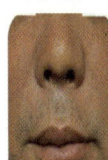
6개월 경과

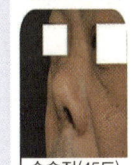
수술전(45도)

6개월 경과

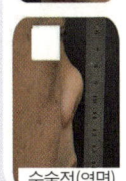
수술전(옆면)

6개월 경과

구순구개열

흔히 언청이라 불리는 구순구개열 코 성형에 대해서 알아보자. 구순구개열은 단순한 코 성형수술로 해결되지 않는다. 변형된 코(콧구멍, 비중격연골)에 대한 구조적 수술까지 함께해 주어야 치료가 가능하다.

구순구개열은 얼굴에서 흔히 나타나는 선천성 기형 중 하나이다. 대체적으로 입천장이나 입술이 갈라지는 형태로 나타나게 된다. 얼굴에 나타나는 증상이니 굉장히 신경이 쓰이고 스트레스를 받게 된다. 그렇기 때문에 대부분 유아 때 성형수술을 받지만 1차 수술만으로는 부족하다. 1차 수술은 근육과 조직의 기능회복에 초점이 맞춰져 있으며, 1차 수술로 인해 형성된 흉터가 남고 성장 과정에서 코, 인중, 입술이 추가적으로 변형되기 때문이다. 때문에 성장이 모두 끝난 뒤 2차 수술을 받게 된다. 성인이 된 구순구개열 환자들은 대부분 코의 변형을 가지고 있고, 안타깝게도 이러한 부분은 일반적인 코 성형으로는 해결할 수 없다.

1) 구순구개열 코의 구조

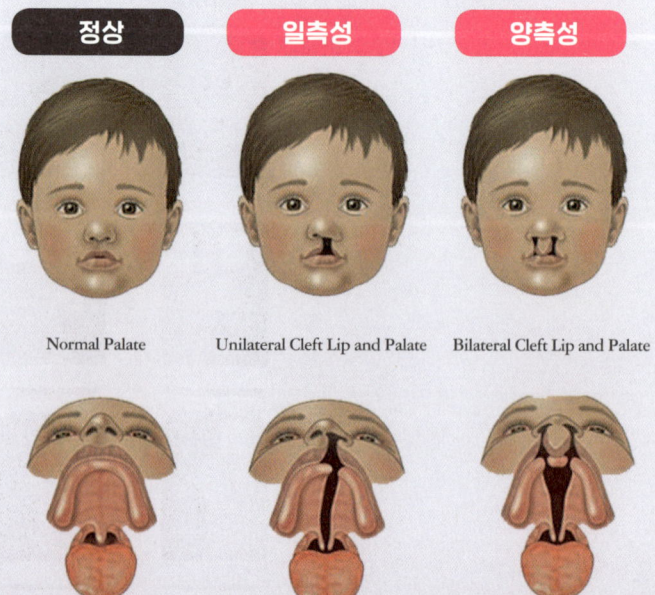

구순구개열(언청이)은 경증과 중증 모두 코의 변형이 일어나 있는 상태이다. 코의 구조적인 모양을 유지해 주는 비중격연골, 날개연골 등의 변형으로 인하여 콧구멍의 비대칭이 발생할 뿐 아니라 코가 한쪽으로 주저앉아 있거나 인중함몰이 보이는 등 다양한 변형이 복합적으로 이루어져 있다. 이는 코 내부의 구조물 변경으로 인하여 발생된 코 외부의 변형이다. 일측성의 경우에는 한쪽의 변형이 심하고, 양측성의 경우에는 양쪽의 모양 변형이 심하게 나타난다.

2) 구순구개열 코 성형의 원리

구순구개열 코 성형의 가장 어려운 점은 코 안쪽의 구조물, 즉 연골이 소실되었다는 점이다. 때문에 구순구개열 코 성형은 이러한 연골 부분의 소실을 메워 주어야 한다. 이는 구축코 성형의 방법과도 비슷하다고 할 수 있다. 구축코의 경우에는 염증으로 인하여 발생된 부작용으로 구순구개열은 장애로 인한 선천적 기형으로 결손상태가 되어 있다는 것이 차이다.

유아기 때 입술 부분에 대한 성형수술만을 했을 뿐 코 변형 부분을 해결하지 않고 성인이 된 환자들이 많다. 간혹 이러한 분들 중 코의 변형이 구순구개열로 인하여 발행하였다는 것을 모르시는 분들도 있다. 이런 코의 변형을 해결하기 위해서는 코 안쪽의 비중격연골을 이용하거나 어려울 경우 자가늑연골을 통하여 복합적으로 코 성형을 진행할 수 있다.

구순구개열 코 성형 핵심 포인트

1. 변형된 비중격연골을 교정과 추가적인 연골이식을 통해서 코 내부구조를 일반인과 동일하게 만들어주어야 합니다.
2. 날개 연골 부분을 교정하여 콧구멍의 비대칭을 교정해주고 높낮이를 맞춰 줍니다.
3. 재건 수술이 아닌 코 성형 수술의 개념으로 일반인의 코보다 심미적으로 예쁜 코를 만들어 줘야 합니다.

구순구개열 환자의 코는 일반인들이 보기에 낮고 넓고 밑으로 빠져 보이고 아래로 처져 있는 등, 변형에 따라 다양한 모양이 되어 있다. 이러한 변형을 바로잡으려면 코 성형을 잘하는 곳, 실력이 있는 의사에게 수술을 받아야 한다. 당연히 코의 외부적인 모양뿐만 아니라 연골을 통하여 코의 내부적인 변형을 완전히 바로잡아 주고 코 외부 또한 심미적으로 아름답게 만들어 줄 수 있는 곳이어야 함은 물론이다.

구순구개열수술은 몸에 부담이 적은 수면마취를 통해 진행돼 안전하고 환자는 자고 나면 모두 치료가 끝나기에 통증도 거의 없다. 수술시간은 정도에 따라서 당일 검사부터 당일 수술 가능하고 쾌적한 입원실에서 1박 2일이나 2박 3일 입원 후 퇴원까지 가능하기 때문에 금요일 오후 등 주말을 이용하면 환자는 시간적 부담을 덜 수 있다.

양악코

양악코 성형은 중앙 안면부 함몰 부위를 개선하는 수술로 귀족수술과 비순각 수술과 코 성형을 동시에 진행하여 양악수술이 필요한 돌출입 또는 주걱턱 환자들이 뼈수술 없이 양악 효과를 보는 수술방법이다.

중앙 안면부가 꺼져 있는 분이거나 양악수술을 했지만 그래도 입이 나와 보이고 중앙 안면부가 꺼진 분, 혹은 코 성형을 했지만 입이 나와 보이는 분은 양악코 성형을 통해 중앙 안면부 꺼짐과 돌출입을 완벽하게 교정이 가능하다.

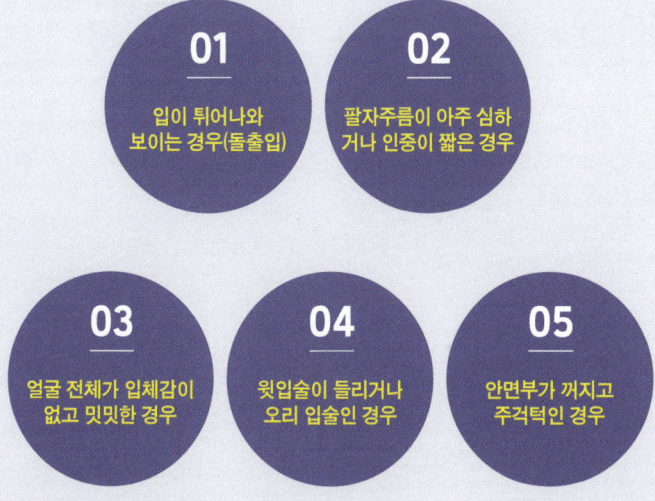

양악 코성형 수술대상

양악 코성형은 어떤 분에게 필요 할까요?

중앙 안면부가 전체적으로 꺼져 있어서 입체감이 없고
팔자주름이 심하면서 인중이 짧고 꺼져 있어서
얼굴이 밋밋한 분들에게 적극 추천합니다.

01 입이 튀어나와 보이는 경우(돌출입)

02 팔자주름이 아주 심하거나 인중이 짧은 경우

03 얼굴 전체가 입체감이 없고 밋밋한 경우

04 윗입술이 들리거나 오리 입술인 경우

05 안면부가 꺼지고 주걱턱인 경우

돌출입과 중앙 안면부 교정을 하는 방법에는 크게 2가지가 있다.

첫 번째는, 양악수술 또는 ASO 돌출입수술이다. 하지만 수술시간이 길고 약 1개월 정도의 긴 회복기간이 필요하면 경제적으로 부담이 된다. 상악과 하악을 재배치해야 하므로 수술 이후 입과 턱의 움직임에 제한이 따르기 때문에 식사나 말하기 등에도 일정 기간 불편이 따르며 입을 크게 벌리거나 넓게 열 수 없어 일상생활에도 일부 활동이 제한될 수 있다. 회복 과정에서 압력이나 충격을 가할 경우 부정교합이 생길 위험도 있기 때문에 각별한 주의가 필요하다.

두 번째는, 양악코 성형을 통해 코를 교정함과 동시에 꺼진 중앙 안면부를 입체적으로 보이게 하는 비순각(고양이수술)과 귀족수술을 동시에 진행하는 것이다. 이를 통해 돌출입과 중앙 안면부 꺼짐 현상을 해결할 수 있다.

비순각이란 코끝부터 입술까지 이어지는 라인의 각도를 말한다. 일반적으로 여성은 95, 남성은 90~95도 정도의 각도를 이상적이라고 이야기하지만 개개인의 얼굴의 전체적인 조화를 고려해야 한다. 비순각의 밸런스가 맞지 않을 경우 돌출입으로 보일 수 있다.

잇몸뼈와 치아의 구조로 인해 생긴 진성 돌출입이라면 치아 교정이 필수적이겠지만 비순각이 원인이 되는 가성 돌출입이라면 중안면부가 꺼져서 발생한 것이기 때문에 코 모양과 비순각의 각도 조절을 통해 개선이 가능하다. 비주 기둥 보강 및 비주 연골 이식, 비중격 연장 후 코끝 연골 고정 등의 과정으로 진행되며 이 때 호흡 및 후각에 대한 부분까지 총체적으로 고려해 진행해야 한다.

귀족수술은 발육이 부족한 오목 부위에 보형물을 넣어 중안면부의 오목함을 개선해주는 수술이다. 콧볼과 뺨이 만나는 부위에 적절한 모양의 보형물을 삽입해주면 중안면부에 볼륨감을 부여해줄 수 있고 깊은 팔자주름이나 콧기둥 바닥 부위가 후퇴한 경우, 윗입술이 돌출된 경우, 짧거나 낮은 코를 가진 경우에 보다 이상적인 개선 효과를 가져올 수 있다.

이러한 비순각 수술 및 귀족수술은 양악수술에 비해 훨씬 짧은 회복기간(약 1주일)과 상대적으로 저렴한 비용으로 심리적인 압박과 경제적인 부담을 덜 수 있다는 장점도 있다.

매직 비중격 코성형

동양인의 코는 끝이 뭉툭하고 짧은 경우가 많다. 비중격연골이 길어서 코끝까지 지탱해주는 서양인의 코와 달리 비중격연골이 발달되지 않아 짧기 때문에 코 끝을 지탱해주지 못하기 때문이다. 때문에 콧대도 콧대지만 코끝의 모양에 유독 아쉬움을 느끼는 분들이 많다.

오똑하고 세련된 코끝을 만들기 위해서는 코끝 교정 수술이 필요하다. 그런데 이 때 코끝까지 실리콘이나 고어텍스 같은 소재를 사용한다면 흔히 말하는 수술 후 '돼지코'가 불가능해진다. 콧등처럼 딱딱한 부위는 실리콘이나 고어텍스를 사용해도 무방하나 코끝과 같이 부드러운 부위는 연골이식 등으로 부드럽게 만들어줘야 코끝을 자유롭게 변형할 수 있기 때문이다.

매직 비중격 코성형술은 비중격만곡증을 교정하면서 채취된 본인의 연골로 코끝에 이식해 코 안의 호흡과 코 모양을 동시에 교정하는 방법이다. 코의 해부학적 구조 자체를 서양인의 구조처럼 안정적으로 바꿔주어 코끝 부작용이 생기지 않고 아름다우면서도 건강한 코를 갖게 되는 것이다.

현재 코 안(비중격 연골 채취)과 코 외부(코성형)를 같이 수술하는 의사는 많지 않다. 난이도가 높기 때문이다. 그러나 코 안의 구조물들을 수술하다 보니 코의 해부학적 구조에 능통하게 되었고, 코 외부의 수술까지 정통하게 되었으며 순수한 자가 연골만으로 코끝을 재조합하고 코끝에 지지대를 만드는 등 모든 코끝 수술을 흉터가 남지 않는 안전한 수술법으로 시술할 수 있게 되었다.

FRESH
RHINOPLASTY AND
AESTHETIC
SURGERY CLINIC

TRADEMARK
ACQUISITION

사진출처: 프레쉬이비인후과 홈페이지

　　매직 비중격 코성형술의 코끝 성형술은 환자의 코 안에 있는 연골만을 이용해 코끝을 교정함으로써 부작용을 최소화하는 수술법으로 각광 받고 있다. 기타 다른 삽입물을 코 끝에 전혀 넣지 않기 때문에 부작용이 거의 없고 그 효과 또한 안정적으로 이식된 후에는 영구적으로 지속된다.

　　이러한 코끝 연골을 모아주는 수술을 하면 귀 연골이나 엉덩이 살을 떼어 사용할 필요가 없어 귀나 다른 부위에 또 다른 상처를 남기지 않는다. 귀연골 이식법은 코끝 연골을 모으는 수술을 하지 못할 경우나 코끝 연골의 양이 부족할 경우에 대신하는 방법이다.

　　또한 매직 비중격 코성형술은 특허받은 기구와 기술을 사용해 수술하므로 보형물을 정확한 위치에 고정시킬 수 있고 보형물이 피부 바로 밑에 위치하지 않기 때문에 추운 겨울에도 표시가 나지 않으며 움직이지 않는다. 자연스럽고 보기 좋은 코끝 모양으로 수술하며, 흉터가 거의 보이지 않도록 최소절개로 진행한다. 이러한 매직 비중격 코성형술로 상표권을 획득하기도 했다.

귀연골-비중격복합체 수술

코 성형이 대중화되면서 재수술을 받는 사례 또한 증가하고 있다. 구축이 일어나서, 코 모양이 마음에 들지 않아서, 염증 등의 부작용이 생겨서 등 그 원인도 매우 다양하다. 이러한 부작용의 확률을 낮추고 보다 자연스러운 결과를 얻고 싶다면 비중격연골과 귀연골 복합체를 이용한 코끝 수술이 하나의 답이 될 수 있을 것이다.

사진출처: 프레쉬이비인후과 홈페이지

기존 귀연골 수술

기존 귀연골 수술은 어떻게 했을까요?

사진출처: 프래쉬이비인후과 홈페이지

    기존의 늑연골을 이용한 수술의 경우, 늑연골 채취 후 남는 흉터와 통증은 물론 수술 후 코끝이 너무 딱딱해진다는 단점이 있었다. 귀연골의 경우 탄성 연골이라 힘이 없기 때문에 마치 기왓장을 올리듯 겹쳐 사용해야 했는데, 이 경우 귀연골의 무게를 견디지 못해 시간이 지날수록 코 끝이 처지는 한계가 있었다.

    그러나 비중격연골과 귀연골 복합체를 이용한다면 귀연골과 비중격연골의 강도를 높여 보다 안정적이고 아름다운 코끝 성형이 가능해진다. 귀연골과 비중격연골을 봉합해 늑연골만큼이나 강도를 높일 수 있으며, 늑연골 채취로 인해 가슴에 흉터가 남을 염려도 없다. 귀연골과 비중격연골의 장점을 모두 활용한 수술 방법이다.

귀연골-비중격복합체(S-C Complex)의 경우

귀연골-비중격복합체(S-C Complex)의 수술은 어떻게 다를까요?

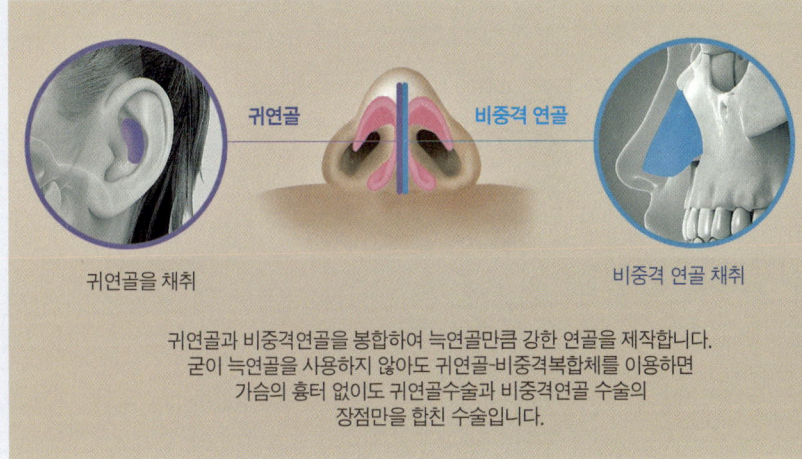

귀연골을 채취

비중격 연골 채취

귀연골과 비중격연골을 봉합하여 늑연골만큼 강한 연골을 제작합니다.
굳이 늑연골을 사용하지 않아도 귀연골-비중격복합체를 이용하면
가슴의 흉터 없이도 귀연골수술과 비중격연골 수술의
장점만을 합친 수술입니다.

사진출처: 프레쉬이비인후과 홈페이지

이처럼 자가연골들을 이용해 시행하는 성형술은 실리콘 삽입이나 이물질로 인한 부작용을 예방하고 부작용을 극최소화하며 보다 자연스러운 코 성형을 완성해준다. 물론 임상 경험이 풍부한 이비인후과 전문의의 기술력이 튼튼히 뒷받침되어야 가능한 일이다. 미용적인 만족감은 물론 기능적으로도 만족할 수 있다는 점도 빼놓을 수 없다.

나가며

골프는 물론 종목을 불문하고 모든 운동 시, 호흡 방식에 따라 신체적 변화가 확연하게 달라진다. 오랜 시간 이비인후과 전문의로서 인체의 호흡은 맑은 정신과 건강한 인체를 유지해주는 마중물임을 확신한다. 코가 막히는 비염과 축농증은 단순히 코를 통해 호흡이 어렵다는 고통 외에도 현격한 집중력 저하를 가져온다. 무기력증을 동반하기도 하며 인체의 여러 기관에 영향을 끼친다.

본문에서 설명했던 호흡 운동은 폐 속으로 공기가 들어오면 산소는 폐포를 둘러싸고 있는 모세혈관 쪽으로 이동하고, 반대로 이산화탄소는 모세혈관에서 폐포 쪽으로 이동하는 기체 교환을 일으킨다. 이 때 폐포와 모세혈관 사이에서 일어나는 기체 교환을 외호흡이라 한다. 반면에 내호흡은 모세혈관과 온몸의 조직 세포에서 일어나는 기체 교환으로, 이때 조직 세포는 산소를 받아들여 영양소를 산화시킴으로써 에너지를 얻는 것을 의미한다. 즉 호흡은 에너지의 기원이라는 것이다.

운동의 특성에 따라 호흡법도 조금씩 다르지만 골프 스윙 시 호흡법에 대해 알고 스윙하면 훨씬 부드럽고 역동적인 스윙을 할 수가 있다는 것을 알게 된다. 호흡하는 방법은 크게 두 가지로 구분한다. 숨을 내쉴 때와 숨을 들이마실 때로 구분한다. 호흡을 할 때는 코로 공기를 들이마실 경우, 폐는 몸속에서 팽창한다. 그럼 몸속에서 폐가 팽창을 하게 되면 폐 주변에 있는 장기들이 힘이 들어가는 것을 느끼게 될 것이며 그와 반대로 공기를 내뱉게되면 폐가 몸속에서 수축하여 폐 주변의 장기들이 이완됨을 느끼게 된다.

골퍼들은 백스윙 시 폐에서 공기를 내쉰 후 백스윙을 시작하면 훨씬 부드럽고 힘있는 스윙을 할 수가 있다는 것을 알고 있다. 호흡 방법만 잘 이용해도 골프 스윙 변화가 온다. 경직된 몸이 이완되며 몸 축이 고정되어 임팩트 시 스윙 스팟에 정확도가 높아져 비거리가 증가한다. 놀라운 변화를 체득한 순간 골프에 있어서 호흡이 그 얼마나 중요한 부분인지를 체감하게 된다.

이뿐만이 아니다. 골프 스윙을 통해 골프 호흡하는 법을 배우면 회전과 토크를 증가시키는데 도움이 된다. 또한 호흡은 스트레스 관리에도 큰 역할을 한다. 스윙이나 경기 중에는 긴장과 압박이 따를 수 있다. 규칙적이고 깊은 호흡을 통해 심호흡을 하면 신체와 마음의 긴장을 완화 시키고, 스트레스를 관리할 수 있어 좋은 것이다.

여기서 더하자면 주요 호흡 근육인 횡격막 강화도 필요하다. 횡경막을 사용하여 앞뒤 좌우 360도로 호흡하는 법을 배우고 날숨을 길게 하면 침착함을 유지하는데 도움을 준다.

오랜 기간 동양에서는 정신수양과 건강증진의 방법으로 호흡법을 중시해왔다. 거친 호흡은 평안한 정신에 격량을 일으키고 즉흥적 행동을 유발한다. 반면 안정된 호흡은 평정성을 잃지 않게 하며 객관적 상태로 심신을 이끌어준다.

골프에서도 호흡은 결정적인 영향을 미친다. 육체적 정신적 양면으로 골프를 좌우한다. 호흡이 불안정한 상태에서 행해지는 스윙과 퍼팅은 의지와 다르게 공의 방향을 결정한다.

주변의 골프 고수들은 늘 여유를 갖고 골프장을 향해 출발한다. 티업시간 전까지 여유 있게 골프장에 도착한다는 것은 호흡이 고르고 마음의 평정을 유지할 가능성이 크기 때문일 것이다.

골프장에서 일어나는 모든 상황에 희비애락의 감정을 적절히 소화해내야 함은 물론 끊임없이 솟아오르는 보다 나은 스코어와 승리에 대한 과도한 집착과 욕심을 억누를 수 있을 때 본문에서 기술했던 자연스럽고 효율적인 호흡일 수 있을 것이다.

프로골퍼도 아닌 주말골퍼에 지나지 않은 이비인후과 의사가 쓴 골프 호흡법이 아직 가야 할 길이 먼 골프 대중화에 기여해 주길 고대해본다. 이 책을 통해 슬기로운 호흡 방법을 스스로 채내화하고 터득하여 골프가 주는 즐거움과 운동적 효용이 발전되길 소망한다.